权威·前沿·原创

皮书系列为
"十二五""十三五"国家重点图书出版规划项目

BLUE BOOK

智库成果出版与传播平台

中关村企业蓝皮书

BLUE BOOK OF
ZHONGGUANCUN COMPANIES

中关村新三板企业成长力报告（2020）

THE GROWTH REPORT OF ZHONGGUANCUN NEEQ
LISTED FIRMS (2020)

中关村上市公司协会

主　编／郭伟琼　刘　峻

副主编／谷耀鹏　冉江平　马红丽　薛笑影

社会科学文献出版社
SOCIAL SCIENCES ACADEMIC PRESS（CHINA）

图书在版编目（CIP）数据

中关村新三板企业成长力报告. 2020 / 郭伟琼，刘
峻主编 . -- 北京：社会科学文献出版社，2020.12
（中关村企业蓝皮书）
ISBN 978 - 7 - 5201 - 7490 - 9

Ⅰ.①中… Ⅱ.①郭… ②刘… Ⅲ.①中小企业 - 企
业发展 - 研究报告 - 北京 - 2020 Ⅳ.①F279.243

中国版本图书馆 CIP 数据核字（2020）第 204079 号

中关村企业蓝皮书

中关村新三板企业成长力报告（2020）

主　　编／郭伟琼　刘　峻
副 主 编／谷耀鹏　冉江平　马红丽　薛笑影

出 版 人／王利民
责任编辑／陈　颖　薛铭洁

出　　版／社会科学文献出版社·皮书出版分社（010）59367127
　　　　　地址：北京市北三环中路甲 29 号院华龙大厦　邮编：100029
　　　　　网址：www. ssap. com. cn
发　　行／市场营销中心（010）59367081　59367083
印　　装／天津千鹤文化传播有限公司

规　　格／开　本：787mm × 1092mm　1/16
　　　　　印　张：25.5　字　数：382 千字
版　　次／2020 年 12 月第 1 版　2020 年 12 月第 1 次印刷
书　　号／ISBN 978 - 7 - 5201 - 7490 - 9
定　　价／128.00 元

主编简介

　　郭伟琼　美国加州大学圣塔芭芭拉分校传播学硕士，哈佛大学肯尼迪政府学院 EMBA。先后创立了三家公司，现任中关村上市公司协会秘书长。2017 年当选北京市台商协会理事。2009 年起义务担任雁行中国基金会主席，帮助农村贫困大学生通过组织锻炼更好地融入社会。著有《中关村模式：科技＋资本双引擎驱动》。

　　刘　峻　中关村上市公司协会副秘书长，中关村上市公司协会新三板分会秘书长，法国诺欧商学院零售管理硕士。曾任中关村并购发展促进会副秘书长、中关村京港澳青年创新创业中心创业导师。曾参与海淀区全国并购中心建设工作、政府引导基金管理和北京四板市场创建，参与科技金融和外汇创新等金融政策制定。参与搭建金融大厦、互联网金融中心等空间载体。荣获 2018 年度北京（海淀）留学人员创业园最佳投资人。在政府金融部门工作多年。

摘　要

新三板市场定位于服务创新型、创业型、成长型中小企业，在服务民营经济、中小企业发展中发挥了重要作用。中关村作为新三板市场的发源地，其园区内企业持续、健康、稳定发展将对全国新三板企业起到一定的示范效应。因此，对中关村新三板企业的研究，将有利于探索资本市场服务科技创新型企业，对于进一步发挥资本市场对科技创新的助推作用具有重要意义。

截至 2019 年 12 月 31 日，中关村新三板挂牌企业数量为 1190 家，占全国新三板总数的 13.29%，在全国新三板企业数量排名中位居第二，仅次于广东省。其中，中关村新三板创新层企业数量为 90 家，位居全国第一。从市值情况来看，2019 年中关村新三板企业总市值为 3400.05 亿元，位列全国第一。

从经营情况来看，受挂牌企业数量减少的影响，中关村新三板企业总营业收入和净利润均呈现下降趋势，但持续经营的中关村新三板企业业绩亮眼，2018~2019 年 1035 家持续经营企业在 2019 年的营业收入和净利润分别为 2051.21 亿元、87.53 亿元，同比增长 6.53% 和 21.95%，说明持续经营企业整体规模和质量在不断提升。

从研发情况来看，2019 年披露研发费用的中关村新三板企业中有 370 家企业为高研发强度企业，占比 42.92%，同比增加 2.9 个百分点，说明宏观基本面的下行并未影响企业的研发进程。中关村新三板头部企业通过增加研发投入，提高了核心竞争力。

从融资情况来看，中关村新三板挂牌企业通过定向增发实际募集资金 37.40 亿元，通过发行公司债募集资金 55.10 亿元，在整体新三板市场债券融资不活跃的情况下，中关村新三板企业的债券融资表现也优于其他区域。但是企业融资规模依旧不容乐观，需加大融资支持力度。

从区域对比情况来看，2019年在整体宏观经济持续下行的背景下，各主要区域新三板企业整体业绩呈下滑态势，但整体业绩的下降主要是企业数量减少所致而非持续经营企业业绩下滑。但相对其他区域，中关村园区企业仍具有较强的竞争优势。

整体来看，2019年受宏观经济形势影响，中关村乃至全国新三板企业的整体经营业绩都受到一定程度的影响，但其中不乏营运状况稳定、业绩持续上涨、研发投入力度加大的高成长性企业。但我们仍要注意到中关村新三板企业在发展过程中面临的融资难、融资贵问题及创新质量不高的问题。

针对中关村新三板企业在发展过程中面临的融资难、融资贵问题，我们可以从拓宽直接融资渠道和间接融资渠道两方面入手。在拓宽直接融资渠道方面，一是建议全国中小企业股份转让系统充分抓住新三板改革契机，建立并完善优胜劣汰的市场机制、提高新三板企业整体质量，进而提升新三板市场流动性，提高企业直接融资比重和融资效率，切实做到服务创新型、创业型、成长型中小企业。二是建议北京市政府成立专项政策基金，用于投资科技含量高、市场潜力大，但经营暂时出现困难的企业，通过政策扶持中关村新三板企业发展。在拓展间接融资渠道方面，一是建议对民间组织创新的金融产品进行适当比例的补贴。二是建议政府鼓励企业创新融资模式。三是建议相关政府部门积极推动对中小企业普惠性金融支持措施的切实落地，解决中小企业的融资难、融资贵问题。

针对创新质量不高的问题，一是建议中关村新三板挂牌企业可以依托高校、科研机构和技术服务机构等外部资源进一步提升企业创新能力，提高企业创新产出的质量。二是建议北京市相关政府部门减少不必要的申请及审批程序，加快专利审批进度，使企业尽快享受研发带来的收益，激发企业创新活力。

针对中关村新三板企业实际税费负担过高的问题，建议相关政府部门对节能环保、新一代信息技术、生物、高端装备制造、新能源、新材料等战略性新兴产业给予一定程度的税费优惠，引导此类行业发展壮大，并在中关村区域形成行业聚集效应。

关键词： 中关村企业　新三板市场　企业成长力

目 录

Ⅳ　地域篇

Ⅴ　专题篇

Ⅵ　附录

皮书数据库阅读**使用指南**

总 报 告

General Report

B.1

2019年中关村新三板市场
发展特征和企业发展建议

中关村上市公司协会研究部

摘　要： 新三板市场是构建多层次资本市场的重要环节，具有搭建中小企业融资渠道、完善宏观经济体系的重要作用。本文以中关村新三板企业为研究主体，从挂牌公司数量、资本市场表现、盈利能力、发债情况、创新能力、企业承担实际税费负担等多个角度进行系统分析，客观呈现中关村新三板企业的成长特性和存在问题。数据显示，受经济下行及企业摘牌数量增多的影响，2019年中关村新三板企业整体发展状况不太乐观，但持续经营企业业绩相对稳定；企业税费负担明显降低，但仍有下降空间；区域竞争优势明显，整体实力优于其他地区。同时也要注意到，中关村新三板企业"融资难、融资贵"的问题依然存在、发明专利授权比例相对较低。

关键词： 中关村企业　新三板市场　市场流动性　研发投入

一　2019年中关村新三板市场发展特征

（一）新三板市场减速放缓，改革迎来新机遇

1. 挂牌公司数量状况

截至 2019 年 12 月 31 日，中关村新三板挂牌企业数量为 1190 家。本文排除了其中的已摘牌[①]、年报未披露[②]等存在特殊状况的公司，仅以 2020 年 6 月 30 日[③]以前公开披露 2019 年年报的 1081 家中关村新三板挂牌企业作为研究对象[④]。

中关村新三板挂牌企业数量连续两年呈下降趋势，但降幅有所收窄。从挂牌企业总数来看，2019 年底，中关村新三板挂牌企业数量为 1081 家，同比下降 11.68%，该降幅低于 2018 年的 15.35%。从挂牌企业新增数量来看，2019 年，中关村科技园区新增 11 家新三板挂牌企业，新增挂牌企业数量同比减少 31 家（见图 1）。

中关村新三板企业数量领先全国。从分层情况来看[⑤]，2019 年中关村新三板创新层企业数量有所下降，但创新层企业数量位居全国第一。截至 2019 年底，中关村新三板创新层企业数量为 90 家，占中关村新三板挂牌企业总数的 8.33%，较 2018 年的 9.97% 略有下降（见表 1）。从全国范围来看，2019 年，中关村新三板创新层企业数量占全国新三板

---

① 此处的已摘牌企业指在 2019 年 12 月 31 日之前摘牌的中关村新三板企业。

② 此处的年报未披露企业指在 2020 年 6 月 30 日之前未披露 2019 年年报的中关村新三板企业。

③ 2020 年 4 月 8 日，全国股转公司发布《关于做好挂牌公司 2019 年年度报告审计与披露工作有关事项的通知》，通知明确规定，对于受新冠肺炎疫情影响客观上不能在 4 月 30 日前披露经审计年报的挂牌公司，允许其延期披露，但原则上不晚于 6 月 30 日。

④ 本文中的研究对象为中关村新三板挂牌企业，即工商登记注册地在北京市，并在全国中小企业股份转让系统挂牌的公司，不包括在两网（STAQ 系统和 NET 系统）挂牌交易的公司与主板摘牌公司。

⑤ 本文中创新层企业数量以 Wind 资讯中 2019 年 12 月 31 日新三板挂牌企业"所属分层"中处于创新层的企业数量为准。

创新层企业数量的 13.10%，超过广东、江苏、浙江、上海四地的创新层企业数量。

图1 2015~2019年中关村新三板挂牌企业数量及新增挂牌企业情况

资料来源：Wind，中关村上市公司协会整理。

表1 2018~2019年中关村新三板挂牌企业分层状况

单位：家，%

年份	整体	创新层		基础层	
	数量	数量	占比	数量	占比
2018	1224	122	9.97	1102	90.03
2019	1081	90	8.33	991	91.67

资料来源：Wind，中关村上市公司协会整理。

2. 摘牌公司数量状况

为提高新三板挂牌公司企业质量、保护投资者的合法权益，打击任意摘牌、恶意退市的行为，建立常态化、市场化的退出机制，全国中小企业股份转让系统有限责任公司先后于 2016 年 10 月和 2019 年 3 月发布《挂牌公司股票终止挂牌实施细则（征求意见稿）》（以下简称"《实施细则》"）和《全国中小企业股份转让系统挂牌公司申请股票终止挂牌及撤回终止挂牌业务指南》（以下简称"《摘牌指南》"）。《实施细则》对新三板挂牌企业主动终止挂牌和强制终止挂牌的情形进行了细化规定。其中，主动终止挂牌的行为包括挂牌公司股东大会主动申请终止挂牌、挂牌企业转板上市、挂牌公司股东大会决议解散及挂牌公司因新设合并或吸收合并而不再具有独立主体资格并被注销；强制终止挂牌的行为包括但不限于未能披露定期报告、信息披露不可信、重大违法、欺诈挂牌、多次违法违规、持续经营能力存疑等行为。全国中小企业股份转让系统有限责任公司对新三板挂牌企业加强监管，秉持对违法违规行为"零容忍"的原则，对触发强制终止挂牌行为的企业坚决予以退市处理。《摘牌指南》则在总结市场化摘牌机制与经验的基础上，对摘牌业务予以优化，进一步提升相关业务办理的规范性，加强投资者权益保护，把好"出口关"。

中关村新三板企业摘牌数量的增幅远低于全国。2019 年，全国共有 1987 家新三板企业摘牌，摘牌数量较 2018 年增加 30.98%，该增幅远低于 2018 年的 113.96%。其中，中关村在 2019 年共有 258 家新三板企业选择摘牌，摘牌数量较 2018 年增加 14.67%，该增幅也远低于 2018 年的 161.63%（见图 2）。

图 2　2015～2019 年全国及中关村新三板摘牌企业数量统计

资料来源：Wind，中关村上市公司协会整理。

对 2019 年中关村新三板挂牌企业摘牌原因进行具体分析。其中，因暂停上市后未披露定期报告而摘牌的企业数量为 57 家，占比 22.09%；因转板上市而摘牌的企业有 9 家，占比 3.49%；因其他不符合挂牌情形而摘牌的企业数量为 102 家，占比 39.53%；因生产经营调整而摘牌的企业有 90

家，占比34.88%（见图3）。对因转板上市而摘牌的9家企业现状进行具体分析，7家①企业已成功登陆A股市场；2家②企业IPO终止。截至2019年底，累计共有21家中关村新三板企业成功转板A股市场上市，表明中关村新三板企业中不乏优质企业（见表2）。

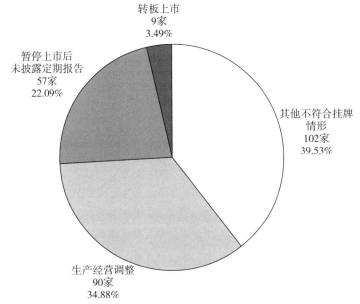

图3 2019年中关村新三板摘牌企业摘牌原因统计

资料来源：Wind，中关村上市公司协会整理。

---

① 7家成功转板上市的企业分别是：以生产高性能薄膜晶体管TFT（Thin Film Transistor）等多种混合液晶材料为主的八亿时空（430581. OC）；中国首家定位于个人投资者金融服务的股份制企业指南针（430011. OC）；以提供行业应用软件产品销售、行业应用软件开发及服务、系统集成及其服务为主的中科软（430002. OC）；以B2B电子商务（综合服务平台＋垂直交易平台）以及"互联网＋"应用服务（全网解决方案＋全网电商运营）为主营业务的国联股份（832340. OC）；以图书出版、数字出版、教育培训、书店零售及其他文化增值业务产业链价值投资为主营业务的中信出版（834291. OC）；以网络安全核心软件产品的研究、开发、销售以及相关技术服务为主的安博通（839570. OC）；中国医疗机器人开拓者天智航（834360. OC）其中，八亿时空（688181. SH）、安博通（688168. SH）和天智航（688227. SH）在上海证券交易所科创板上市；指南针（300803. SZ）和中信出版（300788. SZ）在深圳证券交易所创业板上市；中科软（603927. SH）和国联股份（603613. SH）在上海证券交易所主板上市。

② 2家终止IPO的企业分别是和力辰光（836201. OC）和开心麻花（835099. OC）。

表 2　中关村新三板企业转板情况一览

序号	转板前					转板后				
---	代码	简称	挂牌时间	摘牌时间	交易市场	代码	简称	上市证券交易所	所属板块	上市日期
1	430007.OC	久其软件	2006年9月7日	2009年7月29日	新三板	002279.SZ	久其软件	深圳证券交易所	中小板	2009年8月11日
2	430006.OC	北陆药业	2006年8月28日	2009年9月30日	新三板	300016.SZ	北陆药业	深圳证券交易所	创业板	2009年10月30日
3	430001.OC	世纪瑞尔	2006年1月23日	2010年12月6日	新三板	300150.SZ	世纪瑞尔	深圳证券交易所	创业板	2010年12月22日
4	430023.OC	佳讯飞鸿	2007年10月26日	2011年4月20日	新三板	300213.SZ	佳讯飞鸿	深圳证券交易所	创业板	2011年5月5日
5	430008.OC	紫光华宇	2006年8月30日	2011年9月28日	新三板	300271.SZ	华宇软件	深圳证券交易所	创业板	2011年10月26日
6	430012.OC	博晖创新	2007年2月16日	2012年5月10日	新三板	300318.SZ	博晖创新	深圳证券交易所	创业板	2012年5月23日
7	430045.OC	东土科技	2009年2月18日	2012年8月29日	新三板	300353.SZ	东土科技	深圳证券交易所	创业板	2012年9月27日
8	430030.OC	安控科技	2008年8月20日	2014年1月9日	新三板	300370.SZ	安控科技	深圳证券交易所	创业板	2014年1月23日
9	430049.OC	双杰电气	2009年2月18日	2015年4月20日	新三板	300444.SZ	双杰电气	深圳证券交易所	创业板	2015年4月23日
10	430040.OC	康斯特	2008年12月26日	2015年4月22日	新三板	300445.SZ	康斯特	深圳证券交易所	创业板	2015年4月24日
11	430018.OC	合纵科技	2007年9月19日	2015年6月1日	新三板	300477.SZ	合纵科技	深圳证券交易所	创业板	2015年6月10日
12	430162.OC	聚利科技	2012年11月2日	2017年8月24日	新三板	—	—	—	—	—
13	831008.OC	百华悦邦	2014年8月29日	2017年12月25日	新三板	300736.SZ	百邦科技	深圳证券交易所	创业板	2018年1月9日
14	836013.OC	英孚泰克	2016年3月9日	2018年1月19日	新三板	—	—	—	—	—
15	834801.OC	淳中科技	2016年1月5日	2018年1月19日	新三板	603516.SH	淳中科技	上海证券交易所	主板	2018年2月2日
16	834116.OC	高信达	2015年11月10日	2018年4月27日	新三板	—	—	—	—	—

续表

序号	转板前					转板后				
	代码	简称	挂牌时间	摘牌时间	交易市场	代码	简称	上市交易所	所属板块	上市日期
17	834391.OC	龙软科技	2015年12月2日	2018年10月10日	新三板	688078.SH	龙软科技	上海证券交易所	科创板	2019年12月30日
18	870077.OC	小狗电器	2016年12月6日	2018年10月12日	新三板	—	—	—	—	—
19	837335.OC	臻迪科技	2016年5月24日	2018年12月6日	新三板	—	—	—	—	—
20	839570.OC	安博通	2016年11月8日	2019年3月5日	新三板	688168.SH	安博通	上海证券交易所	科创板	2019年9月6日
21	834360.OC	天智航	2015年11月19日	2019年4月1日	新三板	688277.SH	天智航	上海证券交易所	科创板	2020年7月7日
22	836201.OC	和力辰光	2016年4月8日	2019年4月23日	新三板	—	—	—	—	—
23	835099.OC	开心麻花	2015年12月29日	2019年5月22日	新三板	—	—	—	—	—
24	834291.OC	中信出版	2015年11月26日	2019年6月19日	新三板	300788.SZ	中信出版	深圳证券交易所	创业板	2019年7月5日
25	832340.OC	国联股份	2015年4月23日	2019年7月8日	新三板	603613.SH	国联股份	上海证券交易所	主板	2019年7月30日
26	430002.OC	中科软	2006年1月23日	2019年8月1日	新三板	603927.SH	中科软	上海证券交易所	主板	2019年9月9日
27	430011.OC	指南针	2007年1月23日	2019年9月30日	新三板	300803.SZ	指南针	深圳证券交易所	创业板	2019年11月18日
28	430581.OC	八亿时空	2014年1月24日	2019年11月29日	新三板	688181.SH	八亿时空	上海证券交易所	科创板	2020年1月6日

注："—"表示 Wind 尚未统计明确信息。

资料来源：Wind，中关村上市公司协会整理。

整体来看，近几年无论是全国新三板市场还是中关村新三板市场均呈现挂牌企业数量逐年降低而摘牌企业数量逐年增多态势。究其原因，主要是在本次全面深化新三板改革前存在如下问题。

一是新三板市场再融资难度大。目前，我国中小企业普遍面临"融资难、融资贵"的困境，新三板市场的推出无疑为中小企业提供了新的融资渠道，切实解决了一部分企业的融资难题，助力部分企业通过新三板市场发展壮大。但大部分新三板挂牌企业只能享受首次挂牌时的融资红利，企业通过新三板市场再融资难度逐年加大，从全国范围来看，2015～2019年全国新三板挂牌企业中实施定向增发的企业数量占比分别为31.41%、16.29%、12.07%、7.61%、5.38%；从中关村范围看，2015～2019年新三板企业中施行定向增发的家数占比分别为33.94%、18.42%、12.05%、7.29%、4.87%。

二是新三板市场流动性不足。2016年新三板市场扩容导致新三板挂牌企业出现参差不齐、鱼龙混杂现象，加上新三板市场合格投资者准入门槛较高等原因导致新三板市场流动性大幅下降。2015～2019年，新三板市场股票换手率大幅度下降，分别为53.88%、20.74%、13.47%、5.31%、6.00%。

三是企业挂牌新三板成本较高。近年来新三板市场监管趋严，导致企业挂牌新三板或在板企业合规成本增加，加上挂牌新三板的企业每年需要缴纳管理费，而新三板挂牌企业又多为中小型企业，自身盈利能力有限，高昂的成本导致部分盈利能力较差的企业选择离开。

四是新三板市场头部企业有意转板至其他资本市场。2018年以来，各大资本市场改革力度加大，香港交易所允许"同股不同权"的公司及尚未盈利的生物科技公司挂牌上市、上海证券交易所设立科创板并试点注册制等在一定程度上也吸引了优质的新三板企业主动调整战略，布局境内外资本市场。2019年，共有7家原中关村新三板挂牌企业成功转板A股市场，转板成功的企业数量是2018年的3.5倍。

五是个别企业因出现违规、未在规定期限内披露年度报告或者半年度报告等情况被强制摘牌。综上所述，无论是企业因挂牌经济成本、战略调整等主动摘牌，还是因违规被迫摘牌都在一定程度上导致大量新三板企业离开，但这也能在一定程度上推动解决目前新三板市场上企业鱼龙混杂以及交易不活跃等难题，加快市场优胜劣汰。

随着中国证券监督管理委员会于 2019 年 10 月 25 日宣布启动全面深化新三板改革，新三板改革的进程加快。本次改革以畅通多层次资本市场有机联系为核心，在新三板改革的总体思路上，推进优化发行融资制度、完善市场分层及配套制度体系、建立挂牌公司转板上市机制、加强监督管理、建立市场退出机制等改革措施。新三板的改革既有利于形成市场化的优胜劣汰机制、促进新三板市场提质增效，又有利于补齐多层次资本市场的短板，切实服务好中小企业和民营经济。

（二）持续经营企业实现营业收入和净利润双增长

持续经营企业营业收入和净利润实现双增长。2019 年，中关村新三板企业总营业收入和净利润分别为 2066.83 亿元、81.37 亿元，同比下降 13.64%、11.82%。2018～2019 年持续经营的中关村新三板企业有 1035 家，持续经营企业 2019 年营业收入和净利润分别为 2051.21 亿元、87.53 亿元，同比增长 6.53%、21.95%（见表 3）。结合 2019 年纳入报告的中关村新三板企业数量情况来看，2019 年中关村新三板企业总营业收入和净利润下降的主要原因是新三板挂牌企业数量的减少而非持续经营企业业绩下滑。2019 年，在外部环境复杂严峻，经济下行压力不断增大的情况下，持续经营的中关村新三板企业业绩依然保持强劲增长，说明中关村新三板企业质量不断提升。

表 3　2019 年中关村新三板全部企业及持续经营企业营业收入和
净利润增长变动情况

单位：亿元，%

	营业收入		净利润	
	规模	增长率	规模	增长率
全部企业	2066.83	-13.64	81.37	-11.82
持续经营企业	2051.21	6.53	87.53	21.95

资料来源：Wind，中关村上市公司协会整理。

创新层企业无论是在平均营业收入还是平均净利润方面，规模都是基础层企业的 3 倍之多。在营业收入方面，中关村新三板创新层企业总营业收入为 477.72 亿元（占比 23.11%），基础层企业总营业收入 1589.10 亿元（占比 76.89%）；创新层企业平均营业收入为 5.31 亿元；基础层企业平均营业收入 1.60 亿元，创新层企业平均营业收入是基础层企业平均营业收入的 3.32 倍（见表 4）。在净利润方面，2019 年中关村新三板创新层企业整体净利润为 19.29 亿元（占比 23.71%），基础层企业的整体净利润为 62.08 亿元（占比 76.29%）；创新层企业平均净利润为 2143.65 万元，基础层企业平均净利润为 626.39 万元，创新层企业的平均净利润是基础层企业的 3.42 倍。

表 4　2019 年中关村新三板企业营业收入分层分布情况

单位：亿元，%

分层情况	营业收入	营业收入占比	平均营业收入	平均营业收入增幅
创新层	477.72	23.11	5.31	0.95
基础层	1589.10	76.89	1.60	0.63

资料来源：Wind，中关村上市公司协会整理。

超三成企业实现营业收入和净利润双增长，但整体盈利能力仍有待提升。55.13% 的企业（596 家）实现营业收入正增长，51.16% 的企业（553 家）实现净利润正增长。其中，36.08% 的企业（390 家）实现营业收入和净利润双增长。分开来看，35.62% 的企业（385 家）连续两年实现营业收入正增长，81 家企业连续两年实现营业收入正增长，且复合增长率不低于50%；47.00% 的企业（508 家）连续两年实现盈利，其中，19 家企业两年平均净利润不低于 1 亿元，平均净利润不少于 2000 万元的新三板企业有 129 家。

（三）新三板企业质量有所提升，企业融资支持力度仍需加大

2019 年中关村新三板市场整体流动性延续下滑态势，但企业质量较 2018 年有所提升，头部企业在资本市场表现出反弹迹象。在融资方面，企

业融资规模依旧不容乐观，民营企业融资尤为困难。

1. 股票发行状况

2019 年，中关村新三板股票发行次数和融资金额均呈现延续下滑态势，平均单次融资规模逆势上涨。全年股票发行次数 79 次，同比下降 57.53%；总融资规模为 40.99 亿元，同比下降 50.62%；单次平均融资金额 0.52 亿元，同比上涨 15.56%（见表5）。

表5 2015～2019 年中关村新三板市场股票发行状况

年份	股票发行次数		融资金额		平均融资金额	
	数量（次）	增长率（%）	数量（亿元）	增长率（%）	数量（亿元）	增长率（%）
2015	436	373.91	331.23	304.98	0.76	-14.55
2016	511	17.20	343.06	3.57	0.67	-11.84
2017	419	-18.00	276.1	-19.52	0.66	-1.49
2018	186	-55.61	83.01	-69.93	0.45	-31.82
2019	79	-57.53	40.99	-50.62	0.52	15.56

资料来源：全国中小企业股份转让系统2019 年市场统计快报，中关村上市公司协会整理。

2. 股票成交量状况

中关村新三板企业在资本市场的表现出现反弹。2019 年，共有 535 家中关村新三板企业参与股票交易，与 2018 年的 659 家相比，同比减少 18.82%。全年股票成交量为 16.95 亿股，成交额为 41.66 亿元，成交量和成交额略低于 2018 年同期的 17.34 亿股、42.37 亿元；平均成交量和平均成交额分别为 324.11 万股和 778.69 亿元，分别高于 2018 年同期的 263.13 万股、624.94 亿元，分别同比增长 23.17%、24.60%；全年股票成交均价为 2.47 元/股，与 2018 年持平（见图4）。由此可见，参与股票交易的新三板企业数量减少并未影响到新三板市场交易状况，反而表明中关村新三板市场出现回暖迹象。

头部中关村新三板企业股票交易规模大幅上涨。年成交额在 1000 万股及以上的企业数量及成交总额分别为 34 家、32.47 亿元；分别同比增长 25.93%、40.32%。除此以外，年成交规模在其他区间的企业数量及成交总额均呈不同程度的下滑。具体来看，年成交总额在 500 万～1000 万股的企

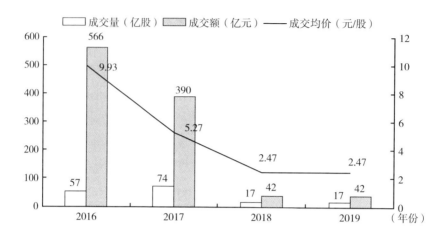

图4 2016～2019年中关村新三板企业年成交量和成交额变化情况

资料来源：Wind，中关村上市公司协会整理。

业数量和成交总额分别为11家、2.42亿元，分别同比下降50.00%、48.51%；年成交规模在100万～500万股的企业数量和成交总额分别为72家、4.29亿元，分别同比下降30.10%、49.17%；年成交规模低于100万股的企业数量和成交总额分别为418家、2.48亿元，分别同比下降17.55%、57.31%（见表6）。此外，一年内无成交量的企业家数为546家，占中关村新三板挂牌企业总量的50.50%，超过一半。

表6 2019年中关村新三板企业交易规模分布状况

交易规模	数量（家）	成交总额（亿元）	占比（%）
≥1000万股	34	32.47	77.94
500万～1000万股	11	2.42	5.81
100万～500万股	72	4.29	10.30
<100万股	418	2.48	5.95
合计	535	41.66	100.00

资料来源：Wind，中关村上市公司协会整理。

采取做市交易转让方式的新三板企业在交易活跃度、成交总额和成交均价方面均优于集合竞价转让。从交易活跃度方面来看，97家做市交易的企业中，仅有一家股票成交量为0，而采取集合竞价交易的企业有439家，占全部集合竞价交易企业数量（984家）的44.61%。在成交总额方面，做市交易企业成交总额为25.32亿元，占比60.78%；集合竞价交易企业的成交总额为16.34亿元，占比39.22%。在成交均价方面，做市交易企业的成交均价为3.26元/股，是集合竞价交易企业的1.83倍（见表7）。

表7 2019年中关村新三板企业（竞价转让和做市转让）股票成交量状况

转让方式	企业数量（家）	成交量（亿股）	占比（%）	成交总额（亿元）	占比（%）	成交均价（元/股）
集合竞价交易	439	9.19	54.22	16.34	39.22	1.78
做市交易	96	7.76	45.78	25.32	60.78	3.26
合计	535	16.95	100.00	41.66	100.00	2.46

资料来源：Wind，中关村上市公司协会整理。

创新层企业在交易活跃度和成交均价上优势明显，不到两成的精选层企业达成超过六成的总成交额。从交易活跃度方面来看，90家创新层企业全部进行股票交易，而基础层进行股票交易的企业数量为445家，占基础层总量的44.90%；从总成交量和总成交额方面来看，创新层企业总成交量和总成交额分别为7.17亿股、27.03亿元，分别占比42.30%，64.88%；基础层企业总成交量和总成交额分别为9.78亿股、14.63亿元，分别占比57.70%，35.12%；从成交均价方面来看，创新层企业成交均价为3.77元/股，是基础层企业的2.5倍（见表8）。

表8 2019年中关村新三板企业（创新层和基础层）股票成交量状况

各项指标	创新层		基础层	
	数量（家）	占比（%）	数量（家）	占比（%）
家数（家）	90	16.82	445	83.18
总成交量（亿股）	7.17	42.30	9.78	57.70
总成交额（亿元）	27.03	64.88	14.63	35.12
成交均价（元/股）	3.77		1.50	

资料来源：Wind，中关村上市公司协会整理。

3.融资状况分析

和上市公司相比，新三板挂牌企业资产规模较小、增长不稳定导致融资渠道相对较窄。目前，新三板挂牌企业可以通过银行信贷、定向增发、公司债、做市商制度、优先股、股权质押等方式进行融资。囿于部分融资方式相关数据无法通过公开渠道获取，本报告仅对2019年中关村新三板企业定向增发、公司债两种方式融资状况进行分析。

（1）定向增发①状况

一般而言，企业在申请挂牌的同时或者挂牌后可采用定向增发的方式融资。企业进行定向增发募集的资金需要专款专用，监管方式较为严格，通常可用于补充流动资金、偿还银行贷款及其他债务、项目融资、股权激励、收购资产等事项中。

2015~2019年，定向增发家数、次数和实际募集资金规模均处于近五年最低水平，平均单次募集资金规模在四连降之后迎来大幅度提升。2019年，全国共有537家新三板挂牌企业实施完成571次定向增发，实际募集资金规模为251.48亿元，平均单次募集资金规模4404万元。其中，64家中关村新三板挂牌企业实施完成67次定向增发，实际募集资金规模为37.41亿元，占全国新三板挂牌企业定向增发募集资金规模的14.87%，单次募集资金规模为5582万元，较全国新三板挂牌企业单次募集资金规模高26.75%（见表9）。

超七成企业定向增发规模低于5000万元。2019年，通过定向增发实际募集资金规模1亿元以上的有10次，实际募集资金总额为25.47亿元（见表12）；5000万~10000万元的企业有8次，实际募集资金总额为5.88亿元；1000万~5000万元的企业有23次，实际募集资金总额为4.91亿元；1000万元以下的企业有26次，实际募集资金总额为1.15亿元（见表10）。

---

① 本文中定向增发相关数据统一以定增股份发行日期为统计口径。新三板定增是指申请挂牌公司或已挂牌公司向特定对象发行股票的行为。

表9 2015～2019年度中关村新三板挂牌企业定向增发募集资金情况

年份	增发企业（家）	增发次数（次）	实际募集资金规模（亿元）	增发股数（亿股）	平均单次募集资金规模（万元）
2015	283	376	309.62	55.84	8235
2016	404	461	284.54	61.75	6172
2017	342	377	227.23	26.74	6027
2018	134	144	47.14	8.36	3274
2019	64	67	37.41	7.00	5582

资料来源：Wind，中关村上市公司协会整理。

表10 2019年中关村新三板挂牌企业定向增发募集资金规模统计

定增融资额范围	定增次数		定增融资额	
	次数（次）	占比（%）	总量（亿元）	占比（%）
≥10000万元	10	14.93	25.47	68.08
5000万～10000万元	8	11.94	5.88	15.71
1000万～5000万元	23	34.33	4.91	13.12
＜1000万元	26	38.81	1.15	3.07

资料来源：Wind，中关村上市公司协会整理。

创新层企业平均单次募集资金规模是基础层企业的3倍之多。从分层情况来看，14家创新层公司实施完成14次定向增发，实际募集资金规模为16.35亿元，平均单次募集资金规模11679万元；50家基础层企业实施完成53次定向增发，实际募集资金规模19.65亿元，平均单次募集资金规模3708万元（见表11）。

表11 2019年中关村新三板挂牌企业定向增发募集资金情况分层对比

分层	增发企业（家）	定向增发（次）	增发股数（亿股）	募集资金规模（亿元）	平均单次募集资金规模（万元）
创新层	14	14	0.89	16.35	11679
基础层	50	53	5.03	19.65	3708

资料来源：Wind，中关村上市公司协会整理。

表12　2019年定向增发募集资金规模在1亿元及以上的中关村
新三板挂牌企业情况统计

序号	证券代码	证券简称	分层	发行日期	增发数量（万股）	实际募资总额（亿元）	增发目的
1	833581. OC	长城华冠	创新层	2019年1月10日	5581.30	6.00	项目融资
2	835990. OC	随锐科技	创新层	2019年5月21日	1349.82	3.65	项目融资
3	834613. OC	亿华通	基础层	2019年2月22日	631.25	3.03	补充流动资金
4	831027. OC	兴致体育	基础层	2019年6月27日	15000.00	3.00	补充流动资金
5	430208. OC	优炫软件	创新层	2019年5月31日	1790.50	2.78	项目融资
6	430074. OC	德鑫物联	基础层	2019年8月7日	1694.72	1.80	项目融资
7	870013. OC	天科合达	基础层	2019年1月15日	5900.00	1.77	项目融资
8	837747. OC	长江文化	创新层	2019年4月15日	819.52	1.34	项目融资
9	833819. OC	颖泰生物	创新层	2019年5月23日	1980.00	1.10	补充流动资金
10	873062. OC	汉王鹏泰	基础层	2019年6月20日	2695.42	1.00	项目融资

资料来源：Wind，中关村上市公司协会整理。

（2）公司债发行状况

中关村新三板企业发债规模遥遥领先。2019年，全国共有6家新三板挂牌企业发行9次公司债，总发行规模55.1亿元。其中，3家中关村新三板挂牌企业发行9次公司债，发行规模为53.4亿元，占全国新三板挂牌企业公司债发行总规模的96.91%。具体来看，2019年中关村新三板挂牌企业公司债发行规模为53.4亿元，债券发行期限1~5年不等（以3年期居多）；多数企业公司债的利率为6%~6.5%，因中投保面向在登记公司开立合格证券账户的合格投资者（法律、法规禁止购买者除外）网下发行5年期公司债券，利率相对较低，为3.87%。

民营企业发债规模占比不到1%，债券发行难度大。从公司属性来看，共有2家中央国有企业发行5次公司债，发行总规模为53亿元，占比99.25%。其中，中国康富发行4次公司债，发行总规模28亿元；中投保发行1次公司债，发行总规模25亿元。民营企业（泛华体育）公司债的发行规模仅为0.4亿元，占比0.75%（见表13）。

表 13　2019 年中关村新三板企业债券发行情况

代码	名称	债券代码	债券简称	所属分层	公司属性	发行起始日	发行规模（亿元）	票面利率（%）	募集资金用途
833499. OC	中国康富	151295. SH	19 康富 01	基础层	中央国有企业	2019 年 3 月 18 日	10	6.5	本期债券募集资金拟全部用于偿还债务及补充流动资金
836042. OC	泛华体育	151340. SH	19 泛华 01	创新层	民营企业	2019 年 3 月 25 日	0.4	6.5	本期债券募集资金拟全部用于补充流动资金
837777. OC	中投保	155290. SH	19 中保 01	基础层	中央国有企业	2019 年 3 月 28 日	25	3.87	本期债券募集资金拟偿还 20 亿元债务，其余补充营运资金
833499. OC	中国康富	151524. SH	19 康富 02	基础层	中央国有企业	2019 年 4 月 29 日	28	6.3	本期债券募集资金拟用于偿还公司债务及补充流动资金
833499. OC	中国康富	162294. SH	19 康富 04	基础层	中央国有企业	2019 年 10 月 23 日	5	5.28	本期债券募集资金拟用于偿还有息负债
833499. OC	中国康富	162489. Sh	19 康富 D1	基础层	中央国有企业	2019 年 11 月 15 日	5	6	本期债券募集资金拟用于偿还公司债务

资料来源：Wind，中关村上市公司协会整理。

（四）超半数企业研发费用实现正增长，PCT专利申请量持续上升

超五成企业研发费用实现正增长。2019年，共有862家中关村新三板企业（占比79.74%）披露研发费用，研发费用披露总额为84.50亿元，同比下降15.75%（见图5）。2018~2019年连续披露研发费用的806家企业披露研发费用总额为82.44亿元，这一数字与2018年基本持平。此组数据说明中关村新三板企业总研发费用的下降是因为挂牌企业数量的减少。对这806家企业研发费用增长情况进行具体分析，452家企业（占比56.08%）研发费用实现正增长，354家企业（占比43.92%）研发费用同比下降。

图5 2015~2019年中关村新三板企业研发费用变化

资料来源：Wind，中关村上市公司协会整理。

中关村头部新三板企业研发强度持续增强。2019年，中关村新三板企业的平均研发强度为4.70%，高于2019年全国新三板企业平均研发强度（4.15%）和全社会平均研发强度（2.19%）。国际经验表明，10%以上的研发强度在全球范围内处于较高的研发投入水平，此类企业一般被认为具备充分的研发竞争力优势。根据此标准，中关村新三板企业研发强度较为可观，在2019年有370家企业为高研发强度企业，占比42.92%（见图6）。

说明宏观基本面下行的情况较少地影响到高强度研发的企业。中关村新三板头部企业通过增加研发投入，提高了核心竞争力。

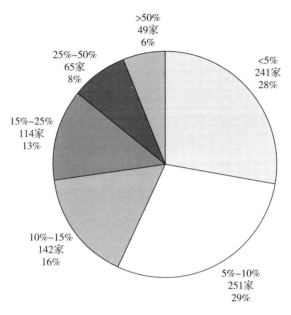

图6　2019年中关村新三板企业研发强度分布

资料来源：Wind，中关村上市公司协会整理。

从专利申请和专利授权情况来看，2019年，中关村新三板企业在PCT的申请量上创了新高，达到25件，相较2018年的17件，增长47.06%（见图7）。数据表明中关村新三板企业对海外市场专利布局的重视。2019年，中关村新三板企业专利申请量为2362件，其中发明专利、实用新型专利和外观设计专利的数量分别为914件、1158件和290件，分别占专利申请总量的38.70%、49.03%和12.28%；专利授权量为1450件，低于2018年的2144件。其中，发明专利、实用新型专利、外观设计专利授权量分别为305件、918件和227件，分别占比21.03%、63.31%、15.66%（见表14）。对比不同类型的专利申请占比情况，发现中关村新三板挂牌企业发明专利授权比例相对较低，这可能与发明专利审核周期较长、审核通过率较低有关。

表 14　2019 年中关村新三板企业专利申请和专利授权情况

单位：件，%

	专利申请		专利授权	
	数量	占比	数量	占比
发明专利	914	38.70	305	21.03
实用新型专利	1158	49.03	918	63.31
外观设计专利	290	12.28	227	15.66
合计	2362	100.00	1450	100.00

资料来源：中关村知识产权促进局。

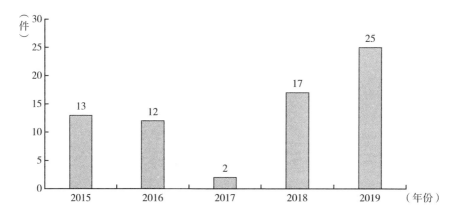

图 7　2015～2019 年中关村新三板企业 PCT 专利申请量

资料来源：中关村知识产权促进局。

（五）区域竞争优势明显，整体实力优于其他地区

本文对新三板挂牌企业数量排名前五的区域①进行对比分析，分别从总市值、营业收入、净利润、总资产、融资情况等企业发展的核心指标入手，分析以上五个区域新三板企业的成长性。数据显示，2019 年在整体宏观经济持续下行的背景下，各主要区域新三板企业整体业绩呈下滑态势，但整体

---

① 这五个区域分别是广东、中关村、江苏、浙江和上海，其中，广东共有 1319 家新三板挂牌企业、中关村有 1190 家、江苏有 1072 家、浙江有 786 家、上海有 715 家。

业绩的下降主要是由于企业数量减少而非持续经营企业业绩下滑。但相对其他区域,中关村园区仍具有较强的竞争优势。

从总市值情况来看,中关村园区新三板企业总市值领跑全国。2019年底,中关村新三板企业总市值为3400.05亿元,广东、江苏、浙江、上海区域总市值分别为3163.88亿元、2170.23亿元、1845.49亿元、2168.84亿元。从头部企业市值来看,中关村[①]和广东省各有3家新三板企业市值超过100亿元;浙江和上海地区各有1家;江苏区域所有新三板企业市值均在100亿元以下。

从总资产情况来看,中关村园区新三板企业总资产遥遥领先,但仍有下降风险。2019年中关村新三板企业总资产为3682.25亿元,位列第一;其次是江苏地区的新三板企业,总资产为3143.29亿元;广东[②]、浙江、上海地区总资产分别为2855.42亿元、2180.42亿元、1822.20亿元。2019年,除浙江地区新三板企业总资产略有增长(0.95%)外,其他区域总资产均有不同程度的下降。

从营业收入情况来看,中关村新三板企业营业收入处于中间位置。2019年中关村新三板企业总营业收入为2066.83亿元,高于江苏地区的1816.38亿元,但低于上海、浙江、广东三个区域。从2018~2019年连续两年持续经营的新三板企业总营业收入来看,以上五个区域持续经营的新三板企业2019年总营业收入均有所增长,其中中关村和广东地区持续经营的新三板企业总营业收入增幅相近,均在6.00%左右;增长幅度低于上海、江苏和浙江三个区域。

从净利润情况来看,2019年中关村新三板企业净利润总额为81.37亿元,低于江苏的91.28亿元和浙江的89.98亿元,但高于广东的62.79亿元和上海的30.17亿元。从平均净利润和人均净利润来看,中关村新三板企业在以上五个主要区域中均占有一定优势,平均净利润为752.73万元,高于广东和上海地区的新三板企业;人均净利润为4.76万元,仅次于浙江地区的5.01万元/人。从2018~2019年连续两年持续经营的新三板企业净利润来看,中关村园

---

① 2019年底,中关村新三板企业市值超过100亿元的企业有九鼎集团、国都证券、随锐科技。

② 2019年,深圳市新三板企业总资产为1271.41亿元,占广东省新三板企业总资产的44.53%。

区持续经营新三板企业净利润高于其他地区的净利润。从持续经营企业净利润增长幅度来看，中关村地区持续经营企业净利润增长幅度高达21.95%。

从融资情况来看，中关村园区新三板企业通过股票发行和发债方式募集资金的规模遥遥领先。2019年，全国新三板企业通过股票发行和发债两种方式进行募集资金的规模大幅降低，与全国趋势一致，中关村新三板企业募资规模也呈现下降趋势，但募集资金总额依然遥遥领先。2019年，中关村园区新三板企业通过以上两种方式共募集资金94.39亿元。其中，通过股票发行方式募集资金规模为40.99亿元，通过发债方式募集资金规模为53.40亿元。

从各区域精选层备战情况来看，截至2020年7月1日，从全国精选层辅导备案企业数量来看，全国已申报辅导备案企业（辅导期+已验收）共171家，其中中关村企业25家（排名第一），占比14.62%；广东20家，江苏、浙江、上海地区辅导备案企业均在10~20家。从辅导进度来看，全国共有96家企业处于辅导期，已完成辅导验收企业75家，其中中关村企业12家（排名第一），广东和江苏各6家，浙江和上海均为5家。从精选层申报及受理情况来看，全国中小企业股份转让系统已受理68家企业申报，中关村企业11家（排名第一），领先于其他区域；从精选层挂牌审核情况来看，截至2020年7月1日，全国申报精选层挂牌审议通过企业32家，中关村企业6家，位列第一。从证监会核准数量来看，截至2020年7月1日，中关村和江苏地区并列第一，均为4家（见表15）。

表15　主要区域精选层备战情况

单位：家

区域	辅导备案数量	辅导验收数量	已受理数量	审议通过数量	证监会核准通过数量
中关村	25	12	11	6	4
广东	20	6	4	2	2
江苏	19	6	6	5	4
浙江	14	5	5	2	2
上海	13	5	5	2	1
全国	171	75	68	32	24

资料来源：北京市金融监管局，中关村上市公司协会整理。

（六）持续经营企业应收账款承压，应收账款周转期延长

应收账款是企业重要的流动资产，同时也是一项高风险资产。应收账款的回款情况将直接影响企业现金流状况及日常资金运转。若应收账款管理机制不健全、应收账款规模较大、回款周期较长，将导致催收难度加大，形成呆账、坏账的可能性增加，严重时可成为压死企业的最后一根稻草。2019年，中关村新三板企业应收账款总规模为557.24亿元，同比下降6.60%；企业平均应收账款规模为5155万元，同比增长13.13%；应收账款周转天数为95.17天，较2018年增长7天。2018～2019年连续两年持续经营的1035家企业应收账款规模为546.72亿元，较2018年的507.13亿元增长7.81%，增长幅度高于2018年0.58个百分点。此组数据表明，2019年，中关村新三板企业应收账款规模总量的下降主要是因为挂牌企业数量的减少，而持续挂牌企业的应收账款规模持续上涨且企业应收账款周转天数增加，加之，整体经济下行，下游中小企业回款压力增大，多重因素叠加，企业回款将愈加困难。

结合企业调研了解到，造成中关村新三板企业应收账款持续上涨的原因主要有以下几个方面：（1）企业为扩大占有率，主动赊销或延长账期；（2）政府预算削减、审核烦琐、结算周期较长导致部分企业难以拿到账款；（3）中央及地方国有企业等核心企业确权困难，导致上游企业难以回款，进而导致产业链上下游企业"三角债"问题突出。

（七）企业税费负担有所降低，但仍有下降空间

2018～2019年，中关村持续经营企业在2019年利润总额增长21.96%的同时，缴纳的所得税降低了6.06%；持续经营企业实际税费负担为70.99亿元，较2018年的74.85亿元减少5.16%。此组数据说明，在国家营造的减税降费大环境下，中小企业的实际税费负担确实较往年减轻不少。但中关村新三板企业实际税费负担相对较高，仍有一定的下降空间。2019年，中关村新三板企业实际税费负担占营业收入的比重为3.45%，高于江苏、广

东、浙江、上海的 3.38%、2.73%、2.03% 和 1.54%（见表16），说明中关村新三板企业实际税费负担仍有下降空间。

表16　2019 年主要区域新三板企业实际税费负担占营业收入比重

区域	营业收入		实际税费负担占营业收入比重(%)		
	金额(亿元)	增长率(%)	2018 年	2019 年	增长率
中关村	2066.83	−13.64	3.94	3.45	−12.44
广东	2094.01	−12.85	3.09	2.73	−11.65
江苏	1816.38	−9.20	3.61	3.38	−6.37
浙江	2193.30	3.52	2.61	2.03	−22.22
上海	2652.54	3.77	1.81	1.54	−14.92

资料来源：Wind，中关村上市公司协会整理。

二　中关村新三板企业发展建议

（一）创新企业融资方式，拓宽企业融资渠道

经济下行压力加大，中关村新三板企业营业收入增长缓慢、应收账款逐年增多，加之通过银行信贷、发债、定向增发及股权质押融资阻力重重，导致企业难以获得稳定的现金流入。与之相反的是，企业现金流出却逐年增加，导致部分企业现金流周转出现困难，亟须扩展融资渠道。

数据显示，持续经营企业① 2019 年经营活动产生的现金流入为 2434.84 亿元，同比减少 0.59%；现金流出为 2350.32 亿元，同比增加 2.63%；经营活动产生的现金流量净额为 84.52 亿元，同比减少 46.93%。与此同时，从应收账款角度来看，2018 ~ 2019 年连续两年持续经营的 1035 家企业应收账款规模为 546.72 亿元，较 2018 年的 507.13 亿元增长 7.81%，增长幅度高于 2018 年 0.58 个百分点。从融资角度来看，2019 年，中关村新三板企

---

① 2018 ~ 2019 年持续经营的中关村新三板企业共 1035 家。

业通过定向增发实际募资金额 37.40 亿元，同比下降 21.66%，通过债券募资 53.4 亿元，但民营企业仅募资 0.40 亿元。此组数据表明新三板企业现金流承压。

针对中关村新三板企业现金流出现的问题，本文从拓宽中关村新三板企业直接融资渠道和间接融资渠道两个方面提出政策建议。

从拓宽直接融资渠道方面，一是抓住新三板改革机遇，提升新三板企业直接融资比例。建议全国中小企业股份转让系统充分抓住新三板改革契机，建立并完善优胜劣汰的市场机制，提高新三板企业整体质量进而提升新三板市场流动性，提高企业直接融资比例和融资效率，切实做到服务创新型、创业型、成长型中小企业。二是成立专项政策基金，扶持暂时出现困难的企业发展。建议北京市政府成立专项政策基金，用于投资科技含量高、市场潜力大但经营暂时出现困难的企业，通过政策扶持中关村新三板企业发展。

从拓展间接融资渠道方面，一是建议对民间组织创新的金融产品进行适当比例的补贴。中关村上市公司协会根据连续多年的研究发现部分企业应收账款回收难的症结点所在，并联合金融机构积极推出创新型融资服务方案，方案一经推出便受到企业的欢迎。囿于非政府补贴类融资产品，很多企业表达诉求希望可以将此项目纳入补贴范围，实实在在为企业服务。二是建议政府鼓励企业创新融资模式。传统的融资方式看中企业主体信用评级、资产、现金流状况，但新三板企业规模普遍较小，营业收入规模相对较低，所以很难通过银行贷款及二级市场股票质押融资。建议政府鼓励企业创新融资模式，比如通过转变经营模式，以期获得除传统融资模式之外的融资渠道。三是建议推动普惠金融落地。建议相关政府部门积极推动对中小企业普惠性金融支持措施的切实落地，解决中小企业的融资难、融资贵问题。

（二）提高研发产出质量，增强核心竞争能力

持续的研发投入是企业迅速占领市场并获得超额利润的源泉。因此，注

重研发，并提升研发产出质量是提高核心竞争力的秘密武器。然而从 2019 年新三板企业创新能力数据可以看出，中关村新三板企业创新产出质量有待进一步提高。从专利申请和专利授权情况来看，2019 年，中关村新三板专利申请量为 2362 件，其中发明专利、实用新型专利和外观设计专利的数量分别为 914 件、1158 件和 290 件，分别占专利申请总量的 38.70%、49.03% 和 12.28%；专利授权量为 1450 件，低于 2018 年的 2144 件。其中，发明专利、实用新型专利、外观设计专利授权量分别为 305 件、918 件和 227 件，分别占比 21.03%、63.31%、15.66%。对比不同类型的专利申请占比情况，发现中关村新三板挂牌企业发明专利授权比例相对较低，这可能与发明专利审核周期较长、审核通过率较低有关。

针对中关村新三板企业发明专利审核通过率过低的情况，特提出以下建议。一是提高专利审批效率。建议北京市相关政府部门减少不必要的申请、审批程序、加快专利审批进度，缩短发明专利授权周期。二是推进产学研相结合。建议中关村新三板挂牌企业依托高校、科研机构和技术服务机构等外部资源进一步提升企业创新能力，提高企业创新产出的质量。

（三）建议加大减税降费力度，降低企业负担

2019 年，中关村持续经营的新三板企业实际税费负担为 70.99 亿元，较 2018 年的 74.85 亿元减少 5.16%。这主要得益于近几年，国家营造的减税降幅大环境，尤其是 2019 年 4 月 7 日，中共中央办公厅、国务院办公厅印发了《关于促进中小企业健康发展的指导意见》（以下简称"指导意见"），指导意见指出清理规范涉企收费，加快推进地方涉企行政事业性收费零收费；推进增值税等实质性减税，对小微企业、科技型初创企业实施普惠性税收减免；根据实际情况，降低社会保险费率，支持中小企业吸纳就业。但企业实际税费负担占营业收入的比重高达 3.45%，高于江苏、广东、浙江、上海的 3.38%、2.73%、2.03% 和 1.54%，说明中关村新三板企业实际税费负担仍有下降空间。

　　针对中关村新三板企业实际税收负担过重的情况，建议相关政府部门对节能环保、新一代信息技术、生物、高端装备制造、新能源、新材料和新能源汽车等战略性新兴产业给予一定程度的税费优惠，引导此类行业发展壮大，并在中关村区域形成行业聚集效应。

成　长　篇

Growth Reports

B.2

2019年中关村新三板企业
盈利能力研究报告

中关村上市公司研究部

摘　要：　本文对披露年报的中关村新三板企业的盈利能力进行分析，
　　　　　从新三板企业的营业收入、毛利润、净利润、总资产收益率、
　　　　　净资产报酬率、期间费用6个角度分析了中关村新三板企业
　　　　　的整体盈利能力。报告结果显示，2019年，中关村新三板企
　　　　　业营业收入、毛利润、净利润、毛利率都出现一定幅度的下
　　　　　降，净利率、总资产收益率、净资产收益率出现一定程度的
　　　　　上升。结合2018~2019年连续两年持续经营企业情况看，中
　　　　　关村持续经营新三板企业的营业收入、毛利润、净利润都出
　　　　　现一定程度的增长，表明持续经营企业盈利能力显著提升。
　　　　　此外，中关村新三板企业的销售能力和管理效率逐年提升。

关键词：　中关村新三板企业　营业收入　净利润　盈利能力

一 2019年中关村新三板企业营业收入情况

（一）2019年中关村新三板企业营业收入整体状况

中关村新三板企业数量减少，但整体质量稳步提升。2019年，中关村新三板企业总营业收入为2066.83亿元，同比下降13.64%；企业平均营业收入为1.91亿元，同比减少2.55%（见图1）。2018～2019年连续两年持续经营的中关村新三板企业有1035家，持续经营企业2019年营业收入为2051.21亿元，2018年营业收入为1925.56亿元，同比增长6.53%。结合2019年纳入报告的中关村新三板企业数量①来看，2019年中关村新三板企业总营业收入的下降主要是由于新三板挂牌企业数量的减少而非持续经营企业业绩下滑，持续经营企业保持强劲增长。

图1 2015～2019年中关村新三板企业总营业收入及平均营业收入变化情况

资料来源：Wind，中关村上市公司协会整理。

---

① 2018年底，纳入统计的中关村新三板企业数量为1224家；2019年底，纳入统计的中关村新三板企业数量为1081家，同比减少143家，企业数量降幅达到11.68%。

从分层情况看，中关村新三板创新层企业总营业收入为 477.72 亿元，占比 23.11%；基础层企业总营业收入为 1589.10 亿元，占比 76.89%。创新层企业平均营业收入为 5.31 亿元，同比增长 0.95%；基础层企业平均营业收入为 1.60 亿元，同比增长 0.63%（见表 1）。由数据可见，中关村新三板创新层企业平均营业收入是基础层企业平均营业收入的 3.31 倍，且创新层企业的平均营业收入增幅相对更快。

表 1　2019 年中关村新三板企业营业收入分层分布情况

分层情况	营业收入（亿元）	营业收入占比（%）	平均营业收入（亿元）	平均营业收入增幅（%）
创新层	477.72	23.11	5.31	0.95
基础层	1589.10	76.89	1.60	0.63

资料来源：Wind，中关村上市公司协会整理。

从成长性来看，2019 年中关村新三板企业营业收入实现正增长的企业有 596 家，占中关村新三板企业总数的 55.13%。其中，创新层企业 60 家（占创新层企业总数的 66.67%），基础层企业 536 家（占基础层企业总数的 54.09%）。在 2019 年实现营业收入正增长的 596 家企业中，2018～2019 年连续两年实现营业收入正增长的企业有 385 家，占中关村新三板企业总数的 35.62%；其中，创新层企业 37 家（占创新层企业总数的 41.11%），基础层企业 348 家（占基础层企业总数的 35.11%）。2018～2019 年两年营业收入持续增长，且复合增长率不低于 50% 的企业共 81 家，这 81 家中关村新三板企业处于高成长阶段。

（二）2019 年中关村新三板企业营业收入规模分布状况

从中关村新三板企业营业收入规模分布情况来看，营业收入不低于 10 亿元的企业有 27 家，企业数量占比 2.50%，其营业收入规模达 955.59 亿元，营业收入规模占比 46.23%；营业收入处于 5 亿～10 亿元的企业有 39 家，企业数量占比 3.61%，其营业收入总计达 264.91 亿元，营业收入规模占比 12.82%；营业收入处于 2 亿～5 亿元的企业有 120 家，企业数量占比

表 2　中关村新三板企业 2019 年营业收入增长前 30 家

序号	证券代码	证券名称	所属分层	所属行业	2018 年营业收入（万元）	2019 年营业收入（万元）	同比增长率（%）
1	837852. OC	邦客乐	基础层	租赁和商务服务业	7.55	3744.20	49492.05
2	833575. OC	康乐卫士	基础层	制造业	13.22	2468.95	18575.87
3	430079. OC	北京安鹏	基础层	金融业	7.56	380.93	4938.76
4	872434. OC	明易达	基础层	信息传输、软件和信息技术服务业	269.93	11615.31	4203.08
5	836020. OC	达唯科技	基础层	信息传输、软件和信息技术服务业	238.27	5271.01	2112.20
6	430185. OC	普瑞物联	基础层	制造业	2.16	47.17	2083.80
7	430189. OC	摩点文娱	基础层	信息传输、软件和信息技术服务业	204.17	1795.60	779.46
8	836008. OC	摩洁创新	基础层	制造业	1482.48	11956.99	706.55
9	835014. OC	空间停车	基础层	租赁和商务服务业	21.15	167.91	693.90
10	871892. OC	中民燃气	基础层	信息传输、软件和信息技术服务业	43.23	326.19	654.55
11	830871. OC	天元晟业	基础层	制造业	53.09	388.35	631.49
12	837317. OC	北角娱乐	基础层	文化、体育和娱乐业	71.99	437.92	508.31
13	834465. OC	国科股份	基础层	信息传输、软件和信息技术服务业	1733.29	10274.20	492.76
14	872287. OC	建工新科	基础层	制造业	7388.20	43135.26	483.84
15	430167. OC	四利通	基础层	制造业	406.35	2073.17	410.19
16	835282. OC	梅珑体育	基础层	文化、体育和娱乐业	400.10	1858.78	364.58

续表

序号	证券代码	证券名称	所属分层	所属行业	2018 年营业收入（万元）	2019 年营业收入（万元）	同比增长率（%）
17	873069. OC	天朗节能	基础层	科学研究和技术服务业	2764.48	12104.51	337.86
18	430361. OC	聚链集团	基础层	制造业	96.60	422.67	337.55
19	836098. OC	华浩科技	基础层	信息传输、软件和信息技术服务业	371.16	1501.81	304.63
20	871174. OC	正荣网际	基础层	制造业	243.46	948.16	289.45
21	430341. OC	呈创科技	基础层	信息传输、软件和信息技术服务业	734.98	2856.11	288.60
22	834819. OC	玛诺生物	基础层	制造业	2168.33	8306.96	283.10
23	835101. OC	快拍物联	基础层	信息传输、软件和信息技术服务业	83.27	311.12	273.63
24	873323. OC	盛旺绿化	基础层	建筑业	820.21	3040.81	270.74
25	838983. OC	波尔电子	基础层	制造业	277.04	1005.61	262.98
26	837479. OC	天禾软件	基础层	信息传输、软件和信息技术服务业	493.05	1740.71	253.05
27	871169. OC	蓝标科技	基础层	信息传输、软件和信息技术服务业	5840.19	18386.67	214.83
28	430170. OC	金易通	基础层	制造业	725.75	2280.01	214.16
29	836468. OC	普发动力	基础层	制造业	895.99	2725.26	204.16
30	834084. OC	聚能鼎力	创新层	科学研究和技术服务业	4959.72	15072.58	203.90

资料来源：Wind，中关村上市公司协会整理。

11.10%，其营业收入总计达 371.55 亿元，营业收入规模占比 17.98%；营业收入处于 1 亿 ~2 亿元的企业有 163 家，企业数量占比 15.08%，其营业收入总计达 227.72 亿元，营业收入规模占比 11.02%；营业收入处于 0.5 亿 ~1 亿元的企业有 200 家，企业数量占比 18.50%，其营业收入总计达 143.36 亿元，营业收入规模占比 6.94%；营业收入低于 0.5 亿元的企业有 532 家，企业数量占比 49.21%，其营业收入总计达 103.80 亿元，营业收入规模占比 5.02%。中关村新三板企业营业收入的规模分布情况显示新三板企业营业收入规模存在分化趋势，占比 2.50% 的头部规模企业（营业收入不低于 10 亿元）实现了近 50% 的营业收入，而占比近 50% 的尾部企业（营业收入规模在 0.5 亿元以下）营业收入规模仅达到 5.02%。大部分企业的营业收入处于中低水平，体现了新三板企业以中小企业为主的特征（见图 2）。

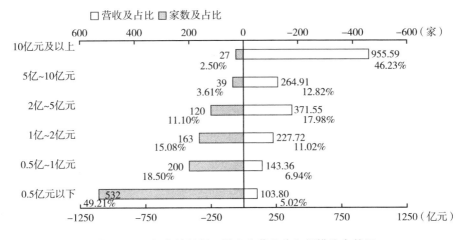

图 2　2019 年中关村新三板企业营业收入规模分布状况

资料来源：Wind，中关村上市公司协会整理。

从分层情况来看，中关村新三板基础层企业营业收入主要集中在 0.5 亿元以下，共有 522 家基础层企业营业收入低于 0.5 亿元，占中关村新三板企业的 52.67%；营业收入位于 1 亿 ~2 亿元、2 亿 ~5 亿元、5 亿 ~10 亿元、10 亿元及以上四个区间的家数逐渐递减，分别为 138 家、103 家、26 家、21 家，占比依次为 13.93%、10.39%、2.62%、2.12%。创新层企业营业收入则主要集中在 0.5 亿~1 亿元、1 亿~2 亿元、2 亿~5 亿元三个区间，企业家数分别为 19 家、25 家、17 家，占比分别为 21.11%、27.78%、18.89%；营业收入在 0.5 亿元以下的有 10 家，占比为 11.11%；营业收入在 5 亿~10 亿元的有 13 家，占比 14.44%；营业收入在 10 亿元及以上的有 6 家，占比 6.67%。该组数据表明，一方面，与基础层企业营业收入分布状况相比，中关村新三板创新层企业的营业收入规模分布情况更为均匀，不同营业收入规模区间的企业数量占比差距较小；另一方面，基础层企业中不乏营业收入相对较高的企业（见图 3）。

表 3 2019 年中关村新三板创新层和基础层企业营业收入规模分布

营业收入规模	整体		基础层		创新层	
	数量（家）	占比（%）	数量（家）	占比（%）	数量（家）	占比（%）
10 亿元及以上	27	2.50	21	2.12	6	6.67
5 亿~10 亿元	39	3.61	26	2.62	13	14.44
2 亿~5 亿元	120	11.10	103	10.39	17	18.89
1 亿~2 亿元	163	15.08	138	13.93	25	27.78
0.5 亿~1 亿元	200	18.50	181	18.26	19	21.11
<0.5 亿元	532	49.21	522	52.67	10	11.11

资料来源：Wind，中关村上市公司协会整理。

（三）2019 年中关村新三板企业营业收入排名

2019 年，中关村新三板企业营业收入排名前 30 的企业营业收入合计达到 984.36 亿元，占中关村新三板企业总营业收入的 47.63%。与 2018 年相比排名前 30 的企业营业收入规模相比下降 11.73%。排名前 30 的企业中营业收入超百亿元的企业有 2 家，分别是以笔记本电脑分销为主的 IT 产品销售服务商翰林汇（208.36 亿元）和从事 ICT 产品增值分销、进口网络产品销售业务、医疗产品销售业务的中建信息（166.02 亿元）（见图 3）。

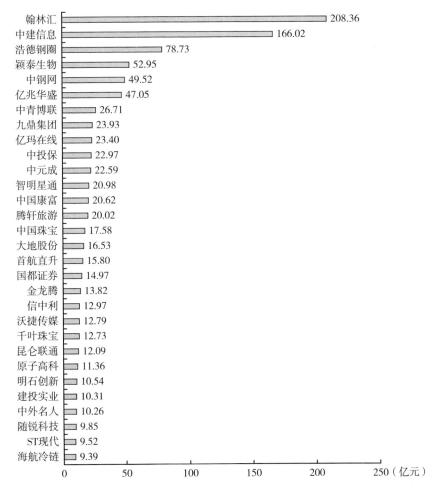

图3 2019年中关村新三板企业营业收入排名（前30位）

资料来源：Wind，中关村上市公司协会整理。

剩除掉金融类企业①，2019年，中关村新三板非金融类企业营业收入排名前30的企业营业收入总计达959.15亿元，占中关村新三板非金融类企业总营业收入（1996.56亿元）的48.04%。与2018年相比，排名前30

---

① 2019年，12家金融类企业营业收入总计达70.27亿元（占比3.40%）。

的非金融类企业营业收入规模减少了3.77%。其中，百亿元以上营业收入的中关村新三板非金融类企业共有2家，分别为翰林汇和中建信息，与2018年情况类似。此外，相比2018年而言，进入前30名的中关村新三板企业非金融类企业的基准略有降低。2018年，第30名中关村新三板企业的营业收入为10.10亿元，2019年讯众股份以8.74亿元的营业收入位列第30名（见图4）。

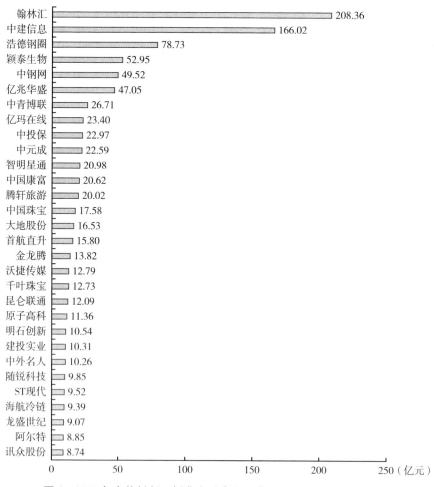

图4 2019年中关村新三板非金融类企业营业收入排名（前30位）

资料来源：Wind，中关村上市公司协会整理。

二 毛利润状况

（一）2019年中关村新三板企业毛利润整体状况

2019 年中关村新三板企业毛利润总额达 466.31 亿元，同比下降 18.82%；企业平均毛利润为 0.43 亿元，同比下降 8.51%（见图 5）；企业 平均毛利率为 22.56%。2018～2019 年连续两年持续经营的 1035 家新三板 企业，其毛利润合计为 463.98 亿元，同比上升 5.26%；持续经营企业的平 均毛利率为 22.62%，与 2018 年的 22.89% 相比基本持平。数据显示，2019 年毛利润下降的原因主要系 2019 年摘牌企业增多导致，持续经营的 1035 家 企业毛利润合计整体上升。

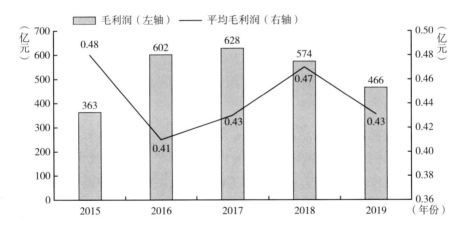

图5 2015～2019 年中关村新三板企业毛利润及平均毛利润变化情况

资料来源：Wind，中关村上市公司协会整理。

从分层情况来看，创新层企业毛利润合计为 102.59 亿元，占比 22.00%，平均毛利润为 1.14 亿元；基础层企业毛利润合计为 363.72 亿元， 占比 78.00%，基础层企业平均毛利润为 0.37 亿元。创新层企业的平均毛 利润是基础层企业平均毛利润的 3.08 倍。中关村新三板创新层企业毛利率为23%，基础层企业毛利率为21%，创新层毛利率略高于基础层。整体来说，创新层企业毛利润状况优于基础性企业。

从成长性来看，2019年实现毛利润正增长的中关村新三板企业共有584家，占持续经营企业数量的56.43%，有超过一半以上的中关村新三板企业毛利润实现正增长。其中，71家中关村新三板企业毛利润增长幅度超过100%，7家企业毛利润增长幅度超过1000%。从分层情况来看，创新层有63.33%（57家）企业实现了毛利润的增长，基础层则有53.08%（526家）的企业实现了毛利润的增长。

（二）2019年中关村新三板企业毛利润排名

2019年，中关村新三板企业排名前30的毛利润合计达154.81亿元，占中关村新三板企业毛利润合计的33.20%。其中，毛利润在10亿元以上的中关村新三板企业共有4家，分别为国际化精品移动网络游戏公司智明星通，从事农药中间体、原药及制剂研发、生产、销售和技术服务的颖泰生物，从事ICT产品增值分销、进口网络产品销售业务、医疗产品销售业务的中建信息，以及主要业务模式包括控股经营型投资、参股财务型投资的九鼎集团（见图6）。

剔除掉金融类企业[1]，2019年，毛利润排名前30的中关村新三板非金融企业毛利润总额131.49亿元，占中关村新三板非金融企业毛利润（432.73亿元）的30.39%。与2018年相比，排名前30企业的毛利润总额出现下降，同比降低了20.54%[2]。其中，毛利润在10亿元以上的中关村新三板非金融企业共有3家，分别为智明星通、颖泰生物、中建信息（见图7）。

（三）2019年中关村新三板企业毛利率排名

2019年，中关村新三板企业毛利率排名前30的企业毛利率均在80%以

---

[1] 2019年，12家金融类企业毛利润总额为33.58亿元（占比7.20%）。
[2] 2018年，剔除金融企业后，排名前30的企业毛利润总额为165.47亿元。

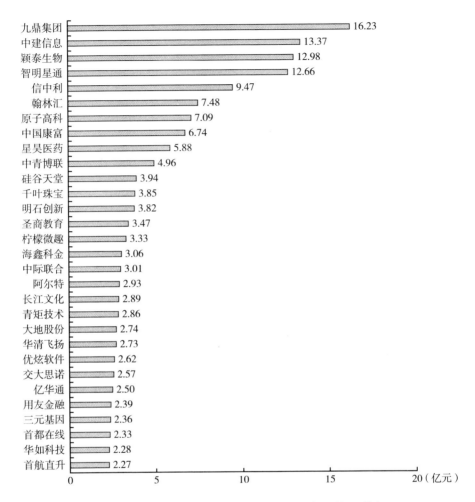

图6　2019年中关村新三板企业毛利润排名（前30位）

资料来源：Wind，中关村上市公司协会整理。

上，来自金融业的联合货币①、硅谷天堂、久银控股，制造业的天元晟业和信息传输、软件和信息技术服务业的 ST 致生②、雨柔科技 6 家企业毛利率

----

① 联合货币、硅谷天堂、久银控股营业成本均为 0，毛利率 100%，主要原因系公司主营业务是金融相关业务，无相应成本产生。其中联合货币 2018 年毛利率也为 100%。

② ST 致生 2019 年营业收入 38500.24 元，营业成本 0 元，毛利率 100%，主要系公司在 2019 年由于资金链断裂，无法正常承接业务。

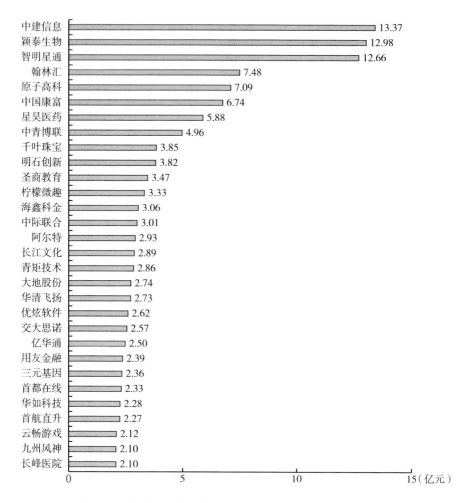

图7　2019 年中关村新三板非金融企业毛利润排名（前 30 位）

资料来源：Wind，中关村上市公司协会整理。

高达 100%。毛利率超过 90% 的有 16 家企业。毛利率较高的 30 家企业主要集中在信息传输、软件和信息技术服务业（17 家）、制造业（5 家）和金融业（5 家）。同时，相比较其他行业而言，信息传输、软件和信息技术服务业往往能获得更高的服务溢价收入（见图 8）。

　　剔除掉金融类企业后，2019 年中关村毛利率排名前 30 的企业毛利率仍旧高于 80%。毛利率超过 90% 的有 12 家企业。其中，毛利率排名前 30 的

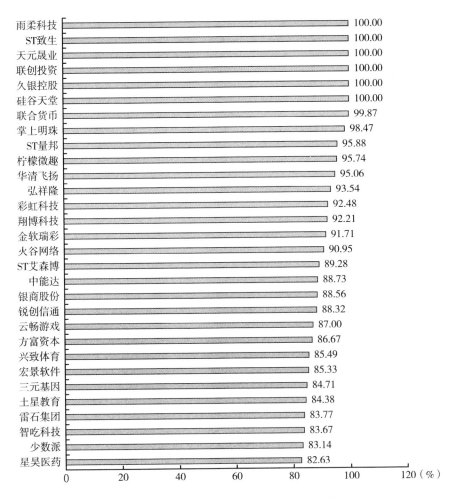

图8　2019年中关村新三板企业毛利率排名（前30位）

资料来源：Wind，中关村上市公司协会整理。

企业有22家是来自信息传输、软件和信息技术服务业企业（见图9）。相比较2018年而言，中关村新三板企业非金融行业毛利率前30入门门槛基本持平，2018年中关村新三板企业非金融行业毛利率第30名企业的毛利率为80.71%，2019年中关村新三板企业非金融行业毛利率第30名企业的毛利率为80.46%。

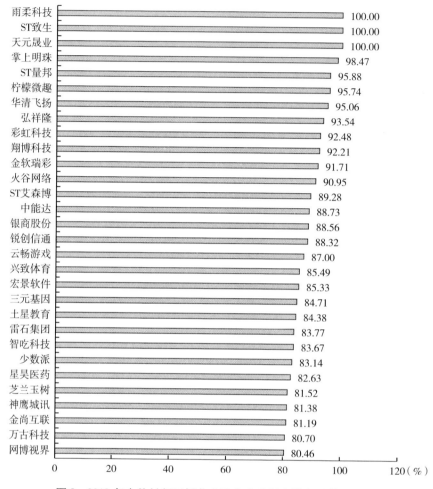

图9　2019年中关村新三板非金融企业毛利率排名（前30位）

资料来源：Wind，中关村上市公司协会整理。

三　净利润状况

（一）2019年中关村新三板企业净利润整体状况

2019年，中关村新三板企业净利润总额81.37亿元，同比下降

11.82%（见图10）；企业的平均净利润为752.71万元，与2018年基本持平。2018～2019年连续两年持续经营企业的净利润合计达到87.53亿元，同比上涨21.95%，其中实现净利润正增长的企业共有557家，占持续经营企业数量的53.82%。从数据分析看出，中关村新三板企业净利润降低主要是摘牌企业过多所致，且持续经营企业表现出较好的盈利水平。

从分层情况来看，2019年创新层企业的平均净利润状况优于基础层企业。2019年中关村新三板基础层企业的整体净利润为62.08亿元，占比76.30%，基础层企业的平均净利润为626.39万元；创新层企业整体净利润为19.29亿元，占比23.70%，创新层企业平均净利润为2143.65万元。中关村新三板创新层企业的平均净利润远远高于基础层企业。

图10　2015～2019年中关村新三板企业总净利润及平均净利润变化情况

资料来源：Wind，中关村上市公司协会整理。

（二）2019年中关村新三板企业总体盈亏情况分析

从2015～2019年连续五年的中关村新三板企业总体的盈亏状况看，每年盈利企业占当年中关村新三板企业总数的比例出现持续下降的趋势。2019年，中关村新三板企业中实现盈利的有626家，占比为57.91%；未盈利的

企业数量为 455 家，占比 42.09%。整体来看，中关村新三板企业盈利状况
有待改善（见表 4）。

表 4　2015~2019 年中关村新三板挂牌公司盈亏情况统计

单位：家，%

年份	盈利企业		亏损企业		合计	
	数量	占比	数量	占比	数量	占比
2015	574	76.03	181	23.97	755	100.00
2016	1022	71.22	413	28.78	1435	100.00
2017	978	67.63	468	32.37	1446	100.00
2018	734	59.97	490	40.03	1224	100.00
2019	626	57.91	455	42.09	1081	100.00

资料来源：Wind，中关村上市公司协会整理。

从分层情况来看，2019 年中关村新三板创新层企业中实现盈利的企业
有 60 家（占比 66.67%），亏损企业有 30 家（占比 33.33%）；基础层中实
现盈利的企业有 566 家（占比 57.11%），亏损企业有 425 家（占比
42.89%）（见表 5）。2019 年中关村新三板创新层企业盈利状况更好一些。

表 5　2019 年中关村新三板不同分层挂牌公司盈亏情况

单位：家，%

分层情况	盈利企业		亏损企业	
	数量	占所属分层企业数量比	数量	占所属分层企业数量比
创新层	60	66.67	30	33.33
基础层	566	57.11	425	42.89

资料来源：Wind，中关村上市公司协会整理。

从成长性来看，中关村新三板企业 2018~2019 年连续两年实现盈利的
企业有 508 家，占中关村新三板企业总数的 47.00%；其中创新层企业 56 家
（占创新层企业数量的 62.22%），基础层企业 452 家（占基础层企业数量的
45.61%）。这部分企业经营状况稳健，盈利能力较强，成长潜力较大。在
这 508 家两年连续盈利的企业当中，两年平均净利润不低于 1 亿元的有 19
家（见表 6），平均净利润不少于 2000 万元的新三板企业有 129 家。

单位：万元

表6 2018~2019年连续两年盈利且平均净利润不低于1亿元的中关村新三板企业

序号	证券代码	证券名称	所属分层	所属行业	2019年净利润	2018年净利润	平均净利润
1	838966.OC	柠檬微趣	基础层	信息传输、软件和信息技术服务业	13841.14	9820.19	11830.67
2	871196.OC	交大思诺	基础层	信息传输、软件和信息技术服务业	11870.73	10648.34	11259.54
3	833858.OC	信中利	基础层	金融业	15792.49	69080.73	42436.61
4	430719.OC	九鼎集团	基础层	金融业	194783.60	73954.78	134369.19
5	430005.OC	原子高科	创新层	制造业	27925.70	25364.93	26645.32
6	872801.OC	智明星通	基础层	信息传输、软件和信息技术服务业	62073.54	75597.14	68835.34
7	831344.OC	中际联合	创新层	制造业	14177.92	9332.70	11755.31
8	833966.OC	国电康能	基础层	科学研究和技术服务业	10565.81	10146.57	10356.19
9	430277.OC	圣商教育	基础层	租赁和商务服务业	17339.49	9725.14	13532.32
10	837747.OC	长江文化	创新层	文化、体育和娱乐业	11106.78	12103.67	11605.23
11	832924.OC	明石创新	创新层	制造业	56721.62	66385.64	61553.63
12	836019.OC	阿尔特	基础层	科学研究和技术服务业	11962.04	10493.10	11227.57
13	833499.OC	中国康富	基础层	租赁和商务服务业	38039.89	40407.34	39223.62
14	430193.OC	微传播	基础层	信息传输、软件和信息技术服务业	9609.24	10761.98	10185.61
15	833819.OC	颖泰生物	创新层	制造业	26712.49	46087.51	36400.00
16	834082.OC	中建信息	创新层	信息传输、软件和信息技术服务业	29805.38	21584.02	25694.70
17	835281.OC	翰林汇	基础层	批发和零售业	21560.43	19593.90	20577.17
18	834777.OC	中投保	基础层	租赁和商务服务业	83081.11	186064.10	134572.61
19	834344.OC	中邮基金	基础层	金融业	15211.45	16456.82	15834.14

资料来源：Wind，中关村上市公司协会整理。

（三）2019年中关村新三板企业净利润规模分布状况

从中关村新三板企业净利润规模分布情况看，44.22%（478家）的新三板企业净利润规模集中在0~2000万元区间，为新三板企业净利润分布最为集中的规模；净利润规模在2000万~4000万元企业有84家，占比7.77%；净利润规模在4000万~6000万元的企业有25家，占比2.31%；净利润规模在6000万~8000万元的企业有14家，占比1.30%；8000万元及以上净利润规模的企业有25家，占比2.31%。此外，还有455家（占比为42.09%）企业处于亏损状态。整体来看，中关村新三板企业多数企业净利润在2000万元以下，仅有占比2.31%的企业收入能达到8000万元及以上（见表7），结合中关村新三板企业营业收入状况，体现了中关村新三板企业主要以中小企业为主。

表7　2019年中关村新三板企业净利润规模分布情况

单位：家，%

净利润规模	整体		基础层		创新层	
	数量	占比	数量	占比	数量	占比
亏损	455	42.09	425	42.89	30	33.33
0~2000万元	478	44.22	455	45.91	23	25.56
2000万~4000万元	84	7.77	66	6.66	18	20.00
4000万~6000万元	25	2.31	14	1.41	11	12.22
6000万~8000万元	14	1.30	12	1.21	2	2.22
8000万元及以上	25	2.31	19	1.92	6	6.67

资料来源：Wind，中关村上市公司协会整理。

从分层情况来看新三板企业净利润规模状况，基础层企业净利润规模主要集中在0~2000万元和亏损两个区间，分别有455家和425家新三板企业，占比分别为45.91%和42.89%；净利润规模在2000万~4000万元、4000万~6000万元、6000万~8000万元、8000万元及以上区间规模的基础层企业家数分别为66家、14家、12家、19家，占比分别为6.66%、

1.41%、1.21%、1.92%。基础层企业和整体中关村新三板企业的净利润规模区间分布呈现相同的趋势。

中关村新三板创新层企业的净利润规模分布情况略优于基础层企业，亏损企业比例远远低于基础层企业亏损占比。创新层企业2019年共有30家企业亏损，占创新层企业的33.33%，该比例低于基础层亏损企业占比；净利润规模在0~2000万元的企业有23家，占比25.56%；净利润规模在2000万~4000万元的企业有18家，占比20.00%；净利润规模在4000万~6000万元、6000万~8000万元、8000万元及以上的企业家数分别为11家、2家、6家，占比分别为12.22%、2.22%、6.67%（见表7）。总体来看，净利润在0~2000万元、2000万元~4000万元、4000万元~6000万元的中关村新三板创新层企业合计占比57.78%，且三个区间的企业家数相对来说分布均匀，体现了创新层企业盈利能力略优于基础性企业。

（四）2019年中关村新三板企业净利润排名

2019年，中关村净利润排名前30的企业净利润总和达81.24亿元，占中关村新三板企业净利润总额的99.83%，与2018年相比，前30位企业的净利率总体规模增长了10.53%。其中，净利润在10亿元以上的企业只有1家，为来自金融行业的九鼎集团。净利润在5亿元以上的企业为集研发和运营于一体的国际化精品移动游戏公司智明星通，从事金融投资业务的九鼎集团、中投保和国都证券，以及从事医疗健康设备制造和环保专用设备制造的明石创新。这5家企业的净利润占净利润前30位累计净利润的55.48%，占新三板企业净利润总额的55.38%（见图11）。

剔除掉金融类企业，2019年净利润排名前30的中关村新三板非金融企业净利润总额达55.32亿元[①]。前30家企业的盈利能力较为突出。位列第一的是租赁和商务服务业的中投保企业，净利润额为8.31亿元（中投保2018

---

① 中关村新三板非金融企业净利润总额为53.3亿元。

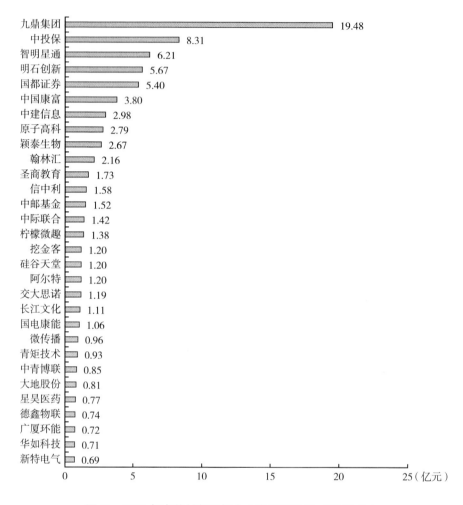

图 11 2019 年中关村新三板企业净利润排名（前 30 位）

资料来源：Wind，中关村上市公司协会整理。

年净利润 18.61 亿元，为 2018 年净利润排名第一）（见图 12）。此外，对比 2018 年中关村新三板企业净利润前 30 企业的入门门槛，2018 年中关村新三板非金融企业净利润排名第 30 企业的净利润为 0.84 亿元，2019 年中关村新三板非金融企业净利润排名第 30 企业的净利润为 0.62 亿元，入门门槛出现一定幅度的降低。

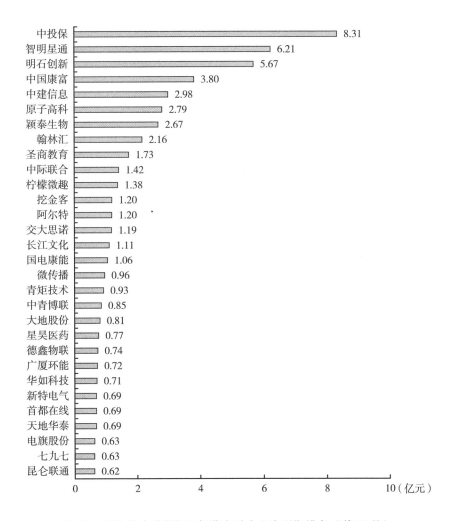

图 12　2019 年中关村新三板非金融企业净利润排名（前 30 位）

资料来源：Wind，中关村上市公司协会整理。

（五）2019年中关村新三板企业净利率排名

2019 年，中关村新三板企业的平均净利率为 3.94%，同比上升 1.99%。其中，创新层企业平均净利率为 4.04%，基础层企业平均净利率为 3.91%。2019 年，排名位列前 30 的企业净利率有 29 家在 30% 以上，位列第一的企业是从事信息传输、软件和信息技术服务业的雷石集团①，净利率高达 245.17%，天元晟业、ST 量邦排名紧随其后，净利率都超过 100%（见图 13）。

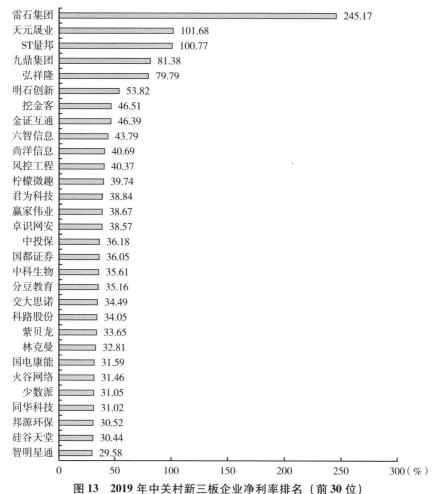

图 13　2019 年中关村新三板企业净利率排名（前 30 位）

资料来源：Wind，中关村上市公司协会整理。

---

① 雷石集团（832929. OC）是处于软件和信息技术服务业的软件开发商及服务提供商。报告期内，公司主要业务为软件开发业务及直接投资业务。天元晟业（830871. OC）公司所属行业为计算机、通信和其他电子设备制造业，主营业务为汽车电脑控制系统检测诊断设备及相关软件的研发与生产；投资咨询、项目投资。ST 量邦（835352. OC）公司系金融大数据的综合解决方案提供商，主要业务是基于对金融大数据的存储、管理、挖掘和分析，为金融机构、科研机构、私募基金等金融大数据挖掘需求者，提供金融大数据挖掘和建模软件产品、技术服务、软件定制开发服务。净利率本期发生大幅增长，主要原因是公司扩大了营业收入，大幅缩减了各类费用开支。

剔除掉金融类企业后，2019 年排名前 30 的中关村新三板非金融企业的净利率仍有 26 家企业高于 30%（见图 14）。

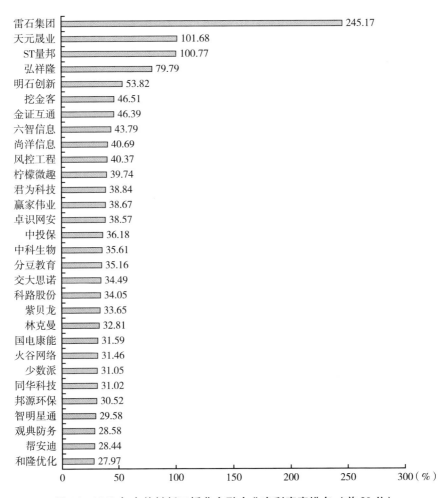

图14　2019 年中关村新三板非金融企业净利率率排名（前 30 位）

资料来源：Wind，中关村上市公司协会整理。

（六）中关村新三板持续挂牌企业盈利能力汇总

中关村新三板持续经营企业净利率出现较好的增长趋势。总体而言，2019 年中关村新三板持续经营企业毛利润出现小幅度的下降，净利率较

2018 年有所上升。2019 年毛利率和净利率分别为 22.62% 和 4.27%。2019年中关村新三板持续挂牌企业盈利能力有所上升。具体来看，持续挂牌企业中基础层企业和创新层企业净利率都出现一定幅度的上升，创新层企业的净利率增长幅度大于基础层企业。总的来讲，创新层企业的盈利能力优于基础层企业（见表 8）。

表8　2018～2019 年中关村新三板持续挂牌企业盈利状况汇总

单位：亿元，%

所属分层	毛利润			净利润			毛利率		净利率	
	2018 年	2019 年	增长率	2018 年	2019 年	增长率	2018 年	2019 年	2018 年	2019 年
创新层	142.38	102.59	−27.95	20.15	19.29	−4.27	22.19	21.47	3.14	4.04
基础层	394.46	361.39	−8.38	66.52	68.24	2.59	24.06	22.97	4.06	4.33
总体状况	536.84	463.98	−13.57	86.67	87.53	0.99	23.53	22.62	3.80	4.27

资料来源：Wind，中关村上市公司协会整理。

四　总资产收益率和净资产收益率状况

2019 年，中关村新三板企业总资产收益率 ROA 和净资产收益率 ROE[1]分别为 2.66% 和 4.38%，相比较 2018 年，二者均出现一定幅度的上升，说明企业获取收益的能力上升，运营效率也有所提高。

从分层情况来看，2019 年中关村基础层企业的总资产收益率高于创新层，净资产收益率低于创新层（见表 9）。从另一个层面也能反映创新层企业的净资产占总资产的比重相对较高，财务结构相对安全，风险相对较低。同时对比 2018 年的数据情况看，2019 年中关村创新层新三板企业的总资产收益率 ROA 和净资产收益率 ROE 都出现一定程度的上升，表现出创新层企业盈利能力不断提升。

---

[1]　净资产收益率（ROE）＝净利润/平均净资产×100%；总资产报酬率＝净利润/平均总资产×100%。

表9 2018~2019年中关村新三板企业 ROA 和 ROE 状况

单位：%

所属分层	总资产收益率 ROA		净资产收益率 ROE	
	2019 年	2018 年	2019 年	2018 年
创新层	2.78	2.31	4.81	4.10
基础层	3.30	2.04	4.26	4.34
整 体	2.66	2.09	4.3	4.29

资料来源：Wind，中关村上市公司协会整理。

从总资产收益率的分布来看，中关村新三板企业总资产收益率处于 0~20%的企业最多，有 558 家，占比 51.62%。其次为处于 -20%~0 的企业，有 277 家，占比 25.62%。此外，总资产收益率处于 20%~40%、高于 40%、低于 -20%的企业分别有 59 家、9 家、178 家，分别占比 5.46%、0.83%、16.47%。整体而言，总资产收益率为负的企业有 455 家，占比 42.09%（较 2018 年总资产收益率为负的企业数量占中关村新三板企业数量的比例出现一定幅度的上升），新三板企业整体经营状况和盈利能力水平有待提升（见图15）。

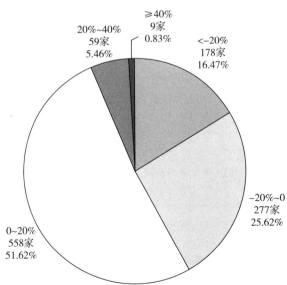

图15 2019年中关村新三板企业总资产收益率分布

资料来源：Wind，中关村上市公司协会整理。

从净资产收益率的分布来看，剔除2018年、2019年两年净资产均为负的42家企业后，余下的1039家企业中，中关村新三板企业净资产收益率处于0~20%的企业最多，占比44.56%（463家）；其次为-20%~0的企业，有182家，占比17.52%。净资产收益率处于-40%以下、-40%~-20%、20%~40%、不小于40%的企业分别有124家、111家、113家、46家，分别占比11.93%、10.68%、10.88%、4.43%（见图16）。整体来说，中关村新三板企业的净资产收益率为大于0的企业有622家，占比59.87%，这部分企业的盈利能力、竞争实力较好。

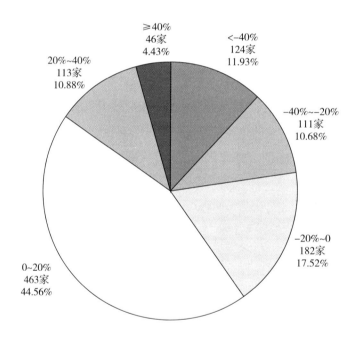

图16　2019年中关村新三板企业净资产收益率分布

资料来源：Wind，中关村上市公司协会整理。

五　期间费用状况

2019年，中关村1081家新三板企业销售费用、管理费用和财务费用的期间费用总计达到340亿元，同比降低16.46%。中关村新三板企业2019年平均期间费用为3145万元，同比下降5.6%。其中，销售费用129亿元，同比降低24.12%；管理费用173亿元，同比降低14.36%；财务费用38亿元，同比增长8.57%。2018～2019年持续经营的1035家中关村新三板企业，2019年，期间费用总计达到336.62亿元，同比降低0.62%。持续经营企业营业收入大幅上升而销售费用和管理费用却相对下降，说明持续经营企业销售能力及管理效率得到有效提升（见图17）。

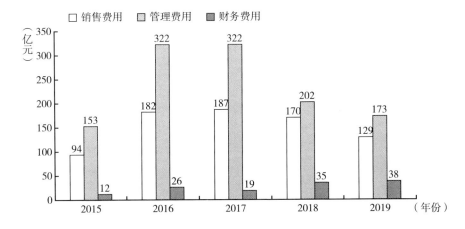

图17　2015～2019年中关村新三板企业期间费用情况

资料来源：Wind，中关村上市公司协会整理。

对比中关村新三板企业整体情况看，持续经营企业的销售费用和管理费用与中关村新三板企业整体趋势相同，2019年都出现一定幅度的降低。但是持续经营企业财务费用和中关村新三板企业整体都出现8%左右的增长趋势，其中2019年持续经营企业中的财务费用、利息费用合计37.29亿元[①]，占2019年中关村新三板企业财务费用的98.52%，同比增长2.61%（见表10）。

---

① 2018～2019年持续经营的1035家中关村新三板企业的利息费用为36.34亿元。

表 10　2018～2019 年中关村新三板持续经营企业期间费用情况

单位：亿元，%

费用	2019 年	2018 年	增长率
销售费用	128.24	132.15	-2.96
管理费用	170.53	171.41	0.51
财务费用	37.85	35.16	7.64
合计	336.62	338.72	-0.62

资料来源：Wind，中关村上市公司协会整理。

　　从期间费用构成上看，2019 年，管理费用占比最高，为 50.88%，其次为销售费用，占比为 37.94%，财务费用所占比例相对较小，为 11.18%，但相比于 2018 年（8.68%）而言，财务费用占比提升了 2.5 个百分点（见图 18）。

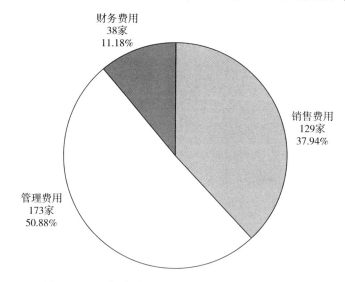

图 18　2019 年中关村新三板企业期间费用占比情况

资料来源：Wind，中关村上市公司协会整理。

　　2019 年，中关村新三板企业的管理费用率①和销售费用率②较往年有所下降，且近五年总体呈下降趋势，说明整体管理效率和销售效率正在不断改

---

①　管理费用率＝管理费用/营业收入×100%。
②　销售费用率＝销售费用/营业收入×100%。

善。2019年中关村新三板企业的财务费用率从2018年的1.48%上升到2019年的1.84%，且呈现上升态势。

图19　2015～2019年中关村新三板企业期间费用率变化情况

资料来源：Wind，中关村上市公司协会整理。

六　本章小结

持续经营企业盈利能力显著提升，中小企业特性凸显。从连续3年中关村新三板企业营业收入状况看，总营业收入和平均营业收入都出现下降趋势，且中关村新三板企业整体毛利润、净利润都出现一定幅度的下降。究其原因，中关村新三板企业盈利能力下降主要是企业摘牌所致。从2018～2019年连续两年持续经营企业整体的营业收入、毛利润、净利润情况看，持续经营企业的营业收入、毛利润、净利润相较于2018年都有一定幅度的提升。相对来说，持续经营的新三板企业收入稳定、盈利能力不断提升。同时，从营业收入和净利润规模看，中关村新三板企业营业收入低于5000万元的企业有532家（营业收入总计达103.80亿元，占中关村新三板企业营业收入总数的49.21%），净利润低于2000万元的企业有933家（占比86.31%），说明中关村新三板企业大量聚集了体量小的中小企业。而少数头部企业占据了大部分营业收入，具体来看占中关村企业总数 2.50% 的 27 家企业营业收入总计达 955.59 亿元，占总营业收入的 46.23%。

中关村新三板企业销售能力、管理效率逐年提升。从近 5 年的期间费用情况看，中关村新三板企业销售费用、管理费用呈现下降的趋势。2018～2019 年持续经营的 1035 家中关村新三板企业，2019 年期间费用总计达到 336.62 亿元，同比降低 0.62%。持续经营企业营业收入大幅上升而销售费用和管理费用却相对下降，说明持续经营企业销售能力及管理效率得到有效提升。

整体收益能力上升，创新层盈利能力更强。2019 年，中关村新三板企业总资产收益率 ROA 和净资产收益率 ROE 均出现一定幅度的上升，反映出企业获取收益的能力上升、运营效率都有所提高。从分层情况来看，创新层企业总资产收益率 ROA 和净资产收益率 ROE 都出现一定程度的上升，且创新层企业平均毛利润、平均净利润均优于基础层企业，表明创新层企业盈利能力不断提升。

B.3
2019年中关村新三板企业
创新能力研究报告

中关村知识产权促进局*

摘　要： 本文以创新投入、创新产出为主要评价维度对中关村新三板企业创新能力进行研究与分析。研究结果显示，2019年，受中关村新三板企业数量减少的影响，研发费用与平均研发费用都呈现下降趋势；受经济下行压力增大的影响，企业研发强度略低于上年；企业创新成果转化能力有效提升，企业创新成果中专利申请量与专利授权量平稳向好；PCT专利申请量陡增至25个，同比增长47%，创新产出成果表明中关村新三板企业国际化战略布局工作高效开展，创新能力备受国际市场认可。

关键词： 中关村新三板企业　研发投入　创新能力

一　创新投入情况

（一）中关村新三板企业2019年研发投入情况

在中美经贸战和经济下行的双重压力下，科技创新对于企业生存发展至

＊ 中关村知识产权促进局是北京市知识产权局的直属事业单位，内设办公室（财务）、知识产权信息中心、专利技术转移中心、知识产权法律服务中心。促进局在业务上接受国家知识产权局和北京市知识产权局的监督和指导，配合中关村管委会为中关村示范区提供知识产权创造、运用、保护、管理等全方位的服务。

关重要。因此对于企业而言，加大研发力度、提升研发质量，增强企业核心竞争力是关系企业长期发展的重要战略之一。2019 年，共有 862 家中关村新三板企业（占比 79.74%）披露研发费用，研发费用披露总额为 84.50 亿元，同比下降 15.75%。2018～2019 年连续披露研发费用的 806 家企业，其研发费用总额为 82.44 亿元，这一数字与 2018 年基本持平。此组数据说明中关村新三板企业总研发费用的下降主要是因为挂牌企业数量的减少（见图 1）。对这 806 家企业研发费用增长情况进行具体分析，452 家企业（占比 56.08%）研发费用实现正增长，354 家企业（占比 43.92%）研发费用同比下降。

图 1　2015～2019 年中关村新三板企业研发费用变化

资料来源：Wind，中关村上市公司协会整理。

2019 年是中关村新三板企业转板上市的爆发年，但优质新三板企业的转板上市并未影响到头部企业研发费用规模的变化。2019 年，中关村新三板企业中，研发费用在 5000 万元以上的企业数量并无明显变化，而研发费用在 100 万～1000 万元的企业数量下降较多。具体来看，研发费用在 10000 万元以上的企业有 6 家，占披露研发费用企业总数的 0.70%,；研发费用在 5000 万～10000 万元的企业有 14 家，占比 1.62%；研发费用在 1000 万～5000 万元的企业有 227 家，占比 26.33%；研发费用在 500 万～1000 万元的企业减少至 178 家，占比 20.65%；研发费用在 100 万 ~ 500 万元的企业有 333 家，占比 38.63%；研发费用在 100 万元以下的企业数量增至 104 家，占比 12.07%。统计结果表明，2019 年中关村新三板企业总研发费用规模的减少主要体现在研发投入基数小的企业中，而对于自身投入高的企业来说影响不大（见图 2）。

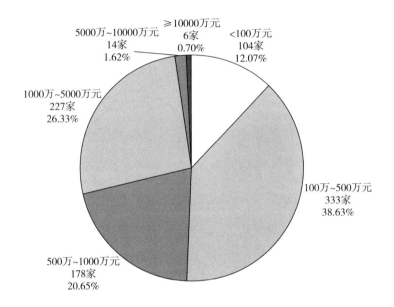

图 2　2019 年中关村新三板企业研发费用分布

资料来源：Wind，中关村上市公司协会整理。

研发强度指企业研发投入占营业收入比重，是衡量企业创新投入的重要指标。国际经验表明，具有较高研发强度的企业对应较高的利润率。2019 年，中关村新三板企业的平均研发强度为 4.70%，略低于 2018 年的研发强度①，但依旧高于 2019 年全国新三板企业平均研发强度②和全社会研发强度③。

---

①　2018 年，中关村上市公司的平均研发强度为 5.55%。
②　2019 年全国新三板企业平均研发强度为 4.15%。
③　2019 年我国研究与试验发展（R&D）经费支出与国内生产总值之比为 2.19%。

国际经验表明，10%以上的研发强度在全球范围内处于较高的研发投入水平，此类企业一般被认为具备充分的研发竞争力优势。根据此标准，中关村新三板企业研发强度较为可观，2019年，有370家企业为高研发强度企业，数量占比42.9%，同比增加2.9个百分点。说明宏观基本面下行较少地影响高强度研发的企业。中关村新三板头部企业通过逆势增加研发投入，提高核心竞争力（见图3）。

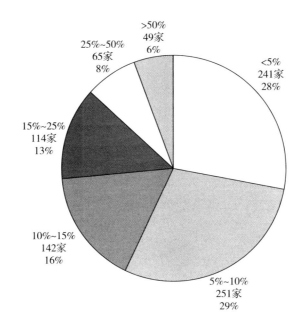

图3　2019年中关村新三板企业研发强度分布

资料来源：Wind，中关村上市公司协会整理。

2019年，中关村新三板研发投入排名前30企业的研发总投入达24.81亿元，占中关村新三板企业研发总投入的29.36%。"亿元户"有6家，分别是精品移动网络游戏公司智明星通、农化产品供应商颖泰生物、互联网游戏公司华清飞扬、专注于金融科技的IT服务商用友金融、利用人工智能的科技安防企业海鑫科金、华为的ICT产品核心分销商中建信息。亿元户中多为知识密集型行业，研发支出集中在研发人员的工资成本上。

研发费用排名前 30 的企业主要分布在信息传输、软件和信息技术服务业（19 家）以及制造业（8 家）（见图 4）。

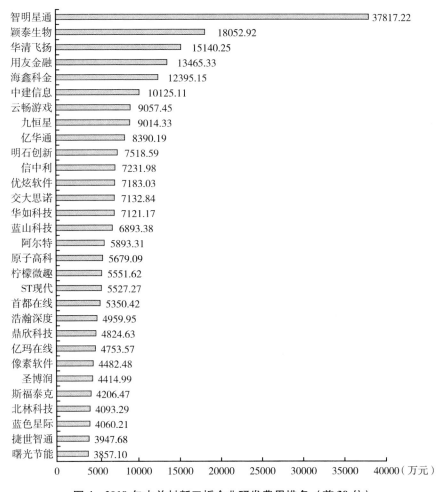

图 4　2019 年中关村新三板企业研发费用排名（前 30 位）

资料来源：Wind，中关村上市公司协会整理。

（二）研发投入与盈利能力关系分析

企业的研究深度决定着产品的差异性，高创新的产品往往给企业的竞争力带来很深的护城河。数据表明，中关村新三板企业研发强度与毛利率间存在正相关关系，研发强度高的企业拥有较高的毛利率。具体来看，研发强度在50%以上的企业平均毛利率在2019年达到62.00%，是研发强度在5%以下企业平均毛利率16.00%的3.88倍。由于研发会带来不确定性，企业在做研发决策的时候务必慎重，过低的研发投入无法获得长期竞争力，过高的研发投入给企业经营带来一定的财务压力，符合企业自身规模、实力等条件的合理研发强度才应该是企业所追求的（见图5）。

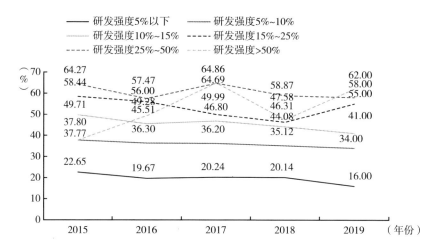

图5　2015～2019年中关村新三板企业研发强度与毛利率关系

资料来源：Wind，中关村上市公司协会整理。

二　创新产出状况

（一）专利申请及排名状况

专利申请量为衡量企业创新产出的重要指标之一，指国内外专利机构受理技术发明专利申请的数量，包括发明专利申请量、实用新型专利申请量和外观设计专利申请量。企业专利申请量越多，越能说明企业创新氛围活跃、创新能力较强。从专利申请总量来看，2019年，中关村新三板专利申请量为2362件，总体较2018年（3365件）下降29.81%；通过对连续两年进行专利申请的企业进行分析发现，2018～2019年连续两年均申请专利的企业有332家，共申请专利总量为2316件，同比上涨9.19%。此组数据表明，中美经贸战和经济下行的双重压力并未影响到新三板企业专利研发进程。从平均专利申请量来看，2019年，共339家企业申请专利，平均每家企业申请专利6.97件，较2018年的8.45件下降17.51%。但达到平均专利申请量的企业数量从2018年的84家增长到2019年的103家，同比增长22.62%。从专利类型来看，2019年，发明专利申请量为914件，占专利申请总量的38.70%；实用新型专利申请量为1158件，占比49.03%；外观设计专利申请量为290件，占比12.28%（见图6）。作为含金量最高、审查环节最严的发明专利申请量不足四成，说明中关村新三板企业研发质量有待提高。

2019年专利申请量排名前10的新三板企业相较2018年发生了较大的变动，仍保持前10的企业分别有阿尔特、中际联合、智明星通和亿华通，其他企业因退市、转板或其他原因退出排名，代替它们进入专利申请量排名前十的是交大思诺、颖泰生物、利仁科技、龙鼎源、汇能精电和华克医疗。排名前10的企业[①]总共申请专利数量为569件，平均每家企业专利申请量为56.9件，相比2018年的1250件，企业总共申请专利数量有所下降，下降幅度为54.48%，主要原因是2018年排名第一的长城华冠（601件）退出了排名。相比2018年有两家企业专利申请量超过200件，2019年只有阿尔特一家达到200件以上（见图7）。

（二）专利授权及排名状况

授予专利权的原则为该专利具备新颖性、创造性和实用性，专利申请经授权后得到法律保护，为企业私有财产。专利授权量作为衡量企业在创新产

---

① 2019年专利申请量排名前10位的企业共11家公司，其中海林节能和华克医疗2019年专利申请量皆为24件。

图 6　2015～2019 年中关村新三板企业专利申请量

资料来源：中关村知识产权促进局，中关村上市公司协会整理。

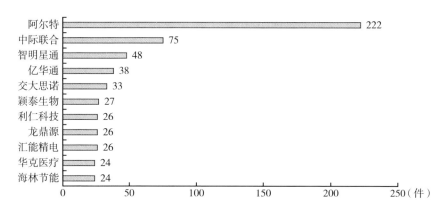

图 7　2019 年中关村新三板企业专利申请排名（前 10 位）

资料来源：中关村知识产权促进局，中关村上市公司协会整理。

出方面的能力、水平和质量的主要指标之一，专利授权量越高，企业创新产出综合实力越强。2019 年中关村企业专利授权总量为 1450 件，低于 2018 年的 2144 件。其中，发明专利、实用新型专利、外观设计专利授权量分别为 305 件、918 件和 227 件，分别占比 21.03%、63.31%、15.66%（见图8）。对比不同类型的专利申请占比情况，发现中关村新三板挂牌企业发明专利授权比例相对较低，这可能与发明专利审核周期较长、审核通过率较低有关。鉴于此，建议中关村新三板挂牌企业可以依托中关村高校、科研机构和技术服务机构等外部资源进一步提升企业创新能力。同时，也希望相关部门加大专利审批力度，帮助企业利用专利维护企业核心竞争力。

图8　2015～2019年中关村新三板企业专利授权量

资料来源：中关村知识产权促进局，中关村上市公司协会整理。

2019年中关村新三板企业专利授权量排名前10的企业与专利申请量排名前10的企业有6家重叠。燃油汽车和新能源汽车的整车设计服务商阿尔特专利授权量排名第一，为145件，与其专利申请量的222件相比，有65.3%的专利成功通过授权。高空安全作业设备和高空安全作业服务解决方案提供商中际联合排名第二，为46件，授权率达到61.3%。其他进入前10的企业分别有工业节能和工业互联网系统提供商仟亿达；为医院放射科、放疗科和核医学科室提供建设运营全周期服务的华克医疗；专注于创意数码的企业幻响神州；从事端游和手游开发的像素软件；食品净化的生产商中食净化；建筑节能领域自动控制、计量及成套系统一体化解决方案提供商海林节能；重点面向轨道交通领域集电力机车和动车组碳滑板的设计、生产、销售服务为一体的万高科技。我国无人机禁毒领域的最大服务提供商观典防务和氢燃料电池发动机供应商亿华通。排名前10的企业专利授权总量为381件，相比 2018 年的 607 件，下降了 37.23%，主要原因系 2018 年拥有 244 件专利授权量的长城华冠摘牌所致（见图 9）。

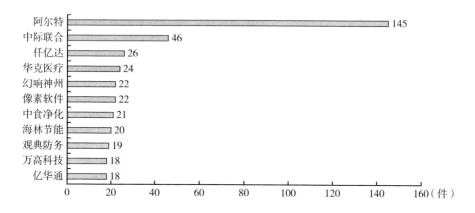

图 9　2019 年中关村新三板企业专利授权量排名（前 10 位）

资料来源：中关村知识产权促进局，中关村上市公司协会整理。

（三）有效发明专利数量及排名状况

有效发明专利是专利申请被授权之后，仍有效的专利。发明专利维持时间越长，其创造经济效益的时间越长。数据显示，仅四成国内发明专利的维持时间达到 10 年以上，而国外发明专利中，维持时间达到 10 年以上的比例高达 82.2%。也就是说，国内发明专利平均维持时间低于国际发明专利，反映出国内企业创新产出以"短平快"为主。截至 2019 年 12 月 31 日，中关村新三板企业中共有 373 家企业拥有有效发明专利，合计 2467 件，较 2018 年 2423 件有小幅增长（见图 10）。

2019 年，进入中关村新三板企业有效发明专利拥有量排名前 10 的企业分别为像素软件 101 件、康比特 89 件、ST 中海 73 件、颖泰生物 66 件、汉王鹏泰 54 件、交大思诺 51 件、三元基因 44 件、昆腾微 39 件、星光影视 36 件和绿伞化学 35 件。相较 2018 年前 10 名企业拥有 657 件有效发明专利，2019 年共有 588 件有效发明专利，下降幅度为 10.50%。

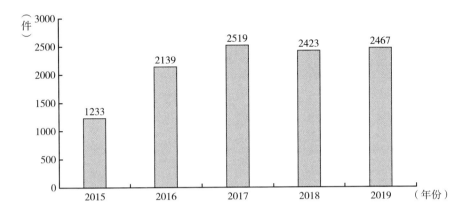

图10　2015～2019年中关村新三板企业有效发明专利拥有量

资料来源：中关村知识产权促进局，中关村上市公司协会整理。

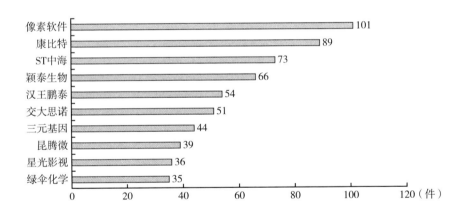

图11　2019年中关村新三板企业有效发明专利拥有量排名（前10位）

资料来源：中关村知识产权促进局，中关村上市公司协会整理。

（四）企业PCT专利申请

PCT为Patent Cooperation Treaty（即专利合作协定）的简写，是专利领域一项国际合作条约，目的在于简化需在多个国家申请发明专利保护的办法，使专利保护申请过程更为经济、有效。企业申请PCT数量的增加，说明企业发明专利逐步走向世界，逐渐得到国际市场广泛认可。

2019 年，中关村新三板企业在 PCT 的申请量上突破新高，达到 25 件，相较 2018 年的 17 件，增长 47.06%，体现了中关村新三板企业创新能力的成长潜力，中关村新三板挂牌企业的质量正在从本土化走向国际化（见图 12）。

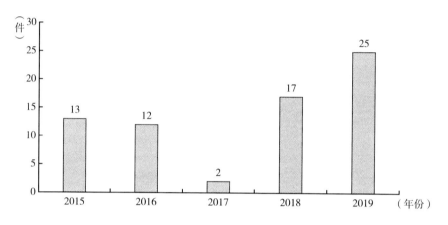

图 12　2015～2019 年中关村新三板企业 PCT 专利申请量

资料来源：中关村知识产权促进局，中关村上市公司协会整理。

表现突出的企业有致力于金融领域信息化建设和服务的公司思银股份 5 件、国际化精品移动网络公司智明星通 4 件、从事集装托架运营的睿力物流 3 件、电磁触控技术提供商汉王鹏泰 2 件、专注于消防电子产品的航天常兴 2 件、固体废弃物处理处置综合解决方案的提供商中科国通 2 件、农化产品供应商颖泰生物 2 件、提供中央空调末端设备和建筑物自动化系统技术服务的康孚科技 2 件、为客户提供专业的综合电信服务业务的龙腾佳讯 1 件、模拟教学产品和现代医学模拟中心一体化解决方案的提供商医模科技 1 件、建筑材料及耐火材料的提供商精冶源 1 件。PCT 的专利申请量主要集中在制造业，信息传输、软件和信息技术服务业，水利、环境和公共设施管理业。

表1　2019年中关村新三板企业PCT专利申请量

单位：件

证券代码	证券简称	所属行业	PCT专利申请量
430152.OC	思银股份	信息传输、软件和信息技术服务业	5
872801.OC	智明星通	信息传输、软件和信息技术服务业	4
831275.OC	睿力物流	制造业	3
833819.OC	颖泰生物	制造业	2
873062.OC	汉王鹏泰	制造业	2
835565.OC	中科国通	水利、环境和公共设施管理业	2
430209.OC	康孚科技	制造业	2
835697.OC	航天常兴	制造业	2
831091.OC	精冶源	制造业	1
832649.OC	医模科技	制造业	1
839433.OC	龙腾佳讯	信息传输、软件和信息技术服务业	1

资料来源：中关村知识产权促进局，中关村上市公司协会整理。

参考文献

王一鸣、王君：《关于提高企业自主创新能力的几个问题》，《中国软科学》2005年第7期。

马胜杰：《企业技术创新能力及其评价指标体系》，《数量经济技术经济研究》2002年第12期。

魏江、许庆瑞：《企业创新能力的概念、结构、度量与评价》，《科学管理研究》1995年第5期。

B.4

2019年中关村新三板企业
公司治理研究报告

中关村上市公司协会研究部

摘　要： 企业的长远发展离不开合理高效的公司治理结构，从公司治理能力的角度探究中关村新三板企业的成长力，将丰富以短期经营绩效为主要依据的评判结果，力求客观全面地呈现中关村新三板企业的成长力。本文从股权结构、董事会结构两个角度探究中关村新三板企业公司治理情况，得出以下结论：整体股权集中度高，股权制衡度较为合理；股权集中度与企业经营绩效呈正相关关系，股权制衡度与企业经营绩效呈负相关关系；董事会规模相对较小，独立董事制度缺位。

关键词： 中关村新三板　公司治理　股权结构　董事会结构

一　引言

公司治理的概念最早在《现代公司与私有财产》一书中被提出，随后成为学术界及企业界的长期研究对象。基于现代化企业控制权与所有权分离的经营模式，目前公司治理的核心理论及研究重点是委托－代理问题。我国学者吴敬琏（1994）认为，从委托－代理问题出发，公司治理结构是指由股东、董事会和高级经理人员三者组成的一种组织结构。因而，公司治理结构的研究对象就包括公司的股权结构、董事会结构及管理层激励。其中，股权结构决定了公司治理的关键问题，当股权较为分散，股东参与企业经营的意愿较小，经理层所受到的监督减少，随即就会出现股东与经理层之间的委托代理问题；当股权较为集中，大股东可能掌握对企业的绝对控制，就可能出现大股东对企业的"掏空"行为，从而产生大股东与中小股东之间的利益冲突。董事会在委托－代理前提下，扮演双重角色，一方面代表股东利益，需要执行对经理层的监督与激励，另一方面掌握企业的实际控制权，董事会的成员也常有经理层成员，董事会的决议也可能包含经理层的意志，因此，提升董事会质量，提高董事会的独立性，对保护中小股东利益、提高企业业绩表现具有重要意义。管理层激励是解决委托－代理问题的一大关键，由于所有权与控制权的分离，存在股东与经理层利益冲突，通过设置激励手段使股东与经理层之间的目标达成一致、利益趋同，将实现股东对经理人的监督与制衡，有利于提升企业经营绩效，实现股东利益最大化。

新三板是中小企业的重要融资平台，中关村作为新三板的发源地，已经形成一批在经营绩效上表现突出的新三板企业。但企业的长远发展离不开合理高效的公司治理结构，因而，从公司治理能力的角度探究中关村新三板企业的成长力，将丰富以短期经营绩效为主要依据的评判结果，对中关村新三板企业的成长力做出较为全面的呈现。

中关村新三板企业作为中小企业，在公司治理结构方面具备这一类型企业的普遍共性，具有股权集中度高、董事会构成较为简单、高管普遍为企业所有者等特征，即在股东与经理层之间利益趋同，委托－代理问题普遍较弱。因而，本文对中关村新三板企业公司治理能力的研究主要集中在对股权结构及董事会结构的分析。通过研究发现，相较于创业板与科创板的企业，中关村新三板企业股权集中度高，股权制衡度低，董事会独立性相对较弱。同时，根据股权结构与企业绩效的关联分析，发现中关村新三板企业股权集中度越高，业绩表现越好；股权制衡度越低，业绩表现越好。

二 股权结构分析

股权结构奠定公司治理机制基础，股权集中度与股权制衡度可以评判企业股权分布情况，机构持股情况则侧面反映专业性较强的股东对企业经营的参与意愿，对企业股权的分布情况与企业绩效间的关联性分析，将有助于中关村新三板企业选择合理的股权结构。

（一）股权集中度分析

股权集中度反映大股东利益在股东整体利益中的占比，能够体现大股东对企业经营的控制程度和"掏空"企业的意愿大小。已有的国内外文献中，通常以第一大股东持股比例、赫芬达尔指数等作为股权集中度的评价指标，本文亦通过这两个指标来呈现中关村新三板企业股权集中度。

1. 中关村新三板企业第一大股东持股比例整体情况

根据《中华人民共和国公司法》规定，一般而言，股东持股超过34%，将达到安全控制线，即当股东持有超过1/3的股权，对于影响公司生存的重大事项就具有了一票否决权，称为否决性控股；当股东持股超过50%，将达到相对控制线，即当股东持有超过半数的股权时，该股东将对诸如股东大会做出的决议等相对重要事宜具有决定性影响；当股东持股超过67%，将达到绝对控制线，该股东将对于需要2/3以上票数支持的重大决策具备主导地位。将中关村新三板企业第一大股东持股比例整体情况按照以上规律进行分段统计，可以看出中关村新三板企业第一大股东对企业控制能力的整体情况。

对中关村新三板及其创新层企业的分析发现，中关村新三板企业中，第一大股东持股比例在34%以下的企业有271家，占企业总数的25.07%；持股比例在34%～50%（不含50%）的企业家数为300家，占比27.75%；第一大股东持股比例处于50%～67%（不含67%）的企业有289家，占比26.73%；持股比例超过67%的企业共221家，占比20.44%。中关村新三板创新层企业第一大股东持股比例则更集中在34%以下的分段，占比48.89%；其次为34%～50%（不含50%）的分段，占比31.11%；持股比例超过50%的企业数量相对较少。

同时，与创业板、科创板的横向对比进一步显示，创业板与科创板第一大股东持股比例均主要集中在低于34%，而中关村新三板第一大股东持股比例超过34%的企业相对较多（见表1）。出现这种情况的原因有二：其一，创业板和科创板企业在公开发行过程中，第一大股东股权普遍被稀释，同时，这两个板块流动性相较新三板更高，大股东出售解禁限售股的难度更低，意愿更强烈；其二，相较于创业板与科创板企业，中关村新三板企业规模还相对较小，而对于初创和成长期的企业，集权式的股权结构更利于绩效的提升，中关村新三板企业大股东持股比例普遍较高也是企业根据市场规律做出的选择。

表1　2019年中关村新三板与创业板、科创板第一大股东持股比例对比

单位：家，%

第一大股东持股比例	中关村新三板		中关村新三板创新层		创业板		科创板	
	数量	占比	数量	占比	数量	占比	数量	占比
＜34%	271	25.07	44	48.89	569	71.93	45	64.29
34%～50%（不含50%）	300	27.75	28	31.11	186	23.51	18	25.71
50%～67%（不含67%）	289	26.73	12	13.33	34	4.30	7	10.00
≥67%	221	20.44	6	6.67	2	0.25	—	—

资料来源：Wind，中关村上市公司协会整理。

2. 中关村新三板企业赫芬达尔指数①分布情况

根据中关村新三板企业赫芬达尔指数的分布情况可知，2019年，中关村新三板企业股权赫芬达尔指数主要集中在0.2～0.5（不含0.5），占比51.90%；其次为小于0.2，共292家企业，占比27.01%。在中关村新三板创新层企业中，61家企业的股权赫芬达尔指数低于0.2，占比67.78%，股权集中度相对较低；其次，25家企业股权赫芬达尔指数处于0.2～0.5（不含0.5），占比27.78%。

与创业板、科创板的对比则表明，中关村新三板企业赫芬达尔指数普遍

---

① 赫芬达尔指数＝前五大股东的持股比例平方和，当数值接近于0，表示股权极度分散；当数值趋近于1，表示股权高度集中。

较高，而创业板、科创板多数企业赫芬达尔指数低于 0.2。该对比结果进一步说明中关村新三板企业股权集中度更高（见表2）。

表2　2019 年中关村新三板与创业板、科创板赫芬达尔指数对比

单位：家，%

赫芬达尔指数	中关村新三板		中关村新三板创新层		创业板		科创板	
	数量	占比	数量	占比	数量	占比	数量	占比
<0.2	292	27.01	61	67.78	689	87.10	49	70.00
0.2~0.5（不含 0.5）	561	51.90	25	27.78	100	12.64	21	30.00
0.5~0.8（不含 0.8）	180	16.65	4	4.44	2	0.25	—	—
≥0.8	48	4.44	—	—	—	—	—	—

资料来源：Wind，中关村上市公司协会整理。

（二）股权制衡度分析

股权制衡是指企业控制权由几个大股东分享，通过内部牵制，实现各个大股东之间的相互监督。国内外现有文献对股权制衡的测量都以股权制衡度[①]（Z 指数）来表示，通过第二到第五大股东持股比例之和与第一大股东持股比例的比较，直观反映企业中其他大股东对第一大股东股权份额的制约能力。已有研究认为，股权制衡对于企业发展具有双向作用。一方面，对于第一大股东持有股份比例较高的情况，控股股东一股独大，会导致侵犯中小股东利益的风险提升，而股权制衡能对中小股东的利益保护有一定作用；另一方面，股权制衡也可能造成企业股权过于分散，大股东没有控制权，造成股东对企业决策的参与意愿较低，进而影响企业业绩表现。

对中关村新三板企业股权制衡度的分布情况进行分析，可以发现 40.24% 的中关村新三板企业股权制衡度较高，第二至第五大股东对第一大股东的约束力较强；但这一比例依然略低于中关村新三板创新层（45.56%）、创业板

[①]　股权制衡度＝第二到第五大股东持股比例之和/第一大股东持股比例，该数值越大，表示其他大股东对第一大股东股权约束力越强。

（42.73%）和科创板（50.00%）。同时，从整体来看，相较于中关村新三板创新层、创业板和科创板，中关村新三板企业股权制衡度普遍较低，股权制衡度低于0.5的企业占比相对较高，比上述三个板块的企业数量占比分别高出10.62%、3.50%和15.54%（见表3）。

表3　2019年中关村新三板与创业板、科创板股权制衡度对比

单位：家，%

股权制衡度	中关村新三板		中关村新三板创新层		创业板		科创板	
	数量	占比	数量	占比	数量	占比	数量	占比
<0.2	101	9.34	2	2.22	47	5.94	0	0.00
0.2~0.5（不含0.5）	206	19.06	14	15.56	150	18.96	9	12.86
0.5~1（不含1）	339	31.36	33	36.67	256	32.36	26	37.14
≥1	435	40.24	41	45.56	338	42.73	35	50.00

资料来源：Wind，中关村上市公司协会整理。

虽然中关村新三板企业股权制衡度在整体上较其他板块略低，但这一结果与中关村新三板企业股权集中度高有着内在的联系。对于近半数的中关村新三板企业，出于企业所处发展阶段的选择，第一大股东具有相对或绝对控制权，也就意味着其他大股东对第一大股东的股权制衡能力有限。在此前提下，依然有31.36%的企业股权制衡度处于0.5~1（不含1）这个相对较高的范围内，表明中关村新三板企业股权制衡度依然较为合理。

（三）机构持股比例分析

对于企业而言，机构投资者往往不仅能带来资金的加持，也可以凭借其专业性，为企业的经营管理带来支持与资源。有研究表明，机构投资者持股有助于形成相互制衡的股权结构，对于企业的正向发展是一种积极的存在，且持股比例越高，机构投资者越有意愿监督控股股东和管理层，从而有助于提高公司治理水平。

2015~2019年中关村新三板企业机构持股比例分布的统计结果显示，随着时间的推移，整体机构持股比例在不断提升，机构持股比例较低的企业

占比在不断降低，高比例机构持股的企业占比略有增加。具体来看，虽然机构持股比例在10%及以下的企业数量占比最多（29.32%），但机构持股比例高于30%的企业数量已经达到558家，占比51.62%，即超过半数的企业其机构持股比例处于相对较高的状态。从历年的纵向对比来看，2015～2019年，中关村新三板企业机构持股比例低于10%的企业占比有了显著下降，而其他统计分段的企业数量占比均有了不同程度的提升（见表6）。这在一定程度上表明，中关村新三板企业正在逐步引起机构投资者投资关注。同时，机构持股比例的上升也预示着企业治理结构的不断完善。

表4　2015～2019年中关村新三板企业机构持股比例

单位：家，%

机构持股比例合计		2015年	2016年	2017年	2018年	2019年
10%及以下	公司数	362	658	527	407	317
	占比	47.76	44.67	36.45	33.25	29.32
10%～30%	公司数	108	215	266	237	206
	占比	14.25	14.60	18.40	19.36	19.06
30%～50%	公司数	111	205	228	232	203
	占比	14.64	13.92	15.77	18.95	18.78
50%～70%	公司数	78	161	201	154	152
	占比	10.29	10.93	13.90	12.58	14.06
70%～90%	公司数	45	107	109	102	107
	占比	5.94	7.26	7.54	8.33	9.90
90%以上	公司数	54	127	115	92	96
	占比	7.12	8.62	7.95	7.52	8.88

资料来源：Wind，中关村上市公司协会整理。

（四）股权结构与企业经营绩效的关系

股权结构作为公司治理结构的重要组成部分，对企业的经营业绩有着重要的影响。目前，学术界对股权结构与企业经营绩效之间的关系提出了多种假说，如McConnell等将托宾Q值作为绩效的评价指标，发现了Q值与公司内部股东的股权比例呈现"倒U型"的关系，即随着股权比例的不断提升，企业经营业绩会经历从提升到下降的过程；牛春平的研究结果显示，前五大股东持股比重、管理层持股比重与公司绩效呈显著正相关；吴格发现创业板公司的股权结构和公司绩效两者相互影响不显著，相关系数较低；何宋勇对新三板企业的研究发现，其股权集中度与公司绩效的关系为正相关，但相关性不强。从上述前人的研究结果可以看出，股权结构与企业经营业绩的关系目前尚无定论，不同的研究对象、研究方法和指标选择都对研究结果产生影响。基于此，通过对中关村新三板企业实际数据的研究，得到这一群体中二者之间的大致关系，将对中关村新三板企业选择合适的股权结构具有参考价值。

1. 股权集中度与企业经营绩效关系分析

将中关村新三板企业的股权赫芬达尔指数进行分组，分别分为"<0.2"、"0.2~0.5"、"0.5~0.8"和"≥0.8"四个组，对每组包含的企业分别计算出平均ROE[①]，可以得到企业经营绩效随着股权集中度的提升而增长的正相关关系。可以看到，当赫芬达尔指数低于0.2时，平均ROE仅为2.06%，而当赫芬达尔指数高于0.8时，平均ROE达到14.49%（如图1）。

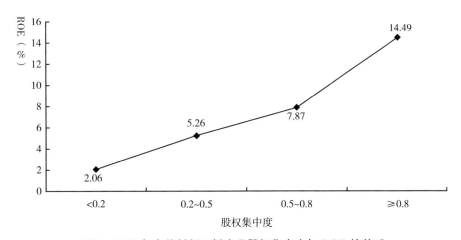

图1　2019年中关村新三板企业股权集中度与ROE的关系

资料来源：Wind，中关村上市公司协会整理。

---

① 平均ROE = 各企业净利润之和/各企业期初与期末所有者权益的平均数之和×100%。

以上结果表明，就中关村新三板企业而言，股权集中度越高的企业，拥有更好的经营表现。其内在可能的原因主要是，中关村新三板企业多数为创业期或成长期企业，较高的股权集中度有助于统一股东利益，提升管理层决策水平，便于企业适应快速变化的市场环境。

2. 股权制衡度与企业经营绩效关系分析

将中关村新三板企业的股权制衡度数据进行分组，分别分为"<0.2"、"0.2~0.5"、"0.5~1"和"≥1"四个组，对每组包含的企业分别计算出平均 ROE，可以得到企业经营绩效随着股权制衡度的提升而下降的负相关关系。可以看到，当股权制衡度低于 0.2 时，平均 ROE 达到 7.87%，而当该数据高于 1 时，平均 ROE 仅为 2.98%（如图 2）。

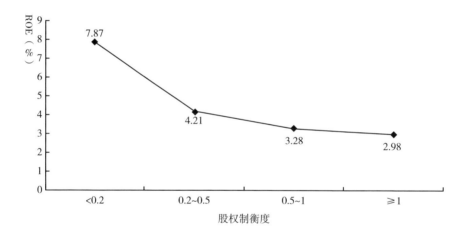

图 2　2019 年中关村新三板企业股权制衡度与 ROE 的关系

资料来源：Wind，中关村上市公司协会整理。

以上结果表明，就中关村新三板企业而言，股权制衡度越低的企业，拥有更好的经营表现。这样的结果出现的可能内在原因是，对于以创新创业为主体的中关村新三板企业，较低的股权制衡度意味着控股股东对企业的控制程度较高，不同于较高流动性市场的上市企业控股股东会受资本运作的影响，对企业经营产生负面作用，多数中关村新三板企业控股股东是企业的创始人，更有意愿专注于企业经营，较低的股权制衡度可以使他们的决策不受其他利益主体的影响。

三 董事会结构

董事会是执行公司治理的核心与关键。现有研究对董事会结构的研究主要集中在董事会规模、董事会领导结构和独立董事制度三个层面。其中，董事会规模一方面决定了董事会应对市场变化的决策速度，另一方面反映出董事会为企业带来外部资源的能力；董事会领导结构则指公司董事长与总经理是否为同一人，此项亦会对企业经营产生双向的影响，领导结构集中能够提升董事会决策效率，但也增加了专制性风险和决策失误的可能性；独立董事作为外部董事，具有相对的独立性，有助于监督董事会决策的合规性，保护其他利益相关者权益，同时，独立董事常常为在企业经营管理领域具有专业背景的人士，也能为董事会的决策提供专业指导。本文亦从董事会规模、董事会领导结构和独立董事制度三个角度呈现中关村新三板企业董事会结构情况，进而反映其公司治理能力。

1. 中关村新三板企业董事会规模情况分析

本文以董事会人数这一指标代表中关村新三板企业的董事会规模，通过与创业板、科创板的横向对比，发现中关村新三板企业董事会规模相对较小。具体来看，77.80%的中关村新三板企业董事会人数不高于5人，58.89%的中关村新三板创新层企业同样董事会人数不足6人，与此相对比，创业板和科创板董事会处于该规模的企业占比仅为8.09%和2.86%，远远低于中关村新三板。对于创业板和科创板的企业，董事会规模主要集中在6~9人，而中关村新三板企业董事会规模在此区间的仅有226家，占比20.91%（见表5）。

表5 2019年中关村新三板与创业板、科创板董事会规模对比

单位：家，%

董事会人数	中关村新三板		中关村新三板创新层		创业板		科创板	
	数量	占比	数量	占比	数量	占比	数量	占比
≤5	841	77.80	53	58.89	64	8.09	2	2.86
6~7	188	17.39	23	25.56	292	36.92	22	31.43
8~9	38	3.52	11	12.22	404	51.07	40	57.14
>9	14	1.30	3	3.33	31	3.92	6	8.57

资料来源：Wind，中关村上市公司协会整理。

上述数据表明，相较于创业板和科创板，中关村新三板企业董事会规模普遍偏小。结合中关村新三板企业所处发展阶段，较小的董事会规模也属于正常现象，对于中小型企业，较少的董事会人数，也有助于提升决策效率，利于对外界环境变化做出快速反应。但是，如果中关村新三板企业要实现稳健的成长，还需要加强对董事会结构的调整，从而便于企业吸收更多外部资源。

2. 中关村新三板企业独立董事情况分析

根据《中华人民共和国公司法》的规定，独立董事是指不在公司担任除董事外的其他职务，并与其所受聘的上市公司及其主要股东不存在可能妨碍其进行独立客观判断关系的董事。这一定义反映了独立董事在董事会中具有独立性的特性，也预示着独立董事能够在利益不受企业及董事会干涉的条件下，保持客观的判断与公正的监督。可以说，独立董事制度是企业完善治理结构的重要措施。现有的实证研究也多表明，公司独立董事人数与公司绩效正相关，也就是说，独立董事人数越多，公司业绩越好。

对中关村新三板企业独立董事人数进行分析发现，自2015~2019年，无独立董事的企业占比正在缓慢增加，至2019年已达到94.36%。这一现象表明，独立董事制度未得到中关村新三板企业的普遍重视，绝大多数企业都未设置独立董事。同时，可以观察到，独立董事人数为1、2和3人的企

业比例都呈下降趋势，进一步表示独立董事制度在中关村新三板企业中作用较小。

而在设置了独立董事的企业中，独立董事人数多以3人为主，这一现象也主要源自我国《公司法》对独立董事应当至少占董事会成员的1/3的法律规定。对于成熟的企业，董事会多以9人为主，也就预示着独立董事至少为3人。因而，中关村已设置独立董事的新三板企业，独立董事人数以3人为主，显示出已存在部分董事会规模较大，且结构设置较为成熟的企业（见表6）。

表6 2015～2019年中关村新三板企业独立董事人数

单位：家，%

公司独立董事人数		2015年	2016年	2017年	2018年	2019年
0人	公司数	676	1368	1363	1159	1020
	占比	89.18	92.87	94.26	94.69	94.36
1人	公司数	14	18	14	8	7
	占比	1.85	1.22	0.97	0.65	0.65
2人	公司数	13	19	11	12	9
	占比	1.72	1.29	0.76	0.98	0.83
3人	公司数	50	61	50	39	39
	占比	6.60	4.14	3.46	3.19	3.61
≥4人	公司数	5	7	8	6	6
	占比	0.66	0.48	0.55	0.49	0.56

资料来源：Wind，中关村上市公司协会整理。

为进一步判断中关村新三板企业独立董事制度实施情况，本文将中关村新三板企业独立董事人数占董事会人数的比值与创业板、科创板进行了比较，得到以下结果。

相较于中关村新三板企业超过90%不设置独立董事（见表7），创业板与科创板上市公司均设置了独立董事，同时，独立董事占比以占董事会成员数量的1/3～1/2为主，中关村新三板中设置了独立董事的企业，其独立董事占比的分布也与其他两个板块存在同一规律。该结果进一步说明，中关村新三板企业在独立董事制度的设立上，与创业板、科创板还有较大差距，反映出其董事会独立性较低，在公司治理结构方面存在缺陷。

表7　2019年中关村新三板与创业板、科创板独立董事占比对比

单位：家，%

独立董事占比（%）	中关村新三板		中关村新三板创新层		创业板		科创板	
	数量	占比	数量	占比	数量	占比	数量	占比
0	1020	94.36	72	80.00	——	——	——	——
0~0.33	14	1.30	1	1.11	2	0.25	——	——
0.33~0.5	46	4.26	16	17.78	776	98.10	69	98.57
>0.5	1	0.09	1	1.11	13	1.64	1	1.43

资料来源：Wind，中关村上市公司协会整理。

3. 中关村新三板企业董事会领导结构分析

董事长和总经理分别代表企业所有者的领导者和管理层的领导者，二者是否由同一主体担任就决定了董事会的领导结构。当董事长和总经理由同一人担任，将使股东与经理层的利益趋同，有利于董事会决策的执行，但同时也使得董事长与总经理的权力集中于同一主体，使企业的成长与发展过于依赖一人的能力，可能发生过度控制、决策失误、侵占利益等问题。相反，如果董事长与总经理并非由同一人担任，就可能因目标不一致，产生相悖的经营管理策略。以上理论分析表明，董事长与总经理为同一主体对企业的发展是一把双刃剑，无论企业如何设置董事会领导结构，都应该根据自身条件设置相应的监督机制，防止对应风险的发生。而针对中关村新三板企业而言，其存在发展阶段尚处早期、董事会结构简单、企业所有者为企业创始人等特征，决定了该类型企业能够在一定程度上降低因董事会领导权力集中而产生的侵占利益等风险发生的可能性。

将中关村新三板企业2019年董事会领导结构与创业板、科创板进行比较，可以发现，2019年，董事长和总经理为同一主体的中关村新三板企业占比达59.30%，在创新层，这一比例达57.78%；同时，董事长与总经理

为同一主体的中关村新三板企业占比略低于科创板（64.29%），远高于创业板（41.85%）（见表8）。

表8 2019年中关村新三板与创业板、科创板董事会领导结构对比

单位：家，%

董事长和总经理是否为同一主体	中关村新三板		中关村新三板创新层		创业板		科创板	
	数量	占比	数量	占比	数量	占比	数量	占比
是	641	59.30	52	57.78	331	41.85	45	64.29
否	440	40.70	38	42.22	460	58.15	25	35.71

资料来源：Wind，中关村上市公司协会整理。

根据两权分离理论，随着企业的不断发展，聘请专业的经理人对公司进行管理是不可避免的趋势，董事长与总经理角色的分离也是很有必要的。因此，对于中关村新三板企业，尤其是快速成长中的创新层企业，虽然现阶段董事长与总经理两者合一的董事会领导结构能够满足此阶段的需求，但也应该重视对董事会领导结构的完善与规范，逐步引入专业经理人，以避免随着企业规模扩张，不断提升的过度控制、决策失误、侵占利益等风险的出现。

四 结论与建议

综合以上分析，针对中关村新三板企业公司治理能力的研究可得出以下结论。

其一，整体股权结构符合现阶段企业发展需要，股权集中度高，股权制衡度较为合理，机构持股比例不断提升；其二，中关村新三板企业股权集中度与企业经营绩效呈正相关关系，即股权集中度越高，企业平均ROE越高；股权制衡度与企业经营绩效呈负相关关系，即股权制衡度越低，企业平均ROE越高；其三，董事会结构有待提升，董事会规模相对较小，独立董事制度缺位，董事会领导结构需伴随企业发展及时完善。

针对上述结论，提出以下相关建议。

首先，坚持股权适度集中，增强大股东责任感。中关村新三板企业以创新型的中小企业居多，此阶段股权的高度集中，能够保证大股东积极参与企业经营管理，也利于企业控制者对外界环境变化做出快速一致的决策。但在股权不够分散的情况下，应当更加注重对中小股东利益的保护。因此，建议应该在保持适宜当前发展的股权集中度的前提下，增强大股东对企业、对其他利益相关者的责任感，提高大股东理性经营企业的意愿。

其次，完善独立董事制度，提升董事会决策水平。上述研究结果表明，中关村新三板企业对独立董事的设置积极性不高，甚至没有设置独立董事的意识。但对于成长型的中关村新三板企业来说，随着企业的快速成长，完善的企业治理结构将成为企业在资本市场获得助力的必然要求，设置独立董事，提升董事会独立性将有助于企业获得资本市场的青睐。同时，中关村新三板企业在选择独立董事的时候，应该注重独立董事的人品和能力，聘用有专业知识和真正经验的独立董事，明确其权利、责任和义务，建立有效评价及激励机制。这样，企业才能真正获得独立董事带来的优质外部资源，并在专业人士的指导下提升董事会的决策水平。

最后，加强董事会结构的完善，保证治理水平符合发展需要。从董事会规模、独立董事设置情况和董事会领导结构可以看出，中关村新三板企业董事会结构的设置尚处于较为初级的阶段，虽然这基本可以满足目前新三板企业的发展需要，但如想获得更长远的发展，中关村新三板企业还应当不断完善董事会结构的设置，重视对公司治理水平的提升，及时根据企业发展需求的反馈，调整适宜的董事会规模，引入必要的职业经理人，降低因董事会领导权力过于集中形成的个人能力依赖、过度决策等风险。

B.5

2019年中关村新三板企业偿债能力和营运能力分析报告

中关村上市公司协会研究部

摘　要：　本文通过资产负债率、现金流量债务比、流动比率等指标衡量中关村新三板企业整体偿债能力；通过应收账款周转天数、存货周转天数、总资产周转天数等指标呈现中关村新三板企业营运能力。通过相应的研究发现，中关村新三板企业整体债务比例较低，偿债能力良好；固定资产周转天数、总资产周转天数等指标较为优异，营运能力较强。

关键词：　中关村新三板企业　偿债能力　营运能力

一　2019年中关村新三板企业偿债能力分析

（一）偿债能力概述

偿债能力反映了企业偿付债务的能力，虽然并未与企业的盈利增长产生直观上的联系，但却是保证企业存续发展的重要能力，是衡量企业能否具有成长性的基础要素。特别是对于绝大多数处于初创期与成长期的新三板企业而言，它们需要充足的资金支撑企业的快速成长，与之相伴的便是较高的财务风险。如果新三板企业对于企业偿债能力没有充分的认知，就很容易造成资金应用不当，导致企业无法偿还到期债务，陷入财务困境中，或造成筹资成本增长，财务费用率提升，降低企业的盈利能力。因而，本文意图通过对中关村新三板企业的整体偿债能力的分析，反映中关村新三板企业财务状况，为各企业调整自身资本结构、合理规划债务融资比重提供参考，为相关政府部门预防企业经营系统性风险提供政策依据。

从财务分析体系的角度来看，偿债能力常被划分为短期偿债能力和长期偿债能力。其中，短期偿债能力注重分析企业偿还流动负债的能力，而长期偿债能力则侧重分析企业资本结构以及偿还长期到期债务的能力。针对短期偿债能力，本文采用较为重要的流动比率、速动比率和现金比率等指标；对于长期偿债能力，则采用资产负债率、现金流量与负债比率进行分析。通过对这些指标的计算和分析，希望获得中关村新三板企业偿债能力整体水平的直观展现，从而为中关村新三板企业的可持续健康成长提供建议。

（二）2019年中关村新三板企业长期偿债能力分析

1. 2019年中关村新三板企业资本结构分析

（1）2019年中关村新三板企业总资产情况

2019年12月31日，中关村新三板企业的总资产为3682.25亿元，出于企业数量减少等原因，较2018年（4428.80亿元）减少了16.86%。在中关村新三板企业总资产中，创新层企业的总资产为717.00亿元，占比为19.47%。中关村新三板企业的平均总资产是3.41亿元，149家企业总资产高于此数值；创新层企业平均总资产是7.97亿元，仅15家企业总资产高于此数值。中关村新三板企业总资产的分布形式显示企业资产规模大小存在明显的两极分化，中关村新三板中包容了多种不同体量的企业。

2019年，中关村新三板企业总资产排名前30的进入基准为11.73亿元，如图1所示，前30名中，其中制造业企业7家，金融业企业6家，信息传输、软件和信息技术服务业企业5家，租赁和商务服务业企业5家。与2018年总资产排名前30的企业以金融业占主导的形势不同，2019年制造业大体量的企业有所增加。

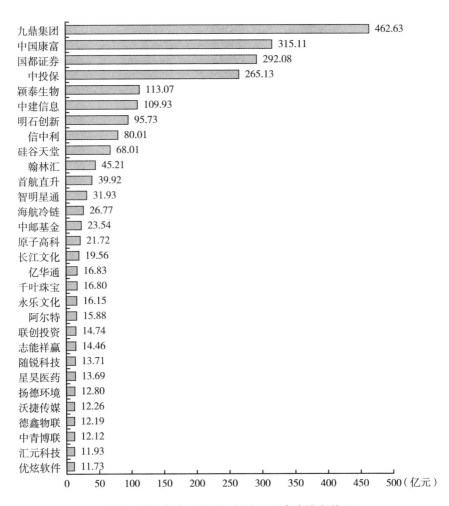

图1 2019年中关村新三板企业总资产排名前30

资料来源：Wind，中关村上市公司协会整理。

（2）2019年中关村新三板企业总负债情况

2019年12月31日，中关村新三板企业的总负债为1795.74亿元。其中，创新层企业的总负债为305.44亿元，占比为17.01%。中关村新三板企业的平均总负债为1.66亿元，较2018年（1.86亿元）下降了10.75%；创新层企业的平均负债为3.39亿元，较2018年（3.19亿元）上升了6.27%。中关村新三板企业整体负债量下降，但优质企业负债量略有上升。

（3）2019 年中关村新三板企业资产负债率情况

2019 年底，中关村新三板企业总体资产负债率为 48.77%，其创新层企业的总体资产负债率为 42.60%，全国新三板企业总体资产负债率为 58.00%。中关村新三板企业总体资产负债率在 40%～60%，且比全国新三板企业低约 10 个百分点，财务风险较低。相较于 2018 年，中关村新三板企业总体资产负债率下降了 2.60 个百分点，中关村新三板创新层总体资产负债率下降了 1.29 个百分点，但全国新三板企业总体资产负债率上升了 1.82 个百分点。由此显示，中关村新三板企业整体财务风险有所降低，且远低于全国新三板整体水平。

在整个中关村新三板企业群体中，资产负债率在 40% 以下的企业有 592 家，占比为 55%；资产负债率在 40%～60% 的企业有 253 家，占比为 23%；资产负债率在 60%～100% 的企业有 197 家，占比为 18%；资产负债率不低于 100% 的企业有 39 家，占比为 4%。值得注意的是，资产负债率高于 100% 意味着企业面临严重的财务困境，在中关村新三板企业中，这一类企业占比较 2018 年（1.96%）有所上升，意味着更多的企业出现了财务风险问题。此外，一般认为，企业的资产负债率的合理范围是 40%～60%，中关村新三板企业中约 1/4 的企业资产负债率在此范围内，另超过一半的企业该值低于 40%。因而，中关村新三板企业总体负债比例不高，财务风险较低，长期偿债能力比较有保障；但同时也初步表明，半数企业债权融资不足，企业经营效率受限（见图 2）。

2. 2019 年中关村新三板企业现金流量债务比①分析

为了进一步探究中关村新三板企业长期偿债能力，本文分析了现金流量债务比这一数据，以反映中关村新三板企业利用经营活动获得的现金净额偿付全部债务的能力。从指标含义来说，比率越高，偿还负债总额的能力就越强。

数据显示，2019 年，中关村新三板企业整体现金流量债务比为 4.70%，

_____

① 现金流量债务比 =（经营活动现金流量净额/负债总额）×100%。

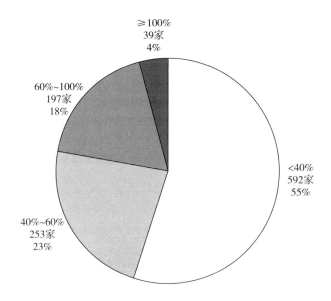

图2　2019 年中关村新三板企业资产负债率分布情况

资料来源：Wind，中关村上市公司协会整理。

其中创新层为 6.05%，同期全国新三板企业整体现金流量债务比为 7.65%。这表明，中关村新三板企业利用经营活动获得的现金净额偿付全部债务的能力略低于全国水平。

从数据的分布来看，2019 年，462 家中关村新三板企业（占比42.74%）经营活动现金流量净额为负数，导致现金流量债务比的数值也小于零，即这些公司在 2019 年不具备利用经营活动获得的现金净额偿付债务的能力；271 家企业（占比 25.07%）现金流量债务比处于 0~20%，偿还债务总额的能力相对较低；176 家企业（占比 16.28%）的该数值处于20%~50%；99 家企业（占比 9.16%）现金流量债务比处于 50%~100%，表明其通过经营活动获得的现金净流入能够偿还至少 1/2 的总负债；另有73 家企业（占比 6.75%）现金流量债务比不低于 100%，具有极强的债务偿还能力。

与全国新三板企业数据对比来看，中关村新三板中不具备利用经营活动

获得的现金偿还债务的能力的企业占比较多，现金流量债务比处于 0 ~ 50%
的企业占比低于全国新三板，同时，现金流量债务比高于 50% 的企业占比
略高于全国新三板。以上对比数据显示，相较全国新三板，中关村新三板存
在更明显的企业偿债能力两极分化的现象，而偿债能力较弱或一般的企业占
比相对较少（见表 1）。

表 1　2019 年全国及中关村新三板企业现金流量债务比对比情况

单位：家，%

现金流量债务比	中关村新三板		全国新三板	
	数量	占比	数量	占比
<0	462	42.74	2612	31.68
0 ~ 20%	271	25.07	2805	34.02
20% ~ 50%	176	16.28	1589	19.27
50% ~ 100%	99	9.16	732	8.88
≥100%	73	6.75	508	6.16

资料来源：Wind，中关村上市公司协会整理。

（三）2019年中关村新三板企业短期偿债能力分析

1. 2019年中关村新三板企业短期债务存量比率分析

（1）流动比率

流动比率是流动资产与流动负债的比值，表示每 1 元流动负债有多少流
动资产作为偿债保障。流动比率是相对数，数值过低表明企业短期偿债能力
不足，数值过高，表明企业可能存在资金闲置问题。一般而言，认为生产型
企业合理的最低流动比率为 2。

2019 年，中关村新三板企业中，有 2 家企业的流动比率数据缺失，剔
除掉缺失数据的企业后，流动比率在 1 以下的企业有 128 家，占比为 12%；
流动比率在 1 ~ 2 的企业有 369 家，占比为 34%；流动比率在 2 ~ 5 的企业有
374 家，占比为 35%；流动比率不低于 5 的企业有 208 家，占比为 19%。以
上数据显示，超过半数中关村新三板企业流动比率处于或高于 2，流动性较
强（见图 3）。

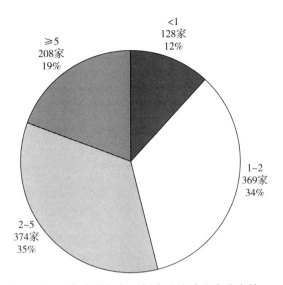

图3   2019年中关村新三板企业流动比率分布情况

资料来源：Wind，中关村上市公司协会整理。

与全国新三板企业①流动比率分布情况相对比，可以发现，中关村新三板企业流动比率低于1的企业占比远低于全国新三板企业在此阶段的企业占比；同时，流动比率高于2的组别中，中关村新三板企业数量占比也远高于全国新三板企业。以上对比结果显示，相较于全国新三板整体流动比率分布，中关村新三板企业整体流动性表现高于全国新三板，流动性不足企业占比更低，流动性较强企业占比更高（见表2）。

表2   2019年全国及中关村新三板企业流动比率对比

单位：家，%

流动比率	中关村新三板企业		全国新三板企业	
	数量	占比	数量	占比
<1	128	11.86	1317	16.01
1~2	369	34.20	3369	40.95
2~5	374	34.66	2551	31.00
≥5	208	19.28	991	12.04

资料来源：Wind，中关村上市公司协会整理。

———————————

① 全国新三板企业中，有18家流动比率数据缺失。

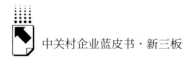

（2）速动比率

构成流动资产的各项目流动性差别很大，其中，存货、预付款项等属于非速动资产，这类资产变现金额和时间具有较大的不确定性，因此，以速动资产作为偿债资产更具可信度。因而，速动比率可以进一步反映中关村新三板企业短期偿债能力。

2019年，中关村新三板企业中，有2家企业的数据缺失，剔除掉数据缺失的企业后，速动比率在1以下的企业有262家，占比为24%；速动比率在1~2的企业有335家，占比为31%；速动比率在2~4的企业有258家，占比为24%；速动比率不低于4的企业有224家，占比为21%。一般认为，速动比率为1属于最优状态。由以上数据可知，中关村新三板企业中，接近八成速动比率高于1，表明整体利用速动资产偿还流动负债的能力较强（见图4）。

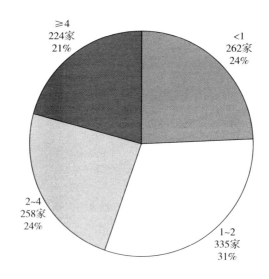

图4　2019年中关村新三板企业速动比率分布情况

资料来源：Wind，中关村上市公司协会整理。

与全国新三板企业速动比率分布情况相对比，可以发现，中关村新三板企业速动比率低于1的企业占比高于全国新三板企业在此阶段的企业占比；

同时，速动比率处于 1~4 的组别中，中关村新三板企业数量占比低于全国新三板企业；但速动比率高于 4 的组别中，中关村新三板企业的占比高于全国新三板。以上对比结果显示，相较于全国新三板整体速动比率分布，中关村新三板速动比率处于合理范围的企业相对较少，速动资产的配置结构有待提升（见表3）。

表3　2019 年全国及中关村新三板企业速动比率对比

单位：家，%

	中关村新三板企业		全国新三板企业	
	数量	占比	数量	占比
<1	262	24.28	1317	16.01
1~2	335	31.05	3369	40.95
2~4	258	23.91	2200	26.74
≥4	224	20.76	1342	16.31

资料来源：Wind，中关村上市公司协会整理。

同时，应收账款的变现能力对速动比率可信度有着重要影响。2019 年银行贷款收紧，商业信用成为许多企业融资的重要渠道，伴随应收账款的增长使得其在企业速动资产中的占比不断提升。对于企业而言，提升应收账款回收率对速动比率的合理配置也有着重要作用。

（3）现金比率

速动资产中，流动性最强、可直接用于偿债的资产是现金，本文采用现金比率以进一步衡量中关村新三板企业的短期偿债能力。

2019 年，中关村新三板企业中，有 2 家企业的现金比率相关数据缺失，剔除掉数据缺失的企业后，现金比率在 0.5 以下的企业有 328 家，占比为30%；现金比率在 0.5~1 的企业有 233 家，占比为 22%；现金比率在 1~3 的企业有 332 家，占比为 31%；现金比率不低于 3 的企业有 186 家，占比为17%。由此可看出中关村新三板企业当中近七成的企业现金比率都高于0.5，说明中关村新三板企业的整体现金比率较高，短期偿债能力较强（见图5）。

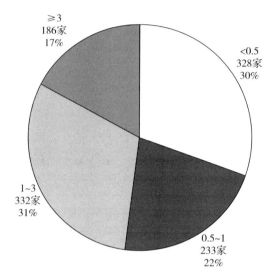

图5　2019年中关村新三板企业现金比率分布情况

资料来源：Wind，中关村上市公司协会整理。

　　与全国新三板企业现金比率分布情况相对比，可以发现，中关村新三板企业现金比率低于1的企业占比低于全国新三板企业在此阶段的企业占比；同时，现金比率高于1的组别中，中关村新三板企业数量占比远高于全国新三板企业。以上对比结果显示，相较于全国新三板整体现金比率分布，中关村新三板企业现金比率普遍较高，一方面说明企业短期利用现金偿还债务的能力较强，另一方面也说明存在部分中关村企业闲置资金较多（见表4）。

表4　2019年全国及中关村新三板企业现金比率对比

单位：家，%

	中关村新三板		全国新三板	
	数量	占比	数量	占比
<0.5	328	30.40	3555	43.21
0.5~1	233	21.59	1927	23.42
1~3	332	30.77	1888	22.95
≥3	186	17.24	858	10.43

资料来源：Wind，中关村上市公司协会整理。

2. 2019年中关村新三板企业短期债务存量比率行业对比

流动比率、速动比率及现金比率是相对数，不同行业通常有明显差异。为了降低不同行业对数值的影响，本文对中关村新三板企业按照行业分别计算平均流动比率、速动比率和现金比率并与全国同类行业做对比，得到如下结果。

"科学研究和技术服务业"均高于全国新三板行业均值，"水利、环境和公共设施管理业"均低于全国新三板行业均值，"信息传输、软件和信息技术服务业"速动比率与现金比率均低于全国新三板行业均值，"批发和零售业"速动比率低于全国新三板行业均值。总体来看，中关村新三板主要行业企业整体短期偿债能力高于同期全国新三板对应行业企业整体水平（见表5）。

表5 2019年全国及中关村新三板企业短期债务存量比率行业对比

行业	流动比率行业均值		速动比率行业均值		现金比率行业均值	
	中关村新三板企业	全国新三板企业	中关村新三板企业	全国新三板企业	中关村新三板企业	全国新三板企业
信息传输、软件和信息技术服务业	1.96	1.96	1.67	1.69	0.89	0.94
制造业	1.58	1.52	1.15	1.06	0.61	0.55
租赁和商务服务业	1.27	1.51	1.23	1.45	0.98	1.11
科学研究和技术服务业	2.12	1.8	1.7	1.55	0.99	0.8
文化、体育和娱乐业	1.83	0.96	1.15	0.65	0.72	0.42
批发和零售业	1.68	1.49	0.89	0.97	0.56	0.55
教育	2.46	1.31	2.35	1.26	2.14	1.12
水利、环境和公共设施管理业	1.39	1.46	1.09	1.14	0.53	0.62

资料来源：Wind，中关村上市公司协会整理。

二 2019年中关村新三板企业营运能力分析

（一）营运能力概述

营运能力是衡量公司资产管理效率的财务比率，影响着现代企业的获利能力及偿债能力。中关村新三板企业以处于成长期的科技创新型企业为主，其高速成长不仅依赖于技术研发带来的产品、服务的突破，也依赖于企业对资产的运用效率。因而，对中关村新三板企业营运能力的分析，有助于从企业经营效率的角度评判企业的成长力。

因为营运能力用于评判资产管理效率，所以，衡量营运能力的指标均反映的是企业每1元的营业收入需要多少各类资产的投资。对于企业而言，应收账款周转率可以反映企业营业收入的回款速度；存货周转率可以评判企业对存货的管理情况，分析存货对资金的占用情况；固定资产周转率则体现了企业每产生1元收入，需要进行多少固定资产投资，反映了企业是否具有轻资产运营的能力；总资产周转率则从整体上评价企业营运能力。以上指标均是评判企业营运能力的重要指标，本文采取上述指标，以求从各角度对中关村新三板企业营运能力进行系统评价。

（二）2019年中关村新三板企业应收账款分析

1. 2019年中关村新三板企业应收账款整体状况

2019年12月31日，中关村新三板企业的总应收账款为557.24亿元，较上年减少6.60%。2019年中关村新三板企业总体应收账款周转天数为95.17天，较2018年增长7天。从上述数据可知，尽管中关村新三板企业总应收账款数量有所下降，但应收账款回收天数增加，表明企业回款难度有所加大，应收账款坏账风险有所增加（见图6）。

2019年，在中关村新三板企业中，新三板创新层企业的总体应收账款周转天数为129.15天，较2018年（107.04天）增长22.11天。这表明，首先，中关村新三板创新层企业相较于中关村新三板整体，应收账款回收压力相对较大；其次，创新层应收账款周转天数较上年大幅增长，应收账款管理能力有所下降。

2. 2019年中关村新三板企业应收账款周转天数分布情况

2019年，中关村新三板企业中，应收账款周转天数少于7天的企业有54家，占中关村新三板企业总数的5%，以"信息传输、软件和信息技术

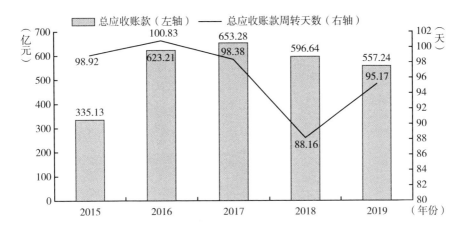

图6　2015~2019年中关村新三板企业总应收账款变化情况

资料来源：Wind，中关村上市公司协会整理。

服务业"企业居多，这些企业的应收账款周转频率非常高，但也可能存在因应收账款政策过紧，营业收入受到影响的可能。应收账款周转天数在7~30天的企业有116家，占中关村新三板企业总数的11%；应收账款周转天数在30~90天的企业有261家，占中关村新三板企业总数的25.00%，这些企业的应收账款周转频率介于一个月至一个季度；应收账款周转天数在90~180天的企业有256家，占中关村新三板企业总数的25%，这些企业的应收账款周转频率介于一个季度至半年；应收账款周转天数不低于180天的企业有357家，占中关村新三板企业总数的34%，这些企业的应收账款周转频率相对较低，企业的资金被过多压制在应收账款上，可能会影响资金的正常周转，也可能会影响企业的偿债能力和财务费用（见图7）。

3. 应收账款与现金及其等价物的相互关系

对于应收账款而言，其起点是企业的赊销行为，其终点是收回的现金。正常情况下，赊销增加引起应收账款增加，企业的现金存量也会随之增加。但如果企业应收账款日益增加，而现金日益减少，则可能是赊销行为产生了比较严重的问题，如因放宽信用政策刺激客户购买，但坏账增多，难以收回现金。为了更准确地呈现中关村新三板企业应收账款现状，本文从应收账款

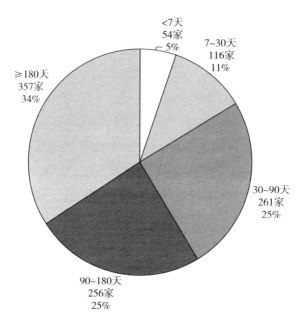

图7 2019年中关村新三板企业应收账款周转天数分布情况

资料来源：Wind，中关村上市公司协会整理。

增长率、现金及其等价物增长率两个维度进行划分，将中关村新三板企业分为四类，分别代表了四种情况：应收账款与现金及其等价物同时增长，应收账款增长、现金及其等价物减少，应收账款减少、现金及其等价物增加，以及应收账款与现金及其等价物同时减少。

根据分类结果①，2019年，240家企业（占比23.14%）应收账款与现金及其等价物同时增长，在一定程度上表明这些企业应收账款的增长促进了企业营业收入的提升，从而促进了经营活动的现金流入；271家企业（占比26.13%）应收账款减少的同时现金及其等价物增加，一定程度上表明这些企业收紧了信用政策，但还未对企业经营活动产生的现金流入产生影响；219家企业（占比21.12%）应收账款增长的同时，现金及其等价物有所减

---

① 44家企业（占比4.07%）无2018年应收账款数据，故被剔除出本统计。

少，这些企业应收账款的增加并未帮助企业现金流入增长，可能存在资金无法收回的问题；307家企业（占比29.60%）应收账款与现金及其等价物同时减少，这类企业可能存在销售规模下滑的问题（见表6）。

表6 2019年中关村新三板企业应收账款与现金及其等价物的相互关系

单位：家

		应收账款	
		增长	减少
现金及其等价物	增长	240	271
	减少	219	307

资料来源：Wind，中关村上市公司协会整理。

（三）2019年中关村新三板企业存货周转天数分析

2019年，中关村新三板企业总体存货周转天数为61.92天，较2018年（84.88天）减少22.96天；创新层企业的总体存货周转天数为79.15天，较2018年（75.73天）增加3.42天。这表明，2019年中关村新三板企业的存货周转率较2018年有了明显提升，存货通过销售转变为现金的速度加快，存货对资金的占用水平降低；而创新层的存货周转效率却低于整体，并有所下降。

从存货周转天数的分布情况来看，2019年，存货周转天数[1]低于7天的企业有112家，占中关村新三板企业总数的13%；存货周转天数在7～30天的企业有150家，占中关村新三板企业总数的17%；存货周转天数在30～90天的企业有257家，占中关村新三板企业总数的30%；存货周转天数在90～180天的企业有178家，占中关村新三板企业总数的21%；存货周转天数不低于180天的企业有168家，占中关村新三板企业总数的19%（见图8）。

---

[1] 2019年，1081家中关村新三板企业中，216家企业（占比19.98%）2019年存货数据为0，无法计算存货周转天数，本次统计中剔除。

综上所述，2019 年，约 1/3 的企业存货周转天数低于一个月，存货周转效率较高，存货管理能力较强。也存在部分企业存货周转效率较低，主要聚集在"制造业"（61 家）、"信息传输、软件和信息技术服务业"（37家）、"文化、体育和娱乐业"（30 家）。

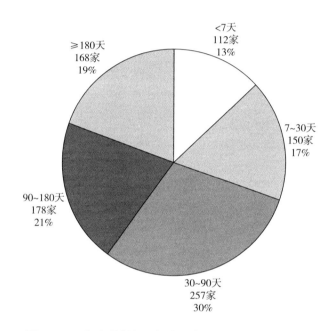

图 8 2019 年中关村新三板企业存货周转天数分布情况

资料来源：Wind，中关村上市公司协会整理。

（四）2019 年中关村新三板企业营运周期分析

营业周期是存货周转天数和应收账款周转天数之和，衡量了每 1 元营业收入从销售前购买原材料到销售后收回应收账款所经历的时间，体现了从生产到获得收入款项的过程中的营运能力。

2019 年[①]，中关村新三板企业中，有 247 家企业的营业周期在 360 天及

---

① 2019 年，1081 家中关村新三板企业中，225 家企业（占比 20.81%）因缺乏存货周转天数或应收账款周转天数数据，无法计算营运周期，在本次统计中剔除。

以上，占比为29%，这部分企业取得的存货变为现金需要的时间接近或超过一年，资金周转速度较慢，进而对企业的偿债能力和盈利能力也产生影响；有266家企业的营业周期在180~360天，占比为31%，这部分企业的营业周期在半年至一年，资金周转速度相对适中；有197家企业的营业周期在90~180天，占比为23%；另有146家企业营业周期低于90天，占比为17%，这部分企业的营业周期少于一个季度，资金的周转速度快，企业的资产管理效率相对较高（见图9）。

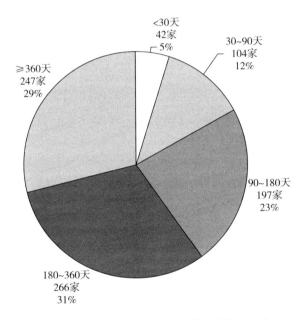

图9　2019年中关村新三板企业营业周期分布情况

资料来源：Wind，中关村上市公司协会整理。

（五）2019年中关村新三板企业固定资产周转天数分析

2019年，中关村新三板企业总体固定资产周转天数为35.05天，较2018年（11.08天）增加23.97天；创新层新三板企业的总体固定资产周转天数为44.04天，较2018年（11.41天）增长32.63天。这表明，2019年创新层企业的固定资产周转天数与中关村新三板企业整体固定资产周转天数较为接近，且二者均较上一年有大幅增长。

从固定资产周转天数分布情况来看，2019 年，固定资产周转天数①少于 2 天的企业有 190 家，占中关村新三板企业总数的 18%；固定资产周转天数在 2~7 天的企业有 258 家，占中关村新三板企业总数的 24%；固定资产周转天数在 7~30 天的企业有 248 家，占中关村新三板企业总数的 23%；固定资产周转天数在 30~90 天的企业有 170 家，占中关村新三板企业总数的 16%；固定资产周转天数不低于 90 天的企业有 200 家，占中关村新三板企业总数的 19%（见图 10）。

总体来看，2019 年中关村新三板企业的固定资产周转天数较少，这可能得益于两方面的原因：一方面，中关村新三板企业的固定资产利用效率普遍较高；另一方面，得益于科技型企业轻资产运营的特征，固定资产并非中关村新三板企业产生企业价值的主要资产，使得企业能够对固定资产付出较少的投资而获得更多的经营收益。

（六）2019 年中关村新三板企业总资产周转天数分析

2019 年，中关村新三板企业总体总资产周转天数为 666.95 天，较 2018 年（675.93 天）减少 8.98 天；创新层企业的总体总资产周转天数为 526.84 天，较 2018 年（493.24 天）增加 33.60 天。这表明，2019 年中关村新三板创新层企业的总资产运营效率也高于中关村新三板企业整体；中关村新三板企业总资产周转效率较上年有所提升，而创新层企业总资产营运效率却略有下降；同时，以上数据还显示，平均来看，中关村新三板企业可在 1~2 年内通过销售收入收回总资产投入，企业对全部资产的利用效率较高。

从总资产周转天数的分布来看，2019 年，总资产周转天数②少于 180 天

---

① 2018 年，1081 家中关村新三板企业中，15 家企业（占比 1.39%）固定资产数据缺失，无法计算固定资产周转天数，在本次统计中剔除。

② 2018 年，1224 家中关村新三板企业中，6 家企业缺失 2018 年营业收入数据，无法计算总资产周转率。根据 Wind 数据库，这 6 家企业的总资产周转率记为零，占比为 0.49%。

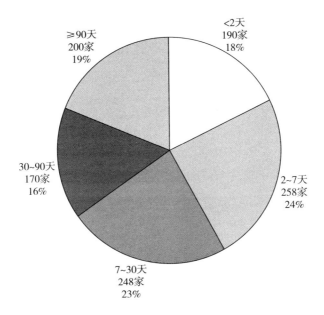

图10 2019年中关村新三板企业固定资产周转天数分布情况

资料来源：Wind，中关村上市公司协会整理。

的企业有86家，占中关村新三板企业总数的8%；总资产周转天数在180~360天的企业有263家，占中关村新三板企业总数的25%；总资产周转天数在360~540天的企业有229家，占中关村新三板企业总数的21%；总资产周转天数在540~720天的企业有136家，占中关村新三板企业总数的13%；总资产周转天数在720天及以上的企业有354家，占中关村新三板企业总数的33%（见图11）。

以上数据显示，近七成中关村新三板企业在两年内就可以通过营业收入实现总资产投入的再收回，可以看到，除部分企业呈现较高的资产运营能力外，中关村新三板企业整体资产运营能力同样处于中上水平。

三 结论与建议

上述针对中关村新三板企业偿债能力的分析表明：中关村新三板企业整

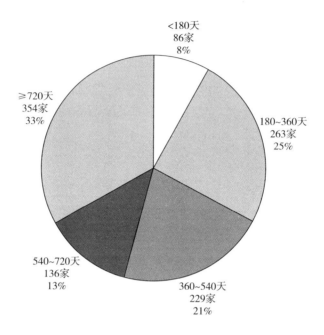

图11　2018 年中关村新三板企业总资产周转天数分布情况

资料来源：Wind，中关村上市公司协会整理。

体债务比例适中，长期偿债能力较强，但近半数企业资产负债率偏低，反映出未有效利用财务杠杆；现金流量债务比存在两极分化现象，既有部分企业利用经营产生的流入资金偿还债务的能力较弱，也有部分企业经营活动现金流量净额远高于企业负债总额，反映出这些企业对于负债的规划不当，造成财务风险过大或现金资产闲置的现象；各行业流动比率、速动比率、现金比率整体优于全国新三板对应行业平均值，展现出较强的短期偿债能力。

同时，针对中关村新三板企业营运能力的分析表明：应收账款总数有所下降，但应收账款周转天数有所上升，应收账款管理效率降低，部分企业应收账款回收周期过长，可能影响企业偿债能力；营业周期、固定资产周转天数均普遍较低，凸显中关村新三板企业整体管理效率的提升；多数中关村新三板企业总资产周转率较低，1～2 年便可通过营业收入收回总资产投资，整体营运能力较强。

针对上述结论，并结合 2019 年及 2020 年经济发展环境特征，本文提出以下建议。

（1）企业应加强资金管理，确保合理有效地运用公司资金。同时，应建立长期有效的应收账款管理机制，以帮助企业提高资金使用效率。在充分考虑股东利益的前提下，丰富筹资渠道，合理利用财务杠杆，以满足企业必要的资金需求。

（2）营运资本管理关系企业偿债能力和营运能力，企业管理层应在财务管理中，充分重视对营运资本的管理。采取制定适宜的信用政策、优化存货采购和存储量、合理利用商业信用融资手段等措施，将营运资本数量、应收账款周转效率、存货周转效率等控制在最优水平，保证企业财务状况的充分流动性和安全性，实现营运资本的高效运转，进而提升公司经营绩效。

参考文献

吴敬琏：《现代公司与企业改革》，天津人民出版社，1994。

牛春平：《创业板股权结构和公司绩效相关性实证分析》，《经济师》2012 年第 11 期。

吴格：《创业板上市公司股权结构特征及其与公司绩效关系》，《财会通信》2012 年第 7 期。

何宋勇：《新三板公司股权结构与公司绩效的关系研究》，《中小企业管理与科技》2017 年第 3 期。

行 业 篇

Industry Report

B.6

2019年中关村新三板企业
行业分布研究报告

中关村上市公司协会研究部

摘　要：　本报告以中关村新三板企业各行业为主要研究对象，从赢利
　　　　　表现、营运能力、偿债能力、研发能力等主要方面来对比分
　　　　　析中关村新三板企业行业状况，从而总结行业发展状况。数
　　　　　据分析显示，中关村新三板企业中有超过四成企业属于"信
　　　　　息传输、软件和信息技术服务业"这一新兴产业，该行业在
　　　　　各个方面财务数据及规模等方面大都领先于其他行业，处于
　　　　　优势地位。在多年的发展中，制造业也得到长足的发展，金
　　　　　融业则在赢利方面表现突出，其他行业也各有其特色。总结
　　　　　来看，中关村新三板企业运营平稳，成长潜力巨大。

关键词：　中关村新三板企业　行业分布　市场表现　成长力

一 行业分布概况

本文根据全国中小企业股份转让系统公布的《挂牌公司管理型分类结果》对中关村1081家新三板企业进行行业划分，共分为18个门类行业、59个大类行业、156个中类行业。

（一）各行业企业数量分布

1081家中关村新三板企业分布在18个门类行业，其中，"信息传输、软件和信息技术服务业"行业企业数量最多，达437家（占比40.43%）；"制造业"企业数量次之，为231家（占比21.37%）；"租赁和商务服务业"排名第三，行业企业数量为103家（占比9.53%）；其余企业分布在"科学研究和技术服务业""文化、体育和娱乐业""批发和零售业""教育"等15个门类行业（见表1）。对各门类行业进一步细分得59个大类行业，其中"软件和信息技术服务业""商务服务业""互联网和相关服务"等大类行业中新三板企业分布较为集中，分别为344家、101家、87家。对大类行业进一步细分得156个中类行业，可以看出，企业数量最为集中的中类行业为"软件开发"和"信息系统集成服务"，各为162家和114家。

表1 2019年与2018年中关村新三板企业行业分布概况对比

单位：家，%

门类行业	2019年末		2018年末	
	企业数量	占比	企业数量	占比
信息传输、软件和信息技术服务业	437	40.43	485	39.62
制造业	231	21.37	252	20.59
租赁和商务服务业	103	9.53	129	10.54
科学研究和技术服务业	67	6.20	80	6.54
文化、体育和娱乐业	65	6.01	76	6.21
批发和零售业	58	5.37	64	5.23
教育	26	2.41	31	2.53
水利、环境和公共设施管理业	21	1.94	22	1.80

续表

门类行业	2019 年末		2018 年末	
	企业数量	占比	企业数量	占比
建筑业	19	1.76	20	1.63
金融业	12	1.11	16	1.31
交通运输、仓储和邮政业	9	0.83	10	0.82
居民服务、修理和其他服务业	7	0.65	10	0.82
采矿业	7	0.65	6	0.49
卫生和社会工作	6	0.56	7	0.57
电力、热力、燃气及水生产和供应业	6	0.56	5	0.41
房地产业	5	0.46	7	0.57
农、林、牧、渔业	1	0.09	3	0.25
住宿和餐饮业	1	0.09	1	0.08

资料来源：Wind，中关村上市公司协会整理。

根据以上数据可发现，中关村新三板企业集中分布于以"软件和信息技术服务业""互联网和相关服务"等为代表的"信息传输、软件和信息技术服务业"，以"计算机、通信和其他电子设备制造""专用设备制造业"等为代表的"制造业"，以及以"商务服务业"为代表的"租赁和商务服务业"三大行业。此外，中关村新三板企业在"科学研究和技术服务业""文化、体育和娱乐业"、"批发和零售业"等行业分布也较为集中（见图 1）。

通过以上行业分布可发现，历经 30 余年的发展，中关村园区已聚集近 3 万家高新技术企业，形成了以研发和服务为主要形态的高新技术产业集群，并成为我国人才资源和科教智力最为密集的区域。

（二）各行业企业规模分析

从各行业市值规模来看，由于企业数量的绝对优势，"信息传输、软件和信息技术服务业"的总市值规模远远领先于其他行业，达 1059.70 亿元，占中关村新三板企业总市值的 31.17%。此外，"制造业"及"金融业"的总市值规模也较大，分别为 644.40 亿元、522.77 亿元，占比分别为 18.95%、15.38%。

从各行业员工人数来看，"信息传输、软件和信息技术服务业"员工人

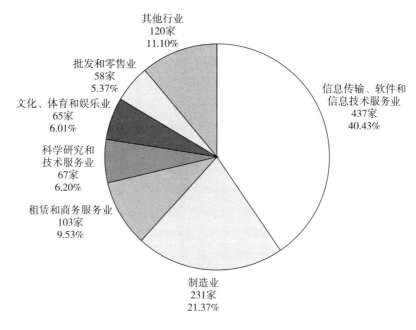

图1 2019年中关村新三板企业行业分布情况

注：因为比例计算结果保留两位小数，所以加总不等于100%。

资料来源：Wind，中关村上市公司协会整理。

数最多，达到59826人，占中关村新三板企业员工总数的34.99%；"制造业"员工人数为41771人，占比24.43%；其他行业员工人数占比均未达到10%。从各行业员工人数平均值①来看，"金融业"平均员工人数最多，达到400人/家。中关村新三板企业分布最为集中的两大行业中，制造业企业的平均员工人数（181人/家）高于信息传输、软件和信息技术服务业企业的平均员工人数（137人/家）（见表2）。

———————

① 为了解中关村主要行业各关键指标的表现，本文在分析各指标平均值情况时虽有计算但均不考虑行业企业数量占比不超过1%的行业，包括交通运输、仓储和邮政业（9家，0.83%）、居民服务、修理和其他服务业（7家，0.65%）、采矿业（7家，0.65%）、卫生和社会工作（6家，0.56%）、电力、热力、燃气及水生产和供应业（6家，0.56%）、房地产业（5家，0.46%）、农、林、牧、渔业（1家，0.09%）、住宿和餐饮业（1家，0.09%）8个门类行业。

表2　2019年中关村新三板企业各行业总市值及员工规模情况

行业分类	总市值			员工人数		
	总数 (亿元/家)	占比 (%)	平均值 (亿元/家)	总数 (人)	占比 (%)	平均值 (人/家)
信息传输、软件和信息技术服务业	1059.70	31.17	2.42	59826	34.99	137
制造业	644.40	18.95	2.79	41771	24.43	181
金融业	522.77	15.38	43.56	4795	2.80	400
租赁和商务服务业	323.61	9.52	3.14	9953	5.82	97
文化、体育和娱乐业	201.21	5.92	3.10	4350	2.54	67
科学研究和技术服务业	194.66	5.73	2.91	13160	7.70	196
批发和零售业	174.05	5.12	3.00	6421	3.76	111
建筑业	66.92	1.97	3.52	3087	1.81	162
水利、环境和公共设施管理业	61.50	1.81	2.93	4022	2.35	192
教育	58.07	1.71	2.23	3916	2.29	151
交通运输、仓储和邮政业	28.67	0.84	3.19	1529	0.89	170
卫生和社会工作	23.14	0.68	3.86	2752	1.61	459
居民服务、修理和其他服务业	13.81	0.41	1.97	657	0.38	94
电力、热力、燃气及水生产和供应业	12.10	0.36	2.02	789	0.46	132
房地产业	8.49	0.25	1.70	13467	7.88	2693
采矿业	3.10	0.09	0.44	352	0.21	50
住宿和餐饮业	2.00	0.06	2.00	59	0.03	59
农、林、牧、渔业	1.86	0.05	1.86	76	0.04	76

资料来源：Wind，中关村上市公司协会整理。

从各行业总资产情况来看，"金融业"行业企业因普遍规模体量较大[①]所以使得该行业总资产最多，达到951.08亿元（占比25.83%），金融行业企业平均资产也最高，达到79.26亿元/家，远远高于其他行业平均状况。"租赁和商务服务业""制造业""信息传输、软件和信息技术服务业"的

---

① 金融业共计12家，其中，九鼎集团（430719.OC）总资产达到462.63亿元，在全部中关村新三板企业总资产中排名第一；国都证券（870488.OC）总资产达到292.08亿元；信中利（833858.OC）、硅谷天堂（833044.OC）、中邮基金（834344.OC）、联创投资（833502.OC）5家企业的总资产均超过10亿元。

总资产也较高，其占比分别达到 19.95% 、18.81% 、18.56%；其余行业总资产占比均较小，处于 5% 以下。公司净资产方面，行业规模分布特征与总资产类似，"金融业""制造业""信息传输、软件和信息技术服务业"行业净资产占比位居前三，分别为 28.46% 、21.54% 、20.24%（见表3）。

表3　2019 年中关村新三板企业各行业资产规模情况

行业分类	总资产			净资产		
	总数（亿元）	占比（%）	平均值（亿元/家）	总数（亿元）	占比（%）	平均值（亿元/家）
金融业	951.08	25.83	79.26	536.96	28.46	44.75
租赁和商务服务业	734.58	19.95	7.13	247.16	13.10	2.40
制造业	692.69	18.81	3.00	406.30	21.54	1.76
信息传输、软件和信息技术服务业	683.58	18.56	1.56	381.85	20.24	0.87
科学研究和技术服务业	129.14	3.51	1.93	79.55	4.22	1.19
批发和零售业	125.99	3.42	2.17	55.13	2.92	0.95
文化、体育和娱乐业	117.76	3.20	1.81	57.30	3.04	0.88
建筑业	68.31	1.86	3.60	23.88	1.27	1.26
水利、环境和公共设施管理业	63.11	1.71	3.01	29.98	1.59	1.43
交通运输、仓储和邮政业	41.97	1.14	4.66	29.53	1.57	3.28
电力、热力、燃气及水生产和供应业	21.48	0.58	3.58	7.89	0.42	1.31
教育	21.18	0.58	0.81	14.58	0.77	0.56
房地产业	17.22	0.47	3.44	8.70	0.46	1.74
卫生和社会工作	7.14	0.19	1.19	4.27	0.23	0.71
采矿业	2.88	0.08	0.41	1.70	0.09	0.24
居民服务、修理和其他服务业	2.57	0.07	0.37	1.35	0.07	0.19
农、林、牧、渔业	1.35	0.04	1.35	0.27	0.01	0.27
住宿和餐饮业	0.22	0.01	0.22	0.12	0.01	0.12

　　资料来源：Wind，中关村上市公司协会整理。

　　综合市值、资产、员工人数三项规模指标来看，"信息传输、软件和信息技术服务业"、"制造业"及"租赁和商务服务业"三个行业因企业数量占据绝对优势，所以行业整体规模较大，而"金融业"企业数量虽少，但因其行业特性，故而在平均市值、平均资产方面远远优于其他行业。

二 各行业盈利表现比较

从各行业营业收入来看，"信息传输、软件和信息技术服务业"因企业数量具有绝对优势，其整体营业收入也位居首位，达到767.18亿元，占中关村新三板企业总体营业收入的37.12%；"制造业"、"批发和零售业"以及"租赁和商务服务业"营业收入也较高，分别为396.58亿元、351.87亿元、203.68亿元，其余行业营业收入规模均在100亿元以下。另外，从各行业平均营业收入来看，"批发和零售业"及"金融业"数值分别为6.07亿元/家、5.86亿元/家，远远高于其他行业（见表4）。

表4 2019年中关村新三板各行业营业收入情况

行业分类	营业收入规模（亿元）	平均营业收入（亿元）	最高营业收入（亿元）	人均营业收入（万元/人）	营业收入占比（%）
信息传输、软件和信息技术服务业	767.18	1.76	166.02	128.23	37.12
制造业	396.58	1.72	52.95	94.94	19.19
批发和零售业	351.87	6.07	208.36	548.00	17.03
租赁和商务服务业	203.68	1.98	26.71	204.64	9.85
科学研究和技术服务业	72.27	1.08	8.85	54.91	3.50
金融业	70.27	5.86	23.93	146.54	3.40
建筑业	46.32	2.44	13.82	150.05	2.24
文化、体育和娱乐业	45.92	0.71	6.58	105.57	2.22
水利、环境和公共设施管理业	30.12	1.43	4.84	74.88	1.46
交通运输、仓储和邮政业	21.50	2.39	9.39	140.63	1.04
教育	19.73	0.76	6.25	50.38	0.95
房地产业	19.18	3.84	10.31	14.24	0.93
卫生和社会工作	9.80	1.63	5.18	35.63	0.47
电力、热力、燃气及水生产和供应业	6.22	1.04	1.93	78.85	0.30
居民服务、修理和其他服务业	3.62	0.52	1.08	55.02	0.18
采矿业	1.61	0.23	0.53	45.87	0.08
农、林、牧、渔业	0.77	0.77	0.77	100.86	0.04
住宿和餐饮业	0.20	0.20	0.20	33.13	0.01

资料来源：Wind，中关村上市公司协会整理。

从各行业毛利润来看，考虑到行业数量因素，"信息传输、软件和信息技术服务业"和"制造业"总值较为合理，分别达到165.14亿元（占比35.42%）和127.92亿元（占比27.43%），远远超过其余行业。但是，从各行业平均毛利润来看，"金融业"最高，达到2.80亿元，而其他行业平均毛利润均低于1.00亿元，体现金融行业毛利高的特点。

在企业平均毛利率方面，"金融业""教育"数值位居前二，分别达到47.79%、40.63%；另外，共有九大行业毛利率分布在30.00%~40.00%，分别为"卫生和社会工作""采矿业""科学研究和技术服务业""制造业""电力、热力、燃气及水生产和供应业""居民服务、修理和其他服务业""农、林、牧、渔业""文化、体育和娱乐业""水利、环境和公共设施管理业"（见表5）。

表5　2019年中关村新三板各行业毛利润情况

单位：亿元，%

行业分类	毛利润总计	最大毛利润	企业平均毛利润	企业平均毛利率	毛利润占比
信息传输、软件和信息技术服务业	165.14	13.37	0.38	21.53	35.42
制造业	127.92	12.98	0.55	32.25	27.43
租赁和商务服务业	37.69	6.74	0.37	18.51	8.08
金融业	33.58	16.23	2.80	47.79	7.20
批发和零售业	27.43	7.48	0.47	7.80	5.88
科学研究和技术服务业	23.90	2.93	0.36	33.08	5.13
文化、体育和娱乐业	13.84	2.89	0.21	30.15	2.97
水利、环境和公共设施管理业	9.05	1.58	0.43	30.04	1.94
教育	8.02	1.23	0.31	40.63	1.72
建筑业	6.85	1.83	0.36	14.78	1.47
卫生和社会工作	3.84	2.10	0.64	39.19	0.82
房地产业	2.84	1.13	0.57	14.83	0.61
交通运输、仓储和邮政业	2.20	1.02	0.24	10.25	0.47
电力、热力、燃气及水生产和供应业	2.00	0.98	0.33	32.18	0.43
居民服务、修理和其他服务业	1.13	0.24	0.16	31.33	0.24
采矿业	0.57	0.20	0.08	35.41	0.12
农、林、牧、渔业	0.24	0.24	0.24	31.21	0.05
住宿和餐饮业	0.05	0.05	0.05	25.69	0.01

资料来源：Wind，中关村上市公司协会整理。

在各行业净利润方面，"金融业"和"制造业"总值相当，位居前二，分别达到28.07亿元、25.47亿元，基本为排名第三与第四的行业（"租赁和商务服务业"，13.12亿元；"信息传输、软件和信息技术服务业"，12.27亿元）的两倍。另外，从企业平均净利润、企业平均净利率和人均净利润方面，"金融业"分别以2.34亿元、27.72%及58.54万元/人遥遥领先于其他行业（见表6）。

表6　2019年中关村新三板企业各行业净利润情况

行业分类	净利润总计（亿元）	最大净利润（亿元）	企业平均净利润（亿元）	企业平均净利率（%）	人均净利润（万元/人）
金融业	28.07	19.48	2.34	27.72	58.54
制造业	25.47	5.67	0.11	1.43	6.10
租赁和商务服务业	13.12	8.31	0.13	4.08	13.18
信息传输、软件和信息技术服务业	12.27	6.21	0.03	0.81	2.05
科学研究和技术服务业	4.87	1.20	0.07	1.66	3.70
批发和零售业	2.77	2.16	0.05	0.61	4.31
水利、环境和公共设施管理业	1.56	0.41	0.07	1.35	3.88
房地产业	0.78	0.28	0.16	1.45	0.58
卫生和社会工作	0.30	0.21	0.05	2.15	1.09
教育	0.23	0.40	0.01	2.02	0.59
农、林、牧、渔业	0.08	0.08	0.08	10.76	10.85
住宿和餐饮业	-0.01	-0.01	-0.01	-5.53	-1.83
居民服务、修理和其他服务业	-0.03	0.04	0.00	1.03	-0.51
采矿业	-0.10	0.05	-0.01	3.09	-2.73
电力、热力、燃气及水生产和供应业	-0.14	0.60	-0.02	9.60	-1.75
交通运输、仓储和邮政业	-1.52	0.21	-0.17	0.99	-9.93
建筑业	-2.77	0.43	-0.15	0.93	-8.97
文化、体育和娱乐业	-3.60	1.11	-0.06	2.42	-8.27

资料来源：Wind，中关村上市公司协会整理。

对新三板挂牌企业所属分层及行业分类进行统计分析，可以看出，创新层企业主要分布在七大行业，尤以"信息传输、软件和信息技术服务业（45家）"及"制造业（19家）"最为集中，合计占比高达71.11%，这与该两类行业的企业绝对数量较高也有一定关系。另外，对于既有创新层企业分布又有基础层企业分布的行业，创新层企业平均净利润一般会高于基础层企业平均净利润，这与创新层企业整体平均净利润（0.21亿元）高于基础层企业整体平均净利润（0.06亿元）相符（见表7）。

表7　中关村新三板基础层和创新层公司行业盈利情况

行业分类	基础层				创新层			
	公司数量（家）	净利润（亿元）	占比（%）	平均净利润（亿元）	公司数量（家）	净利润（亿元）	占比（%）	平均净利润（亿元）
金融业	12	28.07	45.22	2.34	—	—	—	—
租赁和商务服务业	97	13.46	21.68	0.14	6	−0.34	−1.74	−0.06
制造业	212	10.56	17.02	0.05	19	14.90	77.24	0.78
信息传输、软件和信息技术服务业	392	7.65	12.32	0.02	45	4.62	23.97	0.10
科学研究和技术服务业	61	3.81	6.14	0.06	6	1.06	5.48	0.18
批发和零售业	56	2.42	3.90	0.04	2	0.35	1.79	0.17
水利、环境和公共设施管理业	20	1.27	2.05	0.06	1	0.29	1.51	0.29
房地产业	5	0.78	1.26	0.16	—	—	—	—
卫生和社会工作	6	0.30	0.48	0.05	—	—	—	—
农、林、牧、渔业	1	0.08	0.13	0.08	—	—	—	—
教育	25	0.07	0.11	0.00	1	0.16	0.84	0.16
住宿和餐饮业	1	−0.01	−0.02	−0.01	—	—	—	—
居民服务、修理和其他服务业	7	−0.03	−0.05	0.00	—	—	—	—
采矿业	7	−0.10	−0.16	−0.01	—	—	—	—
电力、热力、燃气及水生产和供应业	6	−0.14	−0.22	−0.02	—	—	—	—
交通运输、仓储和邮政业	8	−0.66	−1.06	−0.08	1	−0.86	−4.47	−0.86

续表

行业分类	基础层				创新层			
	公司数量（家）	净利润（亿元）	占比（％）	平均净利润（亿元）	公司数量（家）	净利润（亿元）	占比（％）	平均净利润（亿元）
文化、体育和娱乐业	57	-2.67	-4.30	-0.05	8	-0.93	-4.80	-0.12
建筑业	18	-2.80	-4.51	-0.16	1	0.03	0.18	0.03
总体	991	62.06	99.99①	0.06	90	19.28	100.00	0.21

注："—"表示该行业创新层无公司分布。因为比例计算结果保留两位小数，所以加总不等于100%。

资料来源：Wind，中关村上市公司协会整理。

分析各行业总资产收益率，可以看出，"农、林、牧、渔业"总资产收益率最高，达到 6.00%；另外，创新层企业整体总资产收益率（2.80%）高于基础层企业（2.01%）。对于既有创新层企业分布又有基础层企业分布的行业进行分析，可以看出，"科学研究和技术服务业"总资产收益率最高，为 3.89%（见表 8）。

表 8　2019 年中关村新三板挂牌公司总资产收益率 ROA 情况

单位：%

行业分类	总资产收益率		
	创新层	基础层	整体
农、林、牧、渔业	—	6.00	6.00
房地产业	—	4.91	4.91
卫生和社会工作	—	4.26	4.26
科学研究和技术服务业	5.77	3.57	3.89
制造业	4.91	2.84	3.77
水利、环境和公共设施管理业	6.13	2.28	2.58
金融业	—	2.48	2.48
批发和零售业	4.47	2.06	2.21
租赁和商务服务业	-1.20	2.00	1.88
信息传输、软件和信息技术服务业	1.88	1.84	1.86
教育	25.49	0.36	1.17
电力、热力、燃气及水生产和供应业	—	-0.63	-0.63
居民服务、修理和其他服务业	—	-1.39	-1.39
文化、体育和娱乐业	-1.75	-4.11	-3.04
采矿业	—	-3.15	-3.15

续表

行业分类	总资产收益率		
	创新层	基础层	整体
交通运输、仓储和邮政业	－ 3.18	－ 4.45	－ 3.63
建筑业	3.17	－ 4.25	－ 4.13
住宿和餐饮业	—	－ 4.58	－ 4.58

注："—"表示该行业创新层无公司分布。
资料来源：Wind，中关村上市公司协会整理。

综合来看，在营业收入、毛利润、净利润三项指标及毛利率、净利率方面，"金融业"表现俱佳，体现金融业高盈利的特点；"信息传输、软件和信息技术服务业""制造业""批发和零售业""教育""租赁和商务服务业"等五大主要行业也表现良好。另外，就平均净利润及总资产收益率来看，创新层企业表现优于基础层企业。

三　各行业营运能力比较

从各行业的营运能力来看，在存货周转率方面，"住宿和餐饮业"数值远远领先于其他行业，达到504.88%，说明该行业存货周转速度较快，存货占用水平较低。在应收账款周转率方面，"农、林、牧、渔业"以及"卫生和社会工作"应收账款周转率较高，分别为30.98%、26.15%，说明其应收账款回收速度较快，公司短期偿债能力强。在总资产周转率方面，"批发和零售业"总资产周转率最高，为2.80%，说明该行业资产的周转天数相对较少，营运能力较强（见表9）。

表9　2019年中关村新三板各行业运营能力

单位：%

行业分类	存货周转率	应收账款周转率	总资产周转率
住宿和餐饮业	504.88	3.98	0.83
房地产业	38.31	9.01	1.20

续表

行业分类	存货周转率	应收账款周转率	总资产周转率
租赁和商务服务业	21.55	4.71	0.29
卫生和社会工作	17.14	26.15	1.39
教育	14.92	15.45	1.00
交通运输、仓储和邮政业	9.65	2.73	0.51
信息传输、软件和信息技术服务业	7.73	3.51	1.16
批发和零售业	5.99	16.70	2.80
居民服务、修理和其他服务业	4.78	9.48	1.51
科学研究和技术服务业	3.02	2.62	0.58
采矿业	2.85	1.55	0.53
制造业	2.54	3.00	0.59
农、林、牧、渔业	2.39	30.98	0.56
建筑业	2.33	2.13	0.69
水利、环境和公共设施管理业	2.24	1.67	0.50
电力、热力、燃气及水生产和供应业	1.80	2.35	0.29
文化、体育和娱乐业	0.86	1.69	0.39
金融业	0.85	5.25	0.06

资料来源：Wind，中关村上市公司协会整理。

四 各行业偿债能力比较

从各行业的偿债能力来看，在资产负债率方面，创新层企业资产负债结构优于基础层公司和整体平均值，其资产负债率为42.60%，而中关村新三板企业整体为48.77%，基础层企业为50.26%。从行业分类来看，传统行业的资产负债率要高于高新技术行业，重资产行业的资产负债率要高于轻资产行业。相对来讲，传统行业和重资产行业具有规模优势，故而比较容易获得债权融资，但是其发展前景有限，因此较难获得股权融资；而高新技术行业和轻资产行业在发展初期时风险较大，但前景相对光明，因此较难获得债权融资，较容易获得股权融资（见表10）。

表10 2018年中关村新三板挂牌公司各行业资产负债率情况

单位：%

行业分类	资产负债率		
	基础层	创新层	整体
农、林、牧、渔业	80.03	——	80.03
租赁和商务服务业	67.63	34.59	66.35
建筑业	65.23	52.85	65.04
电力、热力、燃气及水生产和供应业	63.27	——	63.27
文化、体育和娱乐业	58.14	43.21	51.34
批发和零售业	57.52	38.07	56.24
水利、环境和公共设施管理业	52.94	47.29	52.49
房地产业	49.49	——	49.49
交通运输、仓储和邮政业	47.64	19.42	29.64
居民服务、修理和其他服务业	47.56	——	47.56
住宿和餐饮业	45.13	——	45.13
金融业	43.54	——	43.54
制造业	43.16	39.08	41.34
采矿业	41.10	——	41.10
卫生和社会工作	40.27	——	40.27
信息传输、软件和信息技术服务业	40.09	50.55	44.14
科学研究和技术服务业	39.50	32.26	38.40
教育	30.68	44.27	31.15
总体	50.26	42.60	48.77

注："——"表示该行业创新层无公司分布。

资料来源：Wind，中关村上市公司协会整理。

从整体来看，2019年"交通运输、仓储和邮政业"的流动比率和速动比率均达到最高，分别为2.72和2.52，其次是"教育"，流动比率和速动比率分别为2.46及2.35。流动比率和速动比率都较低的是"电力、热力、燃气及水生产和供应业""农、林、牧、渔业"等传统行业，这主要是因为传统行业的短期偿债能力要弱于高新技术行业。大部分行业速动比率在1左右，处于合理区间，但是对于采用大量现金销售的企业，如"批发和零售业"，几乎没有应收账款，速动比率低于1，也属合理现象（见表11）。

表 11　2019 年中关村新三板企业分行业流动比率和速动比率情况

行业分类	流动比率			速动比率		
	基础层	创新层	整体	基础层	创新层	整体
交通运输、仓储和邮政业	1.34	4.28	2.72	1.22	4.00	2.52
教育	2.47	2.23	2.46	2.35	2.23	2.35
科学研究和技术服务业	2.04	2.68	2.12	1.62	2.27	1.70
信息传输、软件和信息技术服务业	2.10	1.78	1.96	1.86	1.43	1.67
居民服务、修理和其他服务业	1.86	—	1.86	1.39	—	1.39
文化、体育和娱乐业	1.55	2.28	1.83	1.00	1.40	1.15
金融业	1.69	—	1.69	1.59	—	1.59
批发和零售业	1.64	2.58	1.68	0.85	1.80	0.89
住宿和餐饮业	1.62	—	1.62	1.61	—	1.61
采矿业	1.61	—	1.61	1.32	—	1.32
卫生和社会工作	1.59	—	1.59	1.43	—	1.43
制造业	1.77	1.29	1.58	1.31	0.89	1.15
房地产业	1.45	—	1.45	1.39	—	1.39
水利、环境和公共设施管理业	1.33	2.24	1.39	1.07	1.37	1.09
租赁和商务服务业	1.22	2.18	1.27	1.18	2.02	1.23
建筑业	1.23	1.83	1.24	0.83	1.27	0.84
电力、热力、燃气及水生产和供应业	0.80	—	0.80	0.55	—	0.55
农、林、牧、渔业	0.40	—	0.40	0.20	—	0.20
总体	1.65	1.74	1.67	1.37	1.33	1.36

注:"—"表示该行业创新层无公司分布。

资料来源:Wind,中关村上市公司协会整理。

五　各行业研发能力比较

从各行业的研发能力来看,在研发费用[①]方面,"信息传输、软件和信息技术服务业"总值位居第一,达到 45.90 亿元(占比为 54.32%),远远高于第二名"制造业"研发费用总值(24.78 亿元,占比 29.32%)及其他

[①]　在 1081 家中关村新三板企业中,共有 862 家企业披露研发费用。

行业研发费用；另外，该行业研发费用平均值达到 0.12 亿元，位居第二，仅次于金融行业研发费用平均值（0.31 亿元）[①]。在研发强度方面，"制造业"与"信息传输、软件和信息技术服务业"相当，分别为 6.31%、6.06%，低于采矿业研发强度（见表 12）。

表 12　中关村新三板基础层和创新层公司行业盈利情况

单位：亿元，%

行业分类	研发费用	研发费用平均值	研发费用占比	研发强度
信息传输、软件和信息技术服务业	45.90	0.12	54.32	6.06
制造业	24.78	0.11	29.32	6.31
科学研究和技术服务业	3.69	0.07	4.36	5.33
租赁和商务服务业	2.27	0.04	2.68	2.15
水利、环境和公共设施管理业	1.45	0.07	1.71	4.80
建筑业	1.38	0.10	1.65	3.54
金融业	1.23	0.31	1.47	2.95
文化、体育和娱乐业	1.21	0.04	1.43	4.68
批发和零售业	0.98	0.03	1.16	0.35
教育	0.64	0.04	0.76	3.81
交通运输、仓储和邮政业	0.35	0.09	0.41	2.55
电力、热力、燃气及水生产和供应业	0.21	0.05	0.25	4.46
房地产业	0.16	0.05	0.19	0.96
采矿业	0.12	0.02	0.14	9.28
居民服务、修理和其他服务业	0.11	0.03	0.13	5.35
卫生和社会工作	0.02	0.02	0.03	4.35
农、林、牧、渔业	—	—	—	—
住宿和餐饮业	—	—	—	—
总计	84.50	0.10	100.00	0.05

注："—"表示该行业未披露研发费用。

[①] 金融业共计有 4 家企业披露研发费用，分别为信中利（833858.OC）：0.72 亿元；宜信博诚（870032.OC）：0.23 亿元；九鼎集团（430719.OC）：0.23 亿元；联合货币（872088.OC）：0.05 亿元。因所披露研发费用企业数值相对较大，且披露研发费用企业数量较少，因此使得该行业平均研发费用较大。对于"信息传输、软件和信息技术服务业"来讲，若只考虑排名前 4 的企业，智明星通（872801.OC）：3.78 亿元；华清飞扬（872801.OC）：1.51 亿元；用友金融（839483.OC）：1.35 亿元；海鑫科金（430021.OC）：1.24 亿元，其平均研发费用达到 1.97 亿元，远远高于金融行业平均研发费用。

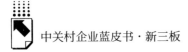

综合来看，"信息传输、软件和信息技术服务业"及"制造业"在研发能力方面表现突出，这与行业企业数量较多有一定关系，同时也表明这两个行业较为重视研发。

地 域 篇

Regional Report

B.7
2019年全国主要区域新三板企业
整体发展状况对比分析

中关村上市公司协会研究部

摘　要：　本文对中关村①、广东、江苏、浙江、上海五个新三板企业
　　　　　分布最为集中的区域进行对比分析，从各区域新三板企业的
　　　　　整体情况、盈利能力和创新能力等方面着手，立足于不同区
　　　　　域新三板企业的市值、资产、营业收入、利润等企业发展的
　　　　　核心指标，分析全国主要区域新三板企业的实际发展状况及
　　　　　其成长性。数据显示，受整体经济形势影响，2019 年五个地区
　　　　　的新三板企业发展状况均不太乐观，摘牌企业数量较多，但各
　　　　　主要区域2018～2019 年持续经营的新三板企业增长势头依然强
　　　　　劲，各项指标坚挺。中关村新三板企业的整体质量和成长态势

---

① 本文中的中关村新三板企业数量等同于北京市新三板企业数量。

仍然优于其他区域，创新能力较强，特别是新三板精选层改革推出后，中关村新三板企业积极备战，多项指标领跑全国。

关键词： 新三板市场　区域分析　企业创新能力

一　各区域整体情况对比分析

截至 2019 年底，全国新三板挂牌企业总数为 8953 家，较 2018 年底的 10691 家同比下降 16.26%，挂牌企业数量排名前五的区域依次为广东（1319 家）[①]、中关村（1190 家）、江苏（1072 家）、浙江（786 家）、上海（715 家），较 2018 年均有较大幅度下降（见表 1）。以上五个区域 2019 年新三板挂牌企业总数为 5082 家，占全国新三板企业总数的 56.76%。

表 1　全国主要区域新三板企业数量

单位：家，%

区域	2019 年末		2018 年末		2018~2019 年持续经营企业数量
	企业数量	占比	企业数量	占比	
广东	1319	14.73	1637	15.31	1136
中关村	1190	13.29	1440	13.47	1035
江苏	1072	11.97	1273	11.91	927
浙江	786	8.78	933	8.73	689
上海	715	7.99	903	8.45	649

资料来源：Wind，中关村上市公司协会整理。

截至 2020 年 6 月 30 日，广东、中关村、江苏、浙江、上海已公布年报的新三板企业家数分别为 1200 家、1081 家、984 家、730 家、669 家。本文

[①] 由于深圳市各项指标在广东省均占有较大比例，下文对深圳市新三板企业的核心指标进行特别批注。2019 年深圳市新三板挂牌企业数量为 490 家（占广东省的 37.15%），截至 2020 年 6 月 30 日，深圳市共有 439 家企业公布了年报。

因涉及新三板企业 2019 年财务数据的相关分析，因此下文对于各地域关键指标的分析均以 2020 年 6 月 30 日前公布年报的企业作为研究对象。

（一）市值状况

2019 年中关村新三板企业总市值为 3400.05 亿元，广东①、江苏、浙江、上海区域新三板企业总市值分别为 3163.88 亿元、2170.23 亿元、1845.49 亿元、2168.84 亿元。整体来看，以上所有区域新三板企业近两年总市值均呈现下降态势，但中关村新三板企业总市值依然领先于其他地区（见图 1）。

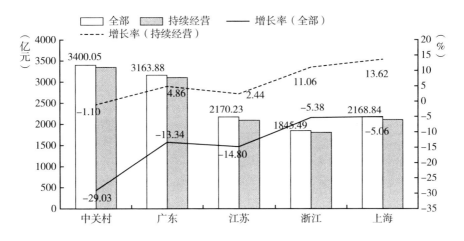

图 1　2019 年底各区域新三板企业市值状况

资料来源：Wind，中关村上市公司协会整理。

从 2018～2019 年连续经营两年的新三板企业市值来看，中关村和江苏地区连续经营企业总市值基本与上年持平；广东地区持续经营企业的总市值增幅约为 5%；浙江和上海持续经营企业总市值增幅较大，均在 10% 以上。

从头部企业市值来看，2019 年底，共有 3 家中关村新三板企业市值超

———————

① 2019 年底，深圳地区新三板企业总市值为 1232.49 亿元，占广东省新三板企业总市值的 38.96%。

过 100 亿元①，其中九鼎集团市值最高，为 115.50 亿元；广东区域也有 3 家
企业市值超过 100 亿元；浙江和上海地区各有 1 家；江苏区域所有新三板企
业市值均在 100 亿元以下。

（二）资产状况

2019 年中关村新三板企业总资产为 3682.25 亿元，位列第一；其次是
江苏地区的新三板企业，总资产为 3143.29 亿元；广东②、浙江、上海地区
总资产分别为 2855.42 亿元、2180.42 亿元、1822.20 亿元。2019 年，除浙
江地区新三板企业总资产略有增长（0.95%）外，其他区域总资产均有不
同程度的下降，但广东、江苏和上海三个区域新三板企业总资产降幅相对较
低（见图 2）。

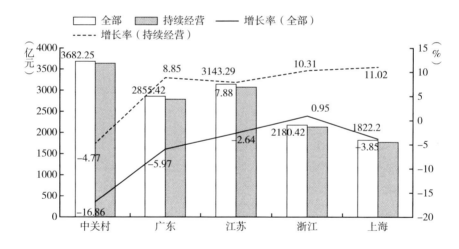

图 2　2019 年各区域新三板企业总资产状况

资料来源：Wind，中关村上市公司协会整理。

从 2018～2019 年连续两年持续经营的新三板企业来看，除中关村持续
经营企业总资产略有下降（4.77%）外，其他区域持续经营企业总资产均

---

①　2019 年底，中关村新三板企业市值超过 100 亿元的企业有九鼎集团、国都证券、随锐科技。
②　2019 年，深圳市新三板企业总资产为 1271.41 亿元，占广东省新三板企业总资产的 44.53%。

有不同程度的增加，其中浙江和上海地区持续经营企业的总资产增幅达10%以上。

（三）融资状况

1. 股票发行

根据全国中小企业股份转让系统披露的数据，2019年全国新三板挂牌公司股票发行融资总额为264.63亿元，较2018年（604.43亿元）下降56.22%，下降幅度明显。跟全国趋势一致，五个主要地区2019年新三板挂牌公司股票发行融资状况均不太乐观。其中，中关村股票发行79次，融资金额40.99亿元（同比降低50.62%）；广东地区股票发行91次，融资36.87亿元（同比降低51.72%）；江苏、浙江、上海地区2019年股票发行融资额分别为53.68亿元、13.22亿元、13.66亿元（见表2）。

表2　2019年主要区域股票发行情况

区域	2019年		2018年		增长率（%）	
	金额（亿元）	次数（次）	金额（亿元）	次数（次）	金额	次数
中关村	40.99	79	83.01	186	-50.62	-57.53
广东	36.87	91	76.36	253	-51.72	-64.03
江苏	53.68	92	76.24	171	-29.59	-46.20
浙江	13.22	47	38.28	105	-65.46	-55.24
上海	13.66	53	47.06	110	-70.97	-51.82

资料来源：全国股转系统，中关村上市公司协会整理。

从股票发行方式来看，中关村新三板企业2019年共进行了67次股票定向发行，增发数量为7.00亿股，融资金额为37.40亿元，融资额同比降低20.66%。广东区域新三板企业2019年共进行85次定向增发，发行数量为3.96亿股，融资19.07亿元。江苏新三板企业进行了83次增发，发行数量28.51亿股，融资58.98亿元，增发数量和融资额均领先于其他区域。浙江、上海区域分别进行了42次、46次定向发行，融资金额分别为13.94亿元、13.12亿元（见表3）。

表3 2019年主要区域新三板企业定向发行情况对比

区域	增发次数		增发数量		融资金额	
	次数（次）	增长率（%）	数量（亿股）	增长率（%）	金额（亿元）	增长率（%）
中关村	67	-53.47	7.00	-16.32	37.4	-20.66
广东	85	-55.73	3.96	-65.19	19.07	-63.41
江苏	83	-44.30	28.51	97.84	58.98	-12.59
浙江	42	-53.33	3.15	-53.00	13.94	-55.82
上海	46	-45.24	2.31	-66.29	13.12	-58.89

资料来源：Wind，中关村上市公司协会整理。

2. 债券发行

2019年全国新三板共有6家企业发行了9次债券，融资总额为55.10亿元。其中中关村共有中国康富、中投保、泛华体育3家企业发行了6次债券①，实际发行债券规模合计53.4亿元，平均票面利率5.91%；浙江共有2家企业发行债券，发行规模为1.5亿元，平均票面利率6.90%；广东省仅1家企业（飞企互联）发行了债券，发行规模0.2亿元，票面利率为6.50%。2019年中关村进行债券融资的新三板企业数量和实际融资额分别占全国的66.67%和96.91%，比例远高于其他区域。在整体新三板市场债券融资不活跃的情况下，中关村新三板企业的债券融资表现优于其他区域。

（四）纳税状况

1. 企业所得税

2019年中关村新三板企业所得税纳税额合计为20.00亿元，基本与广东②、江苏、浙江持平，上海地区所得税纳税总额相对较少，为9.10亿元。同时，相比于2018年，中关村和上海地区新三板企业平均缴纳的所得税税

---

① 中关村新三板企业中国康复2019年共发行4次债券，总发行规模28亿元。

② 2019年，深圳市新三板企业所得税纳税额为9.28亿元，占广东新三板企业总纳税额的44.85%。

表4 2019年全国债券发行情况

序号	证券简称	债券简称	省份	票面利率（%）	发行规模（亿元）	发行期限（年）	起息日	企业属性	募集资金用途
1	中国康富	19康富D1	北京	6.00	5.00	1	2019年11月18日	公众企业	拟将100%的募集资金用于偿还公司债务
2	中国康富	19康富04	北京	6.30	5.00	3	2019年10月24日	公众企业	拟将100%的募集资金用于偿还公司债务
3	中国康富	19康富02	北京	6.30	8.00	3	2019年4月30日	公众企业	拟将用于偿还公司债务及补充流动资金
4	中投保	19中保01	北京	3.87	25.00	5	2019年4月2日	中央国有企业	扣除发行费用后用于偿还公司债务为20亿元及补充公司日常生产经营所需营运资金
5	泛华体育	19泛华01	北京	6.50	0.40	3	2019年3月25日	民营企业	拟全部用于补充流动资金，充分支持"一带一路"沿线国家体育产业发展，重点为发行人中标的2022年卡塔尔世界杯体育场项目
6	中国康富	19康富01	北京	6.50	10.00	3	2019年3月20日	公众企业	拟将8.80亿元募集资金用于偿还公司债务，剩余募集资金用于补充流动资金
7	飞企互联	PR飞企债	广东	6.50	0.20	3	2019年4月16日	民营企业	扣除发行相关费用后，拟全部用于补充流动资金
8	东方股份	19衢州01	浙江	6.30	1.00	3	2019年6月28日	地方国有企业	扣除发行相关费用后，拟全部用于龙游县城东商业综合体项目建设相关支出
9	浙商创投	19浙投01	浙江	7.50	0.50	5	2019年4月10日	民营企业	专项投资于种子期、初创期、成长期的创新创业公司的股权，尤其是聚焦高新技术产业和战略性新兴产业，聚焦加强在新一代信息技术、大数据、云计算、人工智能、节能环保、新能源、高端装备、生物医药和新材料等领域的投资布局

资料来源：Wind，中关村上市公司协会整理。

额也明显降低，分别为 185.01 万元、136.02 万元（2018 年为 219.93 万元和 189.01 万元）。从增长率角度来看，所得税纳税额降幅最大的是上海和中关村区域，降幅分别为 36.98%、25.71%；江苏新三板企业所得税纳税额降幅也在 10% 以上，广东和浙江新三板企业纳税额基本与上年持平（见图 3）。

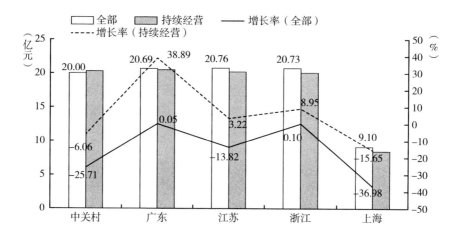

图 3 2019 年各主要区域新三板企业所得税状况

资料来源：Wind，中关村上市公司协会整理。

从 2018～2019 年持续经营的新三板企业缴纳的所得税税额来看，中关村和上海地区持续经营企业的所得税减税力度最大，其中，中关村持续经营企业在 2019 年利润总额增长 21.96% 的同时缴纳的所得税降低了 6.06%；上海持续经营企业 2019 年利润总额增长 10.94%，缴纳所得税降幅达 15.65%。广东、江苏、浙江地区持续经营新三板企业缴纳的所得税税额均有一定程度的上涨，特别是广东地区增幅甚至达到 38.89%（持续经营企业利润总额同比增幅为 29.97%）。从所得税占利润总额的比例来看，江苏地区持续经营企业缴纳所得税占比近两年均为最低，在 18% 左右；中关村和上海地区持续经营企业所得税占比分别为 23.18% 和 22.60%，相较于 2018 年均有较大幅度下降（见表 5）。

表5 主要区域持续经营新三板企业 2019 年所得税情况

区域	利润总额		企业所得税		所得税占利润总额比例（%）	
	金额（亿元）	增长率（%）	金额（亿元）	增长率（%）	2018 年	2019 年
中关村	87.53	21.96	20.29	−6.06	30.10	23.18
广东	87.12	29.97	20.50	38.89	22.02	23.53
江苏	110.26	−4.11	20.20	3.22	17.02	18.32
浙江	106.95	14.24	20.08	8.95	19.69	18.78
上海	37.43	10.94	8.46	−15.65	29.73	22.60

2. 实际税费负担①

中关村新三板企业 2019 年实际税费负担为 71.37 亿元，相较于 2018 年的 94.19 亿元降低 24.23%，降幅最大。广东、江苏、浙江、上海区域实际税费负担分别为 57.11 亿元、61.40 亿元、44.47 亿元、40.94 亿元，同比降幅均在 10% 以上且降幅较 2018 年进一步增大（见图4）。从企业平均实际税费负担来看，2019 年除上海地区与上年基本持平外，其余各主要区域平均实际税费负担均有较为明显的下降。其中，中关村新三板企业平均实际税

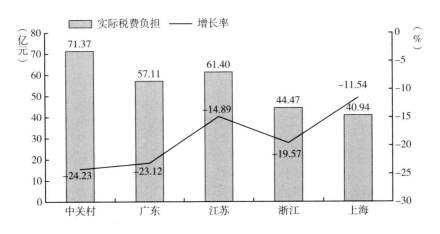

图4 2019 年各主要区域新三板企业实际税费负担

资料来源：Wind，中关村上市公司协会整理。

---

① 实际税费负担 = 当期支付的各项税费 − 当期收到的税费返还 + 当期应交税费 − 上期应交税费。

费负担由 769.53 万元降为 660.22 万元，降幅最大，达 14.20%；广东和浙江的降幅也在 10% 以上。

从实际税费负担占营业收入比重来看，主要区域新三板企业的占比均呈下降趋势，但中关村新三板企业实际税费负担占营业收入比重仍然最高。中关村、广东、江苏、浙江、上海区域 2019 年实际税费负担占营业收入的比重分别为 3.45%、2.73%、3.38%、2.03% 和 1.54%（见表 6）。

表 6　2019 年主要区域新三板企业实际税费负担占营业收入比重

区域	营业收入		实际税费负担占营业收入比重（%）		
	金额（亿元）	增长率（%）	2018 年	2019 年	增长率
中关村	2066.826	−13.64	3.94	3.45	−12.44
广东	2094.011	−12.85	3.09	2.73	−11.65
江苏	1816.375	−9.20	3.61	3.38	−6.37
浙江	2193.304	3.52	2.61	2.03	−22.22
上海	2652.538	3.77	1.81	1.54	−14.92

资料来源：Wind，中关村上市公司协会整理。

（五）员工构成

1. 员工总数

2019 年中关村新三板企业员工人数为 17.10 万人，仅高于上海的 13.44 万人。广东①、江苏、浙江区域新三板企业 2019 年员工总数依次为 29.55 万人、21.01 万人、17.95 万人。从增长率角度来看，中关村新三板企业 2019 年员工减少 5.98 万人，降幅达 25.91%；江苏、浙江、上海延续了 2018 年的员工减少趋势，降幅保持在 10%～20%；广东区域新三板企业 2019 年员工总数虽仍呈下降趋势但降幅趋缓，由 2018 年的 30.98% 调整为 2019 年的 17.32%（见图 5）。

从 2018～2019 年连续两年持续经营的新三板企业员工人数来看，中

① 深圳市新三板企业 2019 年员工总数为 11.6 万人，占广东新三板企业员工总数的 39.26%。

关村、广东和江苏地区持续经营新三板企业员工人数基本与上年持平，上海地区持续经营企业员工数略有下降（3.29%），浙江持续经营新三板企业员工人数甚至出现小幅增长（1.46%）。由此可见，以上五个区域所有新三板企业员工总数的下降主要是由于企业数量的减少而非存量企业裁员。

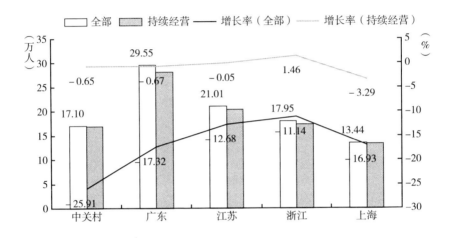

图5　2019年各主要区域新三板企业员工总数

资料来源：Wind，中关村上市公司协会整理。

2. 本硕博员工

2019年中关村新三板企业的本硕博人数8万人（本科69722人、硕士9662人、博士614人），位列第一，本硕博员工占比46.78%，平均本硕博人数为74人。本硕博人数居于第二位的是广东，总人数为6.94万人（本科63677人、硕士5348人、博士375人），本硕博员工占比23.49%，平均本硕博人数为58人；江苏、浙江、上海区域本硕博总人数分别为4.63万人、3.36万人、5.10万人（见图6）。数据显示，中关村新三板企业员工学历整体优于其他区域，不论是本科、硕士、博士单项人数还是本硕博总人数都显著高于其他区域，中关村新三板企业更能吸引到高学历、高素质人才，企业员工素质更高、竞争力更强。

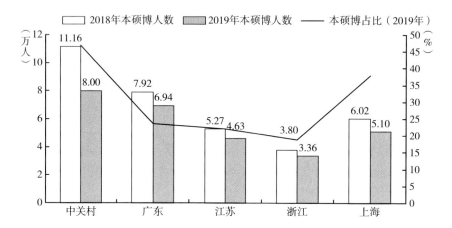

图6 2019年主要区域新三板企业本硕博人数及占比

资料来源：Wind，中关村上市公司协会整理。

（六）小结

通过对全国各主要区域市值、资产、融资、纳税及员工构成的分析，可以看出 2019 年在整体宏观经济持续下行的背景下，全国新三板摘牌企业数量增加，各主要区域以上各项指标也呈一定的下降趋势，但指标的下降主要是由于企业数量减少而非持续经营企业业绩下滑。

（1）中关村新三板企业总市值和总资产在承受巨大下行压力的同时依然领跑全国。2019 年，尽管全国各主要区域总市值和总资产均表现出下降趋势，中关村新三板企业下降幅度高于其他几个区域，但其绝对值依然领先。这也表现了中关村新三板企业的基础较好和投资者对中关村新三板企业的信心。

（2）2019 年全国及以上五个地区新三板挂牌公司股票发行融资总额较 2018 年下降幅度明显，新三板企业融资能力减弱，但中关村新三板企业整体融资能力依然处于优势，特别是债券发行方面处于绝对优势。

（3）2019 年各主要区域平均实际税费负担及实际税费占营业收入的比重整体有较为明显的下降但下降幅度不一。中关村 2018～2019 年连续经营两年的新三板企业减税降费力度较大，不论是缴纳的企业所得税税额还是所得税占利润总额的比例均有明显降低，但所得税占利润总额的比例仍然处于较高水平（约高于占比最低的江苏5个百分点），中关村新三板企业减税降费力度有待进一步加强。

（4）2019年各主要区域员工总数、平均员工数及平均本硕博员工数均有不同程度的下降，中关村新三板企业本硕博员工总数及占比、平均本硕博员工数高于其他区域，员工质量相对较高。

（5）2019年，全国各主要区域市值、资产和员工人数的下降主要是由于企业数量减少。各主要区域2018～2019年持续经营的新三板企业以上各项指标表现均较为良好，增长势头依然强劲，各项指标坚挺，基本与2018年持平或者有所增长。

二　各区域新三板企业盈利能力分析

（一）营业收入状况

2019年中关村新三板企业总营业收入为2066.83亿元，高于江苏地区的1816.38亿元，但低于上海、浙江、广东新三板企业的总营业收入。从增长角度看，除浙江和上海区域总营业收入呈正向增长外，其他区域2019年总营业收入均有不同程度的下降。从平均营业收入来看，上海地区新三板企业2019年平均营业收入领先于其他地区，达3.96亿元；广东地区平均营业收入最低，为1.75亿元；中关村新三板企业的平均营业收入处于中间位置，为1.91亿元。

从2018～2019年连续两年持续经营的新三板企业总营业收入来看，以上五个区域持续经营的新三板企业2019年总营业收入均有所增长，其中中关村和广东地区持续经营的新三板企业总营业收入增幅相近，均在6%左右；江苏和浙江持续经营新三板企业营业收入增幅在9%左右；上海地区持续经营的新三板企业营业收入增幅最大，达到18.07%（见图7）。

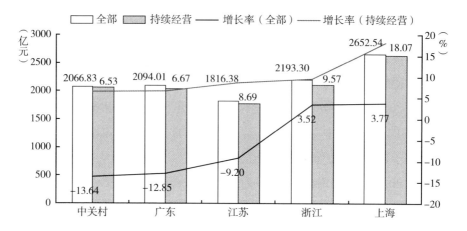

图7 2019年各主要区域新三板全部及持续经营企业总营业收入状况

资料来源：Wind，中关村上市公司协会整理。

（二）利润状况

1. 毛利润

2019年中关村区域毛利润总额为466.31亿元，同比降幅为18.80%。广东[①]、江苏、浙江、上海区域毛利润分别为505.72亿元、403.12亿元、351.75亿元、282.55亿元。与中关村新三板企业类似，其他主要区域2019年毛利润均呈下降趋势，降幅最小的是浙江地区，降幅为2.32%；广东、江苏、上海区域增长率分别为 - 11.77%、 - 8.50%、 - 12.25%（见图8）。数据显示，中关村新三板企业2019年毛利润略低于广东地区，高于其他区域。

中关村新三板企业2019年平均毛利润和毛利率分别为0.43亿元、22.56%，相比其他区域处于优势地位，体现了较强的盈利能力。整体来看，2019年全国主要区域新三板企业平均毛利润差别较少，均在0.4亿~0.5亿元；但上海和浙江地区新三板企业毛利率明显低于其他区域（见表7）。

---

① 2019年深圳新三板企业毛利润为225.58亿元，占广东省新三板企业总毛利润的44.61%。

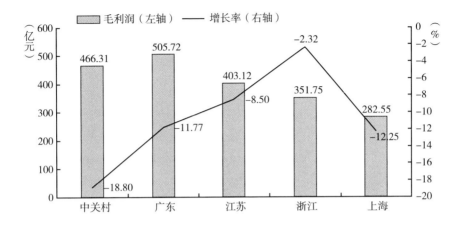

图8 2019年各主要区域新三板企业毛利润状况

资料来源：Wind，中关村上市公司协会整理。

表7 2019年主要区域新三板企业盈利能力对比

区域	总营业收入（亿元）	平均营业收入（亿元）	人均营业收入（万元/人）	毛利润（亿元）	平均毛利润（亿元）	毛利率（%）	净利润（亿元）	人均净利润（万元/人）
中关村	2066.83	1.91	120.88	466.31	0.43	22.56	81.37	4.76
广东	2094.01	1.75	50.89	505.72	0.42	24.15	62.79	2.12
江苏	1816.38	1.85	86.47	403.12	0.41	22.19	91.28	4.35
浙江	2193.30	3.00	122.18	351.75	0.48	16.04	89.98	5.01
上海	2652.54	3.96	197.41	282.55	0.42	10.65	30.17	2.25

资料来源：Wind，中关村上市公司协会整理。

2. 净利润

2019年中关村新三板企业净利润总额为81.37亿元，低于江苏新三板企业的91.28亿元和浙江新三板企业的89.98亿元，广东①、上海区域的净利润分别为62.79亿元、30.17亿元。除浙江地区新三板企业净利润总额有小幅上涨（6.64%）外，其他区域新三板企业2019年净利润均有较大幅度下降，

① 深圳地区新三板企业2019年净利润为36.58亿元，占广东省的58.26%。

其中上海新三板企业降幅最大，达 31.88%，广东和江苏地区新三板企业净利润降幅也在 20% 以上，中关村新三板企业降幅相对较小，为 11.82%。从平均净利润和人均净利润来看，中关村新三板企业在以上五个主要区域中均占有一定优势，平均净利润为 752.73 万元，高于广东和上海地区的新三板企业；人均净利润为 4.76 万元/人，仅次于浙江地区的 5.01 万元/人。

从 2018~2019 年连续两年持续经营的新三板企业净利润来看，中关村、广东地区持续经营新三板企业净利润均高于全部企业净利润，其中中关村持续经营企业净利润达 87.53 亿元，增幅为 21.95%；广东持续经营企业净利润为 66.62 亿元，增幅最高为 27.44%。浙江和上海地区持续经营的新三板企业净利润增幅也均在 15% 以上，仅江苏持续经营新三板企业净利润有小幅下降，降幅为 5.61%（见图 9）。

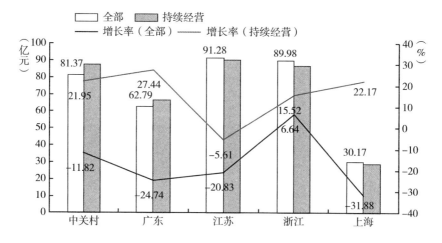

图 9　2019 年各主要区域新三板企业净利润状况

资料来源：Wind，中关村上市公司协会整理。

（三）小结

从企业盈利角度来看，上海和浙江地区的新三板企业具有更强的盈利能力，其中，浙江地区实现了营业收入和净利润双增长，上海地区营业收入保持了增长趋势。从 2018~2019 年持续经营的新三板企业来看，中关村、广东、浙江和上海地区均实现了营业收入和净利润双增长，中关村全部新三板企业营业收入和净利润的下降主要是由于企业数量减少或增量企业亏损，中关村新三板企业盈利能力虽占有优势但有待进一步提升。

三 各区域创新情况比较分析

（一）各区域精选层备战情况分析

截至 2020 年 7 月 1 日，从全国精选层辅导备案企业数量来看，全国已申报辅导备案企业（辅导期＋已验收）共 171 家，其中中关村企业 25 家（排名第一），占比 14.62%；广东 20 家，江苏、浙江、上海地区辅导备案企业均在 10 ~ 20 家。从辅导进度来看，全国共有 96 家企业处于辅导期，已完成辅导验收企业 75 家，其中中关村企业 12 家（排名第一），广东和江苏地区各 6 家，浙江和上海均为 5 家。从精选层申报及受理情况来看，全国中小企业股份转让系统已受理 68 家企业申报，中关村企业 11 家（排名第一），领先于其他区域；从精选层挂牌审核情况来看，截至 2020 年 7 月 1日，全国申报精选层挂牌审议通过企业 32 家，中关村企业 6 家，位列第一。从证监会核准数量来看，截至 2020 年 7 月 1 日，中关村和江苏地区并列第一，均为 4 家（见表 8）。

表 8　各主要区域精选层备战情况一览

单位：家

区域	辅导备案数量	辅导验收数量	已受理数量	审议通过数量	证监会核准通过数量
中关村	25	12	11	6	4
广东	20	6	4	2	2
江苏	19	6	6	5	4
浙江	14	5	5	2	2
上海	13	5	5	2	1
全国	171	75	68	32	24

资料来源：市金融监管局，中关村上市公司协会整理。

（二）各区域创新层企业核心指标分析

2019 年全国共有创新层企业 637 家①。其中，中关村 90 家，占全国创新层企业数量的 14.13%；广东② 88 家，占比为 13.81%；江苏、浙江、上海区域创新层企业分别为 63 家、51 家、56 家（见图 10）。

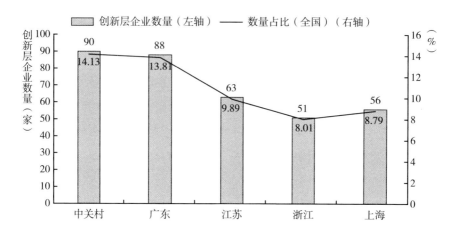

图 10　2019 年各主要区域创新层企业数量及占比情况

资料来源：Wind，中关村上市公司协会整理。

从创新层企业占本区域所有新三板企业的比例角度来看，中关村新三板创新层企业占比为 8.33%，略低于上海地区的 8.37%；广东、江苏、浙江地区新三板创新层企业占比分别为 7.33%、6.40%、6.99%（见表 9）。数据显示，中关村的创新层企业数量、占全国创新层企业百分比均高于其他区域，新三板企业质量较高（见表 9）。

1. 市值

2019 年中关村创新层企业市值远高于其他区域，为 730.17 亿元，其次为广东区域的 664.65 亿元；江苏、浙江、上海地区新三板创新层企业市值

①　截止到 2020 年 6 月 30 日，已经披露年报的创新层企业数量。
②　深圳地区创新层企业有 35 家，占广东省创新层企业的 39.77%、全国创新层企业的 5.49%。

表9　2019年各主要区域创新层企业对比分析

区域	创新层企业数量(家)	数量占比(全国创新层,%)	数量占比(本区域,%)	总市值(亿元)	总资产(亿元)	总营业收入(亿元)	净利润(亿元)
中关村	90	14.13	8.33	730.17	717.00	477.72	19.29
广东	88	13.81	7.33	664.65	624.35	458.30	29.53
江苏	63	9.89	6.40	392.35	410.66	212.39	15.97
浙江	51	8.01	6.99	504.97	677.71	488.50	19.98
上海	56	8.79	8.37	445.17	411.07	1440.19	20.88

资料来源：Wind，中关村上市公司协会整理。

分别为392.35亿元、504.97亿元和445.17亿元（见图11）。同时，占比不到1/10的中关村新三板创新层企业贡献了超1/5的市值，浙江地区创新层企业市值占比更是达到30.88%。创新层企业数量及总市值的绝对优势，也反映了中关村新三板企业质量相较于其他区域存在优势（见图11）。

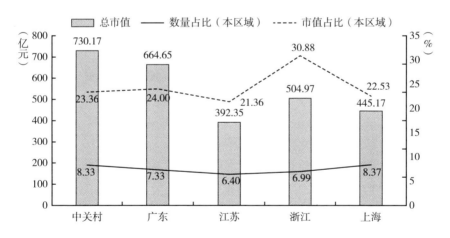

图11　2019年各主要区域创新层市值及占比情况

资料来源：Wind，中关村上市公司协会整理。

2. 资产和营业收入

2019年中关村创新层企业总资产为717.00亿元，领先于其他地区，平均总资产为7.97亿元，低于浙江区域，高于其他区域。广东、江苏、浙江、上海区域 2019 年创新层企业总资产依次为 624.35 亿元、410.66 亿元、677.71 亿元、411.07 亿元。从营业收入角度来看，中关村创新层企业总营业收入为 477.72 亿元，低于上海新三板创新层企业的 1440.19 亿元和浙江新三板创新层企业的 488.50 亿元；中关村创新层企业平均营业收入为 5.31 亿元，低于上海地区的 25.72 亿元和浙江地区的 9.58 亿元，中关村的创新层企业体量相对较小（见图 12）。

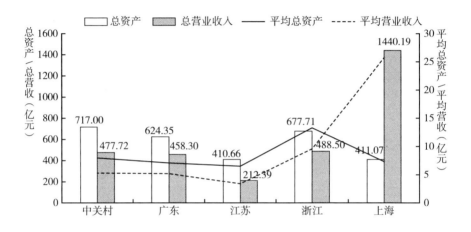

图 12　2019 年各区域创新层企业资产和营业收入情况

资料来源：Wind，中关村上市公司协会整理。

3. 净利润

2019 年，中关村新三板创新层企业净利润为 19.29 亿元，其贡献的净利润占本区域总利润的 23.71%，表现了较强的盈利能力。广东、江苏、浙江、上海地区新三板创新层企业 2019 年净利润总额分别为 29.53 亿元、15.97 亿元、19.98 亿元、20.88 亿元。其中，上海地区创新层企业盈利能力显著高于基础层企业，以占比约 8% 的企业数量撬动了近 70% 的净利润。从盈利面来看，2019 年，中关村创新层企业有 60 家实现盈利，盈利面为66.67%，相对其他区域，这一比例相对较低，实现盈利的 60 家创新层企业净利润总额为 30.42 亿元，平均净利润为 0.51 亿元。江苏和上海地区新三板创新层企业 2019 年的盈利面较高，分别为 87.30%、87.50%。中关村新三板创新层企业净利润占有一定优势，但其质量参差不齐，亏损企业比例较大，部分企业亏损较为严重①（见表10）。

表10　2019年各区域创新层企业盈利情况对比

区域	净利润（亿元）	盈利企业数量（家）	盈利企业数量占比（%）	盈利企业净利润（亿元）	亏损金额（亿元）	平均亏损（亿元）
中关村	19.29	60	66.67	30.42	11.13	0.37
广东	29.53	70	79.55	34.4	4.87	0.27
江苏	15.97	55	87.30	19.29	3.32	0.42
浙江	19.98	39	76.47	25.92	5.94	0.50
上海	20.88	49	87.50	22.69	1.81	0.26

资料来源：Wind，中关村上市公司协会整理。

（三）各区域创新能力情况分析

1. 创新资源

2019年中关村新三板企业共有硕博员工10276人，占所有员工比例为6.01%，较2018年的5.94%略有增加；其次是广东区域，硕博人数及占比分别为5723人、1.94%；江苏、浙江、上海区域新三板企业硕博人数分别为4822人、3102人、5632人，其占比依次为2.30%、1.73%、4.19%（见图13）。中关村新三板企业的硕博人数及占比都远高于其他区域，更能吸引高素质人才，具有较高的创新潜力。

2. 创新驱动

2019年中关村新三板企业研发费用②总计84.50亿元，平均研发费用为781.67万元，平均研发强度4.70%；广东新三板企业总研发费用为93.24

---

① 2019年中关村创新层企业有3家亏损1亿元以上，广东、江苏、浙江各有1家亏损金额为1亿元以上，上海仅有7家创新层企业亏损且亏损金额均在1亿元以下。

② 由于部分企业未披露研发费用，本部分以年报中披露研发费用的新三板企业为分析对象，2019年中关村、广东、江苏、浙江、上海地区披露研发费用的新三板企业分别为862家、1042家、854家、606家、540家。

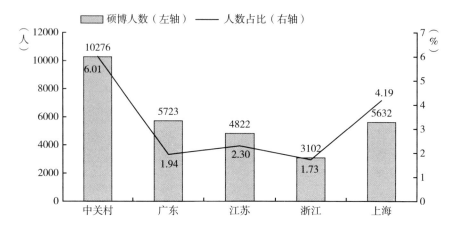

图13　2019年各主要区域硕博人数及占比分析

资料来源：Wind，中关村上市公司协会整理。

亿元，领先于其他主要区域，平均研发费用776.97万元，研发强度为5.73%；江苏、浙江、上海区域总研发费用分别为70.22亿元、54.67亿元、64.92亿元（见图14），平均研发费用为713.62万元、748.94万元、970.40万元。中关村区域总研发费用略低于广东，但高于其他区域；平均研发费用和研发强度均处于中间水平。

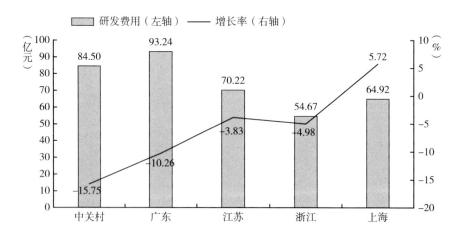

图14　2019年各主要区域研发费用情况

资料来源：Wind，中关村上市公司协会整理。

（四）小结

从各主要区域的创新能力来看，中关村新三板企业创新能力优于其他区域。不管是精选层、创新层企业数量，还是本硕博员工及研发等创新资源和创新驱动上均表现出了较好的竞争地位。

（1）截至2020年7月1日，中关村新三板企业已申报精选层辅导备案数量、辅导验收、受理及获挂牌审议通过、获证监会核准数量均优于其他地区，主要从事高品质及技术先进的农药中间体、原药及制剂的研发、生产、销售和技术服务的中关村企业（颖泰生物）更是成为全国精选层第一股。

（2）中关村新三板创新层企业数量及其总市值、总资产均高于其他地区，但由于各地企业特色差异，上海地区新三板创新层企业在总营业收入上遥遥领先于其他地区，接近中关村创新层企业的3倍，企业体量较大；广东新三板创新层企业在净利润上表现优于其他地区。

（3）中关村新三板企业在创新资源（本硕博员工及占比）、创新驱动（研发投入）等方面整体领先于其他区域，但仍有一些方面不具有竞争优势，如整体研发费用略低于广东等，创新能力可进一步提升。

专题篇

Special Reports

B.8
中关村园区新三板企业
精选层潜力分析

中关村上市公司协会研究部

摘　要：　2019 年对新三板市场而言是不平凡的一年。自 2019 年 10 月
　　　　　25 日中国证监会宣布启动全面深化新三板改革以来，关于新
　　　　　三板改革的相关制度和规则不断快速落地，新三板全面深化
　　　　　改革进入新阶段，新三板挂牌企业迎来历史发展新机遇。本
　　　　　文根据新三板精选层财务指标，重点分析了中关村园区新三
　　　　　板企业符合精选层标准的潜力企业情况。

关键词：　中关村企业　新三板市场　精选层企业

一　中关村新三板企业精选层潜力分析

（一）精选层推出背景及意义

新三板是我国多层次资本市场中服务中小企业，为中小企业提供融资、交易、定价的重要平台，与沪深交易所及地方省区市域股权市场错位发展，共同构成多元、互补的多层次资本市场体系。全面深化改革为新三板市场带来了历史性的机遇，有利于促进各层次市场的有机紧密联系和健康有序发展，新三板的市场功能得到进一步提升，新三板服务创新创业型中小企业的定位更加精确，对企业而言，在资本市场的成长路径更加清晰，未来预期更加明晰。

新三板改革主要围绕分层管理办法、投资者适当性管理办法、股票公开发行规则、股票定向发行规则、股票交易规则、转板上市规则、信息披露规则、监督管理办法、挂牌公司治理规则等方面层层展开，其中最让市场关注的是改革在企业分层管理中增设了精选层，形成更加完备的"基础层—创新层—精选层"市场结构，以及建立了精选层的转板机制，构建了多层次资本市场上下贯通的有机联系。

（二）中关村新三板挂牌企业备战精选层情况分析

新三板市场起源于中关村园区，随着多年来新三板市场的发展与壮大，中关村园区中的新三板挂牌企业数量占所有同类产业园区新三板挂牌企业数量的比例最高。截至 2019 年 12 月 31 日，中关村新三板挂牌企业共 1190 家，占全国 8953 家新三板挂牌企业的 13.29%，中关村园区已经成为新三板市场不可或缺的重要组成部分。中关村新三板挂牌企业行业类型多元，按照行业[①]分

---

① 本文中行业分类均按照全国中小企业股份转让系统公布的《挂牌公司管理型分类结果》进行划分，后文内容同。

类，覆盖了信息传输、软件和信息技术服务业，科学研究和技术服务业，制造业，租赁和商务服务业，文化、体育和娱乐业以及教育等行业，园区内新三板挂牌企业的创新能力高于全国平均水平，是全国新三板挂牌企业创新发展的一面鲜明的旗帜。

为支持新三板改革，自 2019 年 10 月 25 日我国新三板改革拉开序幕，中关村上市公司协会新三板分会（以下简称"分会"）便积极展开工作。改革初期，分会组织新三板改革研讨会，重点企业沟通，走访了解企业对于新三板改革的态度、意见和建议并上报中关村管委会、全国股转公司等单位；改革中期，分会依据四套财务指标梳理中关村精选层潜力企业名单，组织开展研讨会，提振企业申报精选层信心，通过线上沟通、线下走访持续掌握重点企业精选层工作进展；改革后期，同中关村管委会、各区金融办、全国股转公司一起，重点走访中关村精选层辅导备案、验收企业，了解企业在申报精选层过程中遇到的问题，并帮助其协调解决（见附录六）。

经过北京证监局、北京市地方金融监督管理局、中关村科技园区管理委员会、各区金融服务办公室、全国中小企业股份转让公司以及中关村上市公司协会的共同努力，中关村园区的新三板挂牌企业在精选层改革的东风中拔得头筹。截至 2020 年 6 月 30 日，从全国精选层辅导备案企业数量来看，全国已申报辅导备案企业共 169 家，其中中关村企业 25 家（排名第一），占比 14.79%；从辅导进度来看，全国共有 94 家企业处于辅导期，已完成辅导验收企业 75 家，其中中关村企业 12 家（排名第一）；从精选层申报及受理情况来看，全国中小企业股份转让系统已受理 63 家企业申报，中关村企业 10 家（排名第一）；从精选层挂牌审核情况来看，截至 2020 年 7 月 1 日，全国申报精选层挂牌审议通过企业 32 家，中关村企业 6 家（排名第一）。已申报精选层辅导备案的 25 家中关村新三板挂牌企业具体情况见表1。

表 1　中关村新三板挂牌企业精选层申报情况

序号	股票代码	企业简称	挂牌日期	行业分类	主办券商	筹备进度	挂牌委审议结果
1	833819. OC	颖泰生物	2015 年 10 月 20 日	制造业	西南证券	申报已受理	通过
2	832317. OC	观典防务	2015 年 4 月 15 日	科学研究和技术服务业	中信证券	申报已受理	通过
3	835184. OC	国源科技	2015 年 12 月 24 日	信息传输、软件和信息技术服务业	国元证券	申报已受理	通过
4	830815. OC	蓝山科技	2014 年 6 月 20 日	制造业	华龙证券	申报已受理	—
5	834021. OC	流金岁月	2015 年 10 月 30 日	信息传输、软件和信息技术服务业	天风证券	申报已受理	通过
6	836263. OC	中航泰达	2016 年 3 月 22 日	水利、环境和公共设施管理业	中信建投	申报已受理	通过
7	430090. OC	同辉信息	2011 年 6 月 17 日	信息传输、软件和信息技术服务业	申港证券	申报已受理	—
8	430046. OC	圣博润	2009 年 2 月 18 日	信息传输、软件和信息技术服务业	西部证券	申报已受理	暂缓审议
9	835508. OC	殷图网联	2016 年 1 月 15 日	信息传输、软件和信息技术服务业	万联证券	申报已受理	通过
10	837747. OC	长江文化	2016 年 6 月 22 日	文化、体育和娱乐业	金元证券	已验收	—
11	834857. OC	清水爱派	2015 年 12 月 15 日	科学研究和技术服务业	国泰君安	申报已受理	—
12	832646. OC	讯众股份	2015 年 6 月 16 日	信息传输、软件和信息技术服务业	南京证券	已申报	—
13	430047. OC	诺思兰德	2009 年 2 月 18 日	制造业	中泰证券	已申报	—
14	837592. OC	华信永道	2016 年 6 月 1 日	信息传输、软件和信息技术服务业	申万宏源	已备案	—
15	831142. OC	易讯通	2014 年 9 月 11 日	信息传输、软件和信息技术服务业	长江证券	已备案	—
16	430208. OC	优炫软件	2013 年 1 月 29 日	信息传输、软件和信息技术服务业	安信证券	已备案	—
17	836346. OC	亿玛在线	2016 年 3 月 23 日	信息传输、软件和信息技术服务业	国信证券	已备案	—
18	871553. OC	凯腾精工	2017 年 5 月 17 日	制造业	财达证券	已备案	—
19	834082. OC	中建信息	2015 年 11 月 5 日	信息传输、软件和信息技术服务业	信达证券	已备案	—
20	430014. OC	恒业世纪	2007 年 6 月 15 日	制造业	浙商证券	已备案	—
21	837344. OC	三元基因	2016 年 5 月 18 日	制造业	申万宏源	已备案	—
22	835961. OC	名品世家	2016 年 3 月 02 日	批发和零售业	中信证券	已备案	—
23	832924. OC	明石创新	2015 年 7 月 22 日	制造业	银河证券	已再次备案	—
24	836208. OC	青炬技术	2016 年 3 月 11 日	科学研究和技术服务业	民生证券	已备案	—
25	833429. OC	康比特	2015 年 8 月 28 日	制造业	太平洋证券	已备案	—

注："—"指 2020 年 7 月 1 日前尚未进入挂牌委审议阶段的企业，暂无审议结果。

资料来源：Wind，中关村上市公司协会整理。

（三）中关村新三板挂牌企业精选层标准匹配分析

新三板精选层设置了在市值和财务方面的盈利能力、成长性、销售＋研发、市场认可＋创新四套标准，根据《全国中小企业股份转让系统分层管理办法》（以下简称《分层管理办法》）规定，挂牌公司申请公开发行并进入精选层时，应当符合下列条件之一（见图1）。（1）市值不低于2亿元，最近两年净利润均不低于1500万元且加权平均净资产收益率不低于8%，或者最近一年净利润不低于2500万元且加权平均净资产收益率不低于8%；（2）市值不低于4亿元，最近两年平均营业收入不低于1亿元，且最近一年营业收入增长率不低于30%，最近一年经营活动产生的现金流量净额为正；（3）市值不低于8亿元，最近一年营业收入不低于2亿元，最近两年研发投入合计占最近两年营业收入合计比例不低于8%；（4）市值不低于15亿元，最近两年研发投入合计不低于5000万元。前款所称市值是指以挂牌公司向不特定合格投资者公开发行（以下简称公开发行）价格计算的股票市值。同时，《分层管理办法》还要求挂牌公司完成公开发行并进入精选层时，应当符合最近一年期末净资产不低于5000万元的条件。

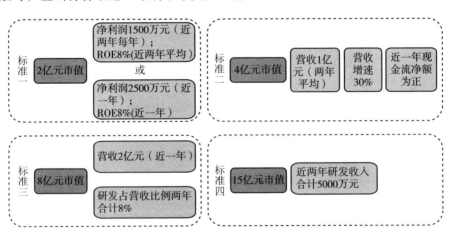

图1　新三板精选层财务指标

资料来源：Wind，中关村上市公司协会整理。

根据 2020 年全国中小企业股份转让系统有限责任公司进行市场层级定期调整的创新层挂牌公司名单，截至 2020 年 6 月 30 日①，中关村园区共有 164 家创新层企业。根据上述精选层四套标准，164 家中关村园区创新层企业中，符合精选层四套标准其中之一的企业共有 76 家（其中鼎川物联不符合精选层对期末净资产的要求），综上中关村园区新三板挂牌企业符合精选层四套标准其中之一的共计 75 家，占比 45.73%，仅次于广东省的 77 家和江苏省的 76 家，位列第三位（见图 2）。但北京新三板企业科研水平在全国处于领先地位，从看重企业科研属性的第三套和第四套精选层标准来看，北京符合标准的企业数量相较于其他省份遥遥领先（见图 3 和图 4）。

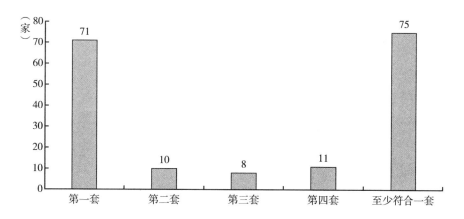

图 2 中关村新三板挂牌企业精选层标准匹配分析

资料来源：Wind，中关村上市公司协会整理。

具体来看，中关村新三板创新层企业中符合第一套"市值② + 净利润 + ROE"指标的有 71 家；符合第二套"市值 + 营业收入 + 营业收入增长率 + 现金流"指标的有 10 家；符合第三套"市值 + 营业收入 + 研发占比"指标

① 根据全国中小企业股份转让系统有限公司《关于 2020 年市场分层定期调整相关工作安排的通知》，应对疫情实行"一次调整 分批实施"。本文中创新层企业数量数据是截至 2020 年 6 月 30 日的新三板创新层企业数量，为 164 家。

② 鉴于新三板市场有交易及定价功能，挂牌企业的市值水平可以在一定程度上反映其预计市值情况，故本文在筛选企业时所用市值为新三板企业在 2020 年 6 月 30 日的市值。

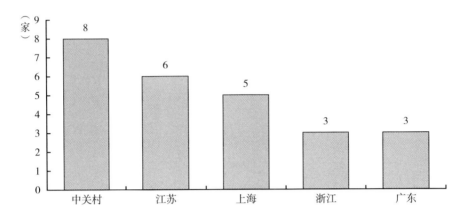

图3　前5名符合第三套精选层标准新三板企业数量的省份

资料来源：Wind，中关村上市公司协会整理。

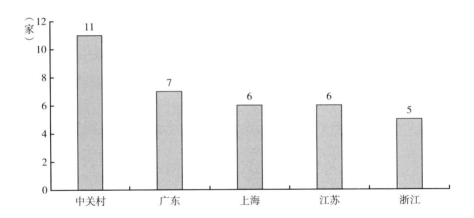

图4　前5名符合第四套精选层标准新三板企业数量的省份

资料来源：Wind，中关村上市公司协会整理。

的有8家；符合第四套"市值＋研发"指标的有11家。总体来看，符合精选层要求的中关村新三板挂牌企业满足第一套标准（至少满足第一套的任一项标准）的相对较多，其中有13家企业同时满足两套市值及财务标准，有6家企业同时满足三套市值及财务标准。

从行业领域来看，在符合精选层标准的企业中有32家属于信息传输、软件和信息技术服务业，21 家属于制造业，6 家属于租赁和商务服务业，4 家属于水利、环境和公共设施管理业，4 家属于科学研究和技术服务业，8 家属于其他行业，大多集中于科技信息创新类行业，中关村精选层潜力企业大多是所在细分行业领域的龙头企业（见图 5）。

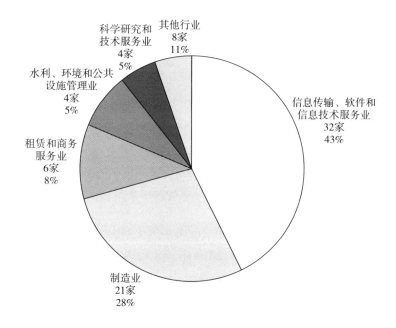

图 5　中关村精选层潜力企业行业分布

资料来源：Wind，中关村上市公司协会整理。

从市值来看，中关村 75 家符合精选层标准的企业平均市值为 14.55 亿元。其中，市值达到 15 亿元及以上的企业有 22 家，占比 29%；市值在 8 亿~15 亿元的企业有 14 家，占比 19%；市值在 4 亿~8 亿元的企业有 22 家，占比 29%；市值在 2 亿~4 亿元的企业有 17 家，占比 23%（见图 6）。

从 2019 年营业收入来看，中关村 75 家符合精选层标准的企业 2019 年平均营业收入为 10.42 亿元，2019 年营业收入达到 50 亿元以上的企业有 3 家，占比 4%；2019 年营业收入在 10 亿~50 亿元的企业有 7 家，占比 9%；2019 年营业收入在 5 亿~10 亿元的企业有 15 家，占比 20%；2019 年营业

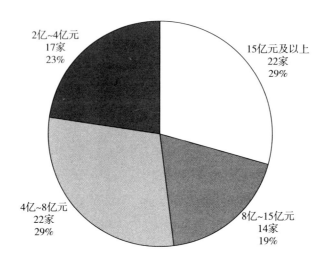

图6 中关村精选层潜力企业市值分布

资料来源：Wind，中关村上市公司协会整理。

收入在 2 亿～5 亿元的企业有 23 家，占比 31%；2019 年营业收入在 1 亿～2 亿元的企业有 18 家，占比 24%；2019 年营业收入在 1 亿元及以下的企业有 9 家，占比 12%（见图7）。

从 2019 年净利润来看，中关村 75 家符合精选层标准的企业 2019 年平均净利润为 6038.05 万元，2019 年净利润在 10000 万元及以上的企业有 9 家，占比 12%；2019 年净利润在 5000 万～10000 万元的企业有 16 家，占比 21%；2019 年净利润在 3500 万～5000 万元的企业有 13 家，占比 17%；2019 年净利润在 2500 万～3500 万元的企业有 21 家，占比 28%；2019 年净利润在 0～2500 万元的企业有 14 家，占比 19%；2019 年企业处于亏损状态的企业有 2 家，占比 3%（见图8）。

在以上 75 家中关村新三板挂牌企业中，有 25 家①已经申报精选层辅导备案，另有 50 家满足精选层四套标准中的任意一套。该 50 家企业的具体情况如表 2 所示。

①　截至 2020 年 6 月 30 日，中关村实际有 25 家新三板企业已申报精选层辅导备案。

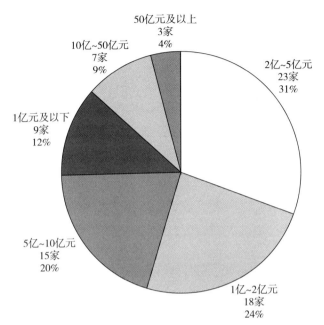

图7　中关村精选层潜力企业 2019 年营业收入

资料来源：Wind，中关村上市公司协会整理。

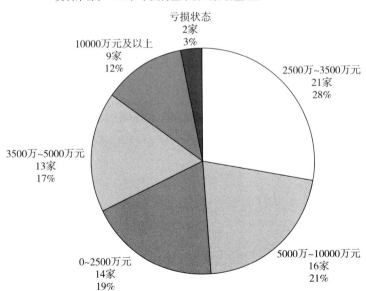

图8　中关村精选层潜力企业 2019 年净利润

资料来源：Wind，中关村上市公司协会整理。

表 2 中关村精选层潜力企业情况

序号	证券代码	证券简称	行业分类	标准	市值（亿元）2020年6月30日	净利润（万元）2019年	营业收入（万元）2019年
1	430005.OC	原子高科	制造业	标准一、四	83.87	27925.70	113618.77
2	430037.OC	联飞翔	制造业	标准一	3.13	3724.12	43247.66
3	430074.OC	德鑫物联	制造业	标准一	13.95	7369.14	55834.64
4	430109.OC	中航讯	制造业	标准一	2.24	2150.20	18109.45
5	430193.OC	微传播	信息传输、软件和信息技术服务业	标准一	10.31	9609.24	46543.57
6	430277.OC	圣商教育	租赁和商务服务业	标准一、二	59.70	17339.49	75283.27
7	430287.OC	环宇畜牧	制造业	标准一	3.86	2535.07	70257.02
8	430290.OC	和隆优化	信息传输、软件和信息技术服务业	标准一	5.28	1741.98	6228.41
9	831222.OC	金龙腾	建筑业	标准一	2.29	4286.81	138245.43
10	831344.OC	中际联合	制造业	标准一、二	12.44	14177.92	53907.70
11	831727.OC	中钢网	信息传输、软件和信息技术服务业	标准一	3.32	3503.10	495213.00
12	832145.OC	恒合股份	水利、环境和公共设施管理业	标准一	7.19	3203.67	12571.78
13	832694.OC	维冠机电	制造业	标准一	3.26	2538.71	50778.89
14	833024.OC	欣智恒	信息传输、软件和信息技术服务业	标准一、二	16.37	5666.90	51992.42
15	833629.OC	合力亿捷	信息传输、软件和信息技术服务业	标准一、二	5.37	3257.66	24110.83
16	833741.OC	腾轩旅游	租赁和商务服务业	标准一	7.96	3670.62	200216.50
17	833966.OC	国电康能	科学研究和技术服务业	标准一	12.25	10565.81	33441.42
18	834037.OC	龙盛世纪	信息传输、软件和信息技术服务业	标准一	9.59	3726.01	90733.83
19	834063.OC	卡车之家	信息传输、软件和信息技术服务业	标准一	6.27	2988.68	15710.05
20	834218.OC	和创科技	信息传输、软件和信息技术服务业	标准四	18.00	-3143.91	12718.30
21	834327.OC	车讯互联	信息传输、软件和信息技术服务业	标准一	3.14	2617.56	23335.61
22	834476.OC	自在传媒	租赁和商务服务业	标准一	5.66	1778.54	10832.94
23	834785.OC	云畅游戏	信息传输、软件和信息技术服务业	标准一	6.35	5566.80	24407.08
24	834802.OC	宝贝格子	信息传输、软件和信息技术服务业	标准一	33.44	2288.04	45082.71
25	835281.OC	翰林汇	批发和零售业	标准一	25.21	21560.43	2083561.75

续表

序号	证券代码	证券简称	行业分类	标准	市值（亿元）2020年6月30日	净利润（万元）2019年	营业收入（万元）2019年
26	835291.OC	力尊信通	信息传输、软件和信息技术服务业	标准一、二	4.41	2682.53	49663.17
27	835363.OC	腾信软创	信息传输、软件和信息技术服务业	标准一	3.61	2244.55	15769.05
28	835911.OC	中农华威	制造业	标准二	4.96	2099.56	21508.95
29	836348.OC	汇恒环保	水利、环境和公共设施管理业	标准一	2.31	1572.51	9255.23
30	836464.OC	华成智云	信息传输、软件和信息技术服务业	标准一	2.71	2507.81	11764.64
31	836825.OC	国信创新	信息传输、软件和信息技术服务业	标准一	4.15	1943.29	14804.87
32	836870.OC	山维科技	信息传输、软件和信息技术服务业	标准一	3.73	2609.15	9397.19
33	836885.OC	恒达时讯	信息传输、软件和信息技术服务业	标准一	3.77	2439.43	14212.25
34	837840.OC	中电科安	信息传输、软件和信息技术服务业	标准一	9.72	1975.44	7938.03
35	837899.OC	同华科技	电力、热力、燃气及水生产和供应业	标准一	8.82	5973.19	19252.87
36	837950.OC	爱信股份	信息传输、软件和信息技术服务业	标准一	4.77	2191.96	34431.96
37	838168.OC	快鱼电子	制造业	标准一	4.54	3039.40	15490.37
38	838334.OC	金证互通	租赁和商务服务业	标准一	6.62	3518.46	7585.22
39	838740.OC	邦源环保	水利、环境和公共设施管理业	标准一	3.85	2762.59	9053.20
40	839463.OC	时代光影	文化、体育和娱乐业	标准一	4.69	3079.99	16770.98
41	839483.OC	用友金融	信息传输、软件和信息技术服务业	标准一、三、四	18.77	6157.71	38069.26
42	839622.OC	君正品牌	租赁和商务服务业	标准一	3.71	2750.62	33403.81
43	839994.OC	中德诺浩	教育	标准一	4.96	1760.29	9079.49
44	870381.OC	七九七	制造业	标准一	7.15	6275.05	30622.26
45	870992.OC	中百信	信息传输、软件和信息技术服务业	标准一	4.21	2274.90	13135.18
46	872808.OC	曙光节能	制造业	标准一、二、三	12.55	2819.81	29170.87
47	430034.OC	大地股份	制造业	标准一	16.04	8088.26	165309.93
48	831527.OC	约顿气膜	建筑业	标准二	2.76	2573.93	18789.20
49	835179.OC	凯德石英	制造业	标准一、二	15.93	3246.04	15450.48
50	837940.OC	品牌联盟	租赁和商务服务业	标准一	2.43	2512.85	16401.96

资料来源：Wind，中关村上市公司协会整理。

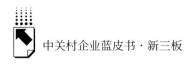

二 重点精选层潜力企业介绍

（一）原子高科股份有限公司

1. 公司基本信息

"原子高科股份有限公司"（简称"原子高科"）成立于2001年，2006年于全国中小企业股份转让系统挂牌并公开转让（股票代码：430005.OC）。截至2019年12月31日，原子高科市值50.37亿元。

公司是我国放射性同位素制品最大的科研、生产、供应基地。公司主营业务包括批量生产体内诊断和治疗用放射性药物、体外免疫分析试剂盒、各种放射源、放射性医疗器械、放射性标记化合物及示踪剂、放射性参考标准物质等共70余种核素、300多个品种的产品。

公司所在核技术应用产业行业依赖于国民经济的增长和居民生活水平的提高，国家出台有关促进医疗产业发展的一系列政策，给核技术应用产业向医疗行业终端延伸带来新的契机；目前我国核技术应用产业规模比较低，在应用广度、技术水平以及应用环境和市场成熟度方面均有很大的发展空间。

公司客户集中度较低，2019年公司前五大客户产生的销售收入占当年营业收入的比重分别为3.55%、1.48%、1.16%、1.04%、0.98%，合计8.21%，非常分散。公司未披露2019年前五大客户名单。

2. 股东情况

截至2019年12月31日，公司前五大股东情况见表3。

表3 原子高科2019年前五大股东情况

排名	股东名称	股东性质	持股数量（股）	持股比例（%）
1	中国同辐股份有限公司	法人	90517600	68.28
2	中核第四研究设计工程有限公司	法人	4000000	3.02
3	谢秋春	自然人	3000000	2.26
4	郑兰英	自然人	2900000	2.19
5	唐革	自然人	1400000	1.06

资料来源：Wind，中关村上市公司协会整理。

3. 财务分析

（1）基本财务数据（见表4）

表4 原子高科 2017～2019 年基本财务数据

单位：万元

项目	2019 年	2018 年	2017 年
总资产	217178.15	166155.16	135779.59
归属母公司的股东权益	110107.17	90860.94	73324.22
营业收入	113618.77	99620.10	85725.99
净利润	27925.70	25364.93	21618.38
经营活动现金流量净额	19878.05	15555.69	18381.53

资料来源：Wind，中关村上市公司协会整理。

最近3年，公司资产、所有者权益、收入和利润都逐步增长，主要原因系放射性药物及服务收入增长。

（2）主要财务指标（见表5）

表5 原子高科 2017～2019 年主要财务数据

项目	2019 年	2018 年	2017 年
销售毛利率(%)	62.38	64.55	64.06
销售净利率(%)	24.58	25.46	25.22
资产负债率(%)	39.17	33.13	33.94
流动比率	1.67	2.08	2.24
速动比率	1.44	1.79	1.98
应收账款周转率	2.37	2.48	2.49

资料来源：Wind，中关村上市公司协会整理。

最近3年，公司销售净利率和应收账款周转率没有明显变动，流动比率和速动比率有小幅度的降低。

（3）收入结构

最近3年，公司主营业务收入按项目分类情况如下（见表6）。

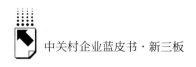

表6　原子高科 2017～2019 年收入结构

单位：万元，%

项目	2019 年		2018 年		2017 年	
	金额	比例	金额	比例	金额	比例
放射性药物产品及服务	98166.29	86.40	84507.00	84.83	74498.11	86.90
放射源收入	14304.45	12.59	14366.41	14.42	9449.72	11.02
辐照收入	1148.03	1.01	746.69	0.75	1778.16	2.07
合计	113618.77	100.00	99620.10	100.00	85725.99	100.00

资料来源：Wind，中关村上市公司协会整理。

最近 3 年，公司收入结构没有发生大的变化，收入构成没有发生明显的变动。

（二）北京联飞翔科技股份有限公司

1. 公司基本信息

"北京联飞翔科技股份有限公司"（简称"联飞翔"）成立于 1995 年，2008 年于全国中小企业股份转让系统挂牌并公开转让（股票代码：430037. OC）。截至 2019 年 12 月 31 日，联飞翔市值 2.55 亿元。

公司是从事高科技领域技术开发及高科技产品生产销售的企业，主营业务是将新材料技术应用于车用节能环保快速消费品的研发、生产和销售。公司拥有自主研发的无机非金属陶瓷功能材料专利技术，并将其与传统的机动车滤清器、润滑油等快速消费品相结合，成功开发并转化了环保节能滤清器、长效低碳润滑油、低张力环保玻璃清洗剂、防冻冷却液等多种系列产品。

近年来，我国的汽车用品行业市场需求增长。虽然汽车产销量延续负增长，但环保产品需求激增，政策引导下节能环保产品需求明显；前车市场产销量双降，后车市场保有量持续增长。国内车险行业发展迅猛，车险业务规模巨大。

公司客户集中度较高，2019 年公司前五大客户产生的销售收入占当年营业收入的比重分别为 10.66%、6.03%、5.68%、5.42%、3.74%，合计 31.53%，较为集中。2019 年公司前五大客户为：满洲里华盛化工有限公司、北京中嘉卫华科技发展有限公司、北京汇瑞恒丰贸易有限公司、中国人民财产保险股份有限公司北京市分公司、中国太平洋财产保险股份有限公司北京分公司。

2. 股东情况

截至 2019 年 12 月 31 日，公司前五大股东情况见表 1。

表 7　联飞翔 2019 年前五大股东情况

排名	股东名称	股东性质	持股数量（股）	持股比例（%）
1	郑淑芬	自然人	12357830	9.89
2	宁波人保远望二期投资中心（有限合伙）	合伙企业	8000000	6.40
3	申万宏源证券有限公司做市专用证券账户	其他	7034735	5.63
4	邢玉新	自然人	5952492	4.76
5	上海天一投资咨询发展有限公司	法人	5869354	4.70

资料来源：Wind，中关村上市公司协会整理。

3. 财务分析

（1）基本财务数据（见表 8）

表 8　联飞翔 2017～2019 年基本财务数据

单位：万元

项目	2019 年	2018 年	2017 年
总资产	54531.98	47786.15	49919.30
归属母公司股东权益	39436.61	35158.23	37005.04
营业收入	43247.66	30775.78	28533.16
净利润	3724.12	2272.47	2593.24
经营活动现金流量净额	763.16	1355.39	−2963.98

资料来源：Wind，中关村上市公司协会整理。

最近 3 年，公司资产、所有者权益、收入和利润都逐步增长，主要原因系保险客户服务产品的迅速拓展和产品线的不断丰富与创新。

（2）主要财务指标（见表9）

表9　联飞翔2017～2019年主要财务数据

项目	2019年	2018年	2017年
销售毛利率(%)	25.92	25.83	22.50
销售净利率(%)	8.61	7.38	9.09
资产负债率(%)	25.99	24.68	24.26
流动比率	3.26	3.16	3.02
速动比率	1.77	1.79	2.16
应收账款周转率	2.28	1.62	1.66

资料来源：Wind，中关村上市公司协会整理。

最近3年，公司销售净利率、流动比率和速动比率均没有明显变动。

（3）收入结构

最近3年，公司主营业务收入按项目分类情况如下（见表10）。

表10　联飞翔2017～2019年收入结构

单位：万元，%

项目	2019年		2018年		2017年	
	金额	比例	金额	比例	金额	比例
长效低碳润滑油	23828.27	55.35	22611.62	74.53	22710.46	80.37
新型功能材料制品	7649.76	17.77	622.88	2.05	—	
低张力养护液类产品	4724.09	10.97	443.34	1.46	478.49	1.69
佣金服务收入	3154.32	7.33	3104.15	10.23	493.48	1.75
后市场服务收入	2539.64	5.90	1097.11	3.62	—	
节能环保滤清器及配套组件类产品	1157.58	2.69	2457.86	8.10	4484.14	15.87
其他类	—		—		92.25	0.33
合计	43053.66	100.00	30336.96	100.00	28258.82	100.00

资料来源：Wind，中关村上市公司协会整理。

最近3年，公司长效低碳润滑油收入占据主营业务收入的比重不断降低，主要系公司利用多年研发的功能材料技术，为特定行业定制开发的各种功能材料产品，增加了新的客户及销售渠道。

（三）北京德鑫泉物联网科技股份有限公司

1. 公司基本信息

"北京德鑫泉物联网科技股份有限公司"（简称"德鑫物联"）成立于 2004 年，2010 年于全国中小企业股份转让系统挂牌并公开转让（股票代码：430074. OC）。截至 2019 年 12 月 31 日，德鑫物联市值 15.34 亿元。

公司是物联网射频识别生产、应用全面解决方案提供商，是一家专业从事 RFID（包括智能标签、非接触智能卡、复合卡）生产及个性化全面解决方案的高新技术企业。主营产品为非接触智能卡、双界面智能卡、智能标签倒贴片封装的生产设备及生产服务全面解决方案；射频识别读写设备及应用全面解决方案。

在政策带动及下游行业需求的推动下，我国物联网产业呈现高速发展的态势。物联网是国家战略性新兴行业，市场发展潜力巨大，市场竞争日趋激烈。国内封装领域主营中低端 RFID 封装设备的国内外厂商，通过激烈竞争逐渐发展壮大，加强研发创新，推出具有自主知识产权的高性能产品，势必加剧 RFID 高端封装设备领域的市场竞争。

公司客户集中度较高，2019 年公司前五大客户产生的销售收入占当年营业收入的比重分别为 14.66%、12.67%、11.49%、7.47%、5.04%，合计 51.33%，较为集中。2019 年公司前五大客户为：深圳市宝意达实业有限公司、航天海鹰机电技术研究院有限公司、广西林业集团桂谷实业有限公司、内蒙古航天信息有限公司、北京中创昊天物联科技有限公司。

2. 股东情况

截至 2019 年 12 月 31 日，公司前五大股东情况见表 11。

表 11　德鑫物联 2019 年前五大股东情况

排名	股东名称	股东性质	持股数量（股）	持股比例（%）
1	张晓冬	自然人	22586385	17.97
2	吴红	自然人	11769612	9.36

续表

排名	股东名称	股东性质	持股数量（股）	持股比例（%）
3	北京启迪明德创业投资有限公司	法人	8095596	6.44
4	深圳市创新投资集团有限公司	法人	7547170	6.00
5	中船投资发展有限公司	法人	5660000	4.50

资料来源：Wind，中关村上市公司协会整理。

3. 财务分析

（1）基本财务数据（见表12）

表12　德鑫物联2017～2019年基本财务数据

单位：万元

项目	2019 年	2018 年	2017 年
总资产	121887.38	89471.38	72625.19
归属母公司股东权益	75760.82	50560.83	44432.34
营业收入	55834.64	50812.44	41366.92
净利润	7369.14	6035.29	5073.63
经营活动现金流量净额	-1636.39	1082.88	-2264.22

资料来源：Wind，中关村上市公司协会整理。

最近3年，公司资产、所有者权益、收入和利润都逐步增长，主要原因系 RFID 智能生产设备和 RFID 应用系统的销售收入增加。2019 年公司经营活动现金流量净额为负系新增销售业务订单的前期备货垫资较多所致。

（2）主要财务指标（见表13）

表13　德鑫物联2017～2019年主要财务数据

项目	2019 年	2018 年	2017 年
销售毛利率（%）	28.39	23.34	27.77
销售净利率（%）	13.20	11.88	12.27
资产负债率（%）	37.47	43.13	38.25
流动比率	2.48	2.13	2.12
速动比率	1.80	1.21	1.20
应收账款周转率	8.24	6.60	5.23

资料来源：Wind，中关村上市公司协会整理。

最近 3 年，公司销售毛利率有一定程度浮动，销售净利率没有明显变动，流动比率和速动比率有小幅度的提高。

（3）收入结构

最近 3 年，公司主营业务收入按项目分类情况如下（见表 14）。

表 14　德鑫物联 2017～2019 年收入结构

单位：万元，%

项目	2019 年		2018 年		2017 年	
	金额	比例	金额	比例	金额	比例
RFID 应用系统	34197.12	61.25	6087.77	11.98	18029.00	43.58
RFID 读写器	10143.89	18.17	1590.61	3.13	7784.95	18.82
RFID 智能生产设备	8482.91	15.19	819.24	1.61	8714.48	21.07
原材料及备件	2459.13	4.40	15858.67	31.21	3607.85	8.72
生产技术服务	551.58	0.99	26456.14	52.07	3230.64	7.81
合计	55834.63	100.00	50812.43	100.00	41366.92	100.00

资料来源：Wind，中关村上市公司协会整理。

最近 3 年，公司收入结构有较大的变化，主要原因系下游市场对高智能化封装设备需求增加的体现，公司考虑未来发展战略对于生产技术服务部分业务做了选择性处理，减少了低毛利的技术服务承接。

（四）北京中航讯科技股份有限公司

1. 公司基本信息

"北京中航讯科技股份有限公司"（简称"中航讯"）成立于 2007 年，2012 年于全国中小企业股份转让系统挂牌并公开转让（股票代码：430109.OC）。截至 2019 年 12 月 31 日，中航讯市值 1.92 亿元。

公司主营业务是为城市运营管理的行业客户提供移动视频信息采集、传输、处理的整体解决方案，提供智能公交车联网业务，主要客户为各地公交公司，通过为公交公司提供满足公交信息化与智能化的"软件＋硬件"产品来获取收入及市场份额。

公司属于智能公交行业。智能公交行业产品软硬件结合，软件为主，硬件为辅；产品模块化、定制化、配套化程度高；产品发展空间大。伴随着城市的不断发展扩大，城市交通拥堵、公交运力不足和交通运量激增问题突出，地方政府纷纷期望通过互联网的加入打造智能交通从而解决城市交通难题，我国城市公交行业正处于加速变革的发展阶段。

公司客户集中度较高，2019年公司前五大客户产生的销售收入占当年营业收入的比重分别为27.04%、11.80%、9.90%、5.60%、5.27%，合计59.61%，较为集中。2019年公司前五大客户为：南京金龙客车制造有限公司、中国移动通信集团重庆有限公司、宜宾市城市公共交通有限公司、邢台市公共交通总公司、大同市公共交通有限责任公司。

2. 股东情况

截至2019年12月31日，公司前五大股东情况见表15。

表15 中航讯2019年前五大股东情况

排名	股东名称	股东性质	持股数量（股）	持股比例（%）
1	北京启迪数字科技集团有限公司	法人	22992000	30.82
2	李英和	自然人	14357919	19.24
3	张慧	自然人	10852827	14.55
4	杨青川	自然人	4500000	6.03
5	天津吾仁资产管理合伙企业（有限合伙）	合伙企业	4277000	5.73

资料来源：Wind，中关村上市公司协会整理。

3. 财务分析

（1）基本财务数据（见表16）

表16 中航讯2017~2019年基本财务数据

单位：万元

项目	2019年	2018年	2017年
总资产	23503.23	18039.74	19873.31
归属母公司股东权益	16261.40	14744.23	13205.37

项目	2019 年	2018 年	2017 年
营业收入	18109.45	11822.80	10784.93
净利润	2150.20	2077.49	1757.66
经营活动现金流量净额	-996.99	-1750.21	-983.09

资料来源：Wind，中关村上市公司协会整理。

最近 3 年，公司主营业收入入在 2019 年实现较大增长，主要原因系公司扩充技术和研发人员，持续创新，提升公司智能公交产品和解决方案市场竞争力；公司积极拓展客户和市场，推广智能公交领域成熟产品和解决方案。

（2）主要财务指标（见表 17）

表 17　中航讯 2017~2019 年主要财务数据

项目	2019 年	2018 年	2017 年
销售毛利率(%)	41.41	50.08	50.74
销售净利率(%)	11.87	17.57	16.30
资产负债率(%)	29.57	18.08	33.61
流动比率	3.11	5.11	2.76
速动比率	2.92	4.47	2.46
应收账款周转率	1.92	1.70	1.92

资料来源：Wind，中关村上市公司协会整理。

最近 3 年，公司销售毛利率和销售净利率有小幅的降低，主要原因系前期为更好地开拓西南市场，公司在西南市场业务做出部分让利，导致车载硬件产品毛利率水平下降。

（3）收入结构

最近 3 年，公司主营业务收入按项目分类情况如下（见表 18）。

最近 3 年，公司收入结构没有发生大的变化，收入构成没有发生明显的变动。

表 18　中航讯 2017~2019 年收入结构

单位：万元，%

项目	2019 年		2018 年		2017 年	
	金额	比例	金额	比例	金额	比例
车载硬件产品	15635.91	86.34	9230.06	78.07	9965.69	92.40
车载软件产品	1610.73	8.89	1734.05	14.67	556.59	5.16
技术开发	385.12	2.13	134.45	1.14	225.48	2.09
技术服务	340.87	1.88	435.14	3.68	21.20	0.20
广告服务	136.81	0.76	36.83	0.31	15.97	0.15
工程收入	—	—	252.27	2.13	—	—
合计	18109.44	100.00	11822.80	100.00	10784.93	100.00

资料来源：Wind，中关村上市公司协会整理。

（五）微传播（北京）网络科技股份有限公司

1. 公司基本信息

"微传播（北京）网络科技股份有限公司"（简称"微传播"）成立于 2003 年，2012 年于全国中小企业股份转让系统挂牌并公开转让（股票代码：430193. OC）。截至 2019 年 12 月 31 日，微传播市值 2.70 亿元。

公司的主营业务为互联网自媒体营销及互联网广告业务。公司依托自主研发的平台，凭借多年自媒体和短视频推广的数据积累，以及在多平台内容制作、传播、引流等方面的服务优势，结合 MCN 服务团队专业的营销策略，为游戏平台、电商平台、网络服务平台等客户在短视频自媒体、社交自媒体等载体上提供优质的视频内容制作、发行、推广服务。

公司属于互联网和相关服务行业，随着市场对互联网行业的普遍看好，越来越多的企业进入互联网领域，竞争压力较大；在自媒体营销领域，自媒体平台用户群规模持续扩大，行业发展更新速度快。

公司客户集中度较高，2019 年公司前五大客户产生的销售收入占当年营业收入的比重分别为 17.40%、10.57%、6.23%、4.27%、3.59%，合计42.06%，较为集中。公司未披露 2019 年前五大客户名单。

2. 股东情况

截至 2019 年 12 月 31 日，公司前五大股东情况见表 19。

表 19　微传播 2019 年前五大股东情况

排名	股东名称	股东性质	持股数量（股）	持股比例（%）
1	岭南生态文旅股份有限公司	法人	12163000	21.86
2	周驹悦	自然人	7754000	13.93
3	广州畅想控股有限公司	法人	7306000	13.13
4	珠海互娱在线一期移动互联投资基金（有限合伙）	合伙企业	3719975	6.69
5	陈舜娜	自然人	2841000	5.11

资料来源：Wind，中关村上市公司协会整理。

3. 财务分析

（1）基本财务数据（见表 20）

表 20　微传播 2017~2019 年基本财务数据

单位：万元

项目	2019 年	2018 年	2017 年
总资产	57812.02	50163.35	36932.78
归属母公司股东权益	53647.52	44038.28	26069.73
营业收入	46543.57	41031.54	34782.90
净利润	9609.24	10761.98	8327.32
经营活动现金流量净额	1477.05	3424.97	6100.92

资料来源：Wind，中关村上市公司协会整理。

最近 3 年，公司经营活动现金流量净额有较大幅度的降低主要系公司出于商业策略考虑，加强对渠道的投放力度。

（2）主要财务指标

最近 3 年，公司销售毛利率在 2019 年有一定程度的降低，主要原因系受上游行业环境和政策的影响，与之关联的传统互联网广告毛利出现下滑（见表 21）。

表21 微传播2017～2019年主要财务数据

项目	2019年	2018年	2017年
销售毛利率(%)	25.41	31.60	31.69
销售净利率(%)	20.65	26.23	23.94
资产负债率(%)	7.20	12.21	29.41
流动比率	8.24	6.15	1.80
速动比率	8.24	6.15	1.80
应收账款周转率	3.39	3.66	6.56

资料来源：Wind，中关村上市公司协会整理。

（3）收入结构

最近3年，公司主营业务收入按项目分类情况如下（见表22）。

表22 微传播2017～2019年收入结构

单位：万元，%

项目	2019年		2018年		2017年	
	金额	比例	金额	比例	金额	比例
信息营销业务	46543.57	100.00	—	—	—	—
技术服务	—	—	37014.13	90.21	29171.45	83.87
网络营销平台业务	—	—	3293.82	8.03	5611.45	16.13
其他业务	—	—	723.58	1.76	—	—
合计	46543.57	100.00	41031.53	100.00	34782.90	100.00

资料来源：Wind，中关村上市公司协会整理。

最近3年，公司收入结构有较大的变化，主要原因系公司在2019年年初开始积极布局短视频业务，削减毛利严重下滑的业务。

（六）北京圣商教育科技股份有限公司

1. 公司基本信息

"北京圣商教育科技股份有限公司"（简称"圣商教育"）成立于2005年，2013年于全国中小企业股份转让系统挂牌并公开转让（股票代码：430277. OC）。截至2019年12月31日，圣商教育市值51.05亿元。

公司通过内部或外部聘请的专家、导师团队向客户提供关于企业管理与战略、金融与资本相关的咨询服务，取得咨询服务收入。公司的客户分散且类型多样化，主要集中在中小微企业中有内部管理、战略、资本、投资、IPO及新三板挂牌等方面需求的企业主及企业团队。

公司所在咨询服务行业竞争激烈，行业内的咨询服务公司众多，服务质量参差不齐。互联网线上传统咨询服务产品竞争激烈，线上教育产品出现智能化趋势，传统的技术产品未来存在替代或淘汰风险。公司需要打造线上线下相结合的核心产品及竞争优势，才能适应激烈的市场竞争环境。

公司客户集中度不高，2019年公司前五大客户产生的销售收入占当年营业收入的比重分别为0.22%、0.18%、0.16%、0.15%、0.14%，合计0.85%，非常分散。2019年公司前五大客户为：北京缘莱建筑设计有限责任公司、郑州安川企业管理咨询有限公司、郑州名都企业管理咨询有限公司、河南慧尔桥企业管理咨询有限公司、广州金诺投资管理有限公司。

2. 股东情况

截至2019年12月31日，公司前五大股东情况见表23。

表23　圣商教育2019年前五大股东情况

排名	股东名称	股东性质	持股数量(股)	持股比例(%)
1	袁力	自然人	11060208	36.87
2	新余高新区黑马智迪投资中心(有限合伙)	合伙企业	5296800	17.66
3	新余圣商明月投资管理中心(有限合伙)	合伙企业	4440000	14.80
4	徐新颖	自然人	4218456	14.06
5	新余高新区光速多尔投资中心(有限合伙)	合伙企业	1286400	4.29

资料来源：Wind，中关村上市公司协会整理。

3. 财务分析

（1）基本财务数据

最近3年，公司经营活动现金流量净额在2019年有较为明显的降低，主要原因系公司新增了对扬州德忠生科技有限公司对外借款4200万元。

表24　圣商教育2017～2019年基本财务数据

单位：万元

项目	2019 年	2018 年	2017 年
总资产	34198.39	34200.63	17397.02
归属母公司股东权益	18199.97	12884.03	3174.71
营业收入	75283.27	52021.43	8738.90
净利润	17339.49	9725.14	477.16
经营活动现金流量净额	7829.84	11928.68	12130.65

资料来源：Wind，中关村上市公司协会整理。

（2）主要财务指标（见表25）

表25　圣商教育2017～2019年主要财务数据

项目	2019 年	2018 年	2017 年
销售毛利率(%)	46.08	41.60	45.56
销售净利率(%)	23.03	18.69	5.46
资产负债率(%)	46.78	62.28	81.75
流动比率	0.87	0.65	1.21
速动比率	0.87	0.65	1.18
应收账款周转率	0.00	0.00	12.29

资料来源：Wind，中关村上市公司协会整理。

最近3年，公司销售毛利率先降后增，销售净利率有较为明显的提高。

（3）收入结构

最近3年，公司主营业务收入按项目分类情况如下（见表26）。

表26　圣商教育2017～2019年收入结构

单位：万元，%

项目	2019 年		2018 年		2017 年	
	金额	比例	金额	比例	金额	比例
咨询服务收入	75283.27	100.00	47621.39	91.54	3556.39	40.70
维生素预混合饲料	—	—	4143.66	7.97	4428.55	50.68

项目	2019 年		2018 年		2017 年	
	金额	比例	金额	比例	金额	比例
动物保健品	—	—	241.20	0.46	753.96	8.63
其他业务	—	—	15.18	0.03	—	—
合计	75283.27	100.00	52021.43	100.00	8738.90	100.00

资料来源：Wind，中关村上市公司协会整理。

最近 3 年，公司收入结构发生了较大的变化，主要原因系公司于 2018 年 11 月剥离出售了饲料生产销售相关的业务。

（七）北京京鹏环宇畜牧科技股份有限公司

1. 公司基本信息

"北京京鹏环宇畜牧科技股份有限公司"（简称"环宇畜牧"）成立于 2006 年，2013 年于全国中小企业股份转让系统挂牌并公开转让（股票代码：430287.OC）。截至 2019 年 12 月 31 日，环宇畜牧市值 0.63 亿元。

公司主营业务包括为畜牧行业客户提供规模化畜牧场养殖的整体解决方案以及配套养殖设备研发、生产、销售、安装和相关技术培训服务。主要产品有牛场业务：挤奶设备、粪污处理系统、环境控制设备、牧场管理软件；猪场业务：牛场其他养殖设备、自动喂料设备、母猪智能饲喂站（ESF）、环境控制设备、粪污处理系统、猪场其他养殖设备。

京鹏环宇畜牧交钥匙工程技术在行业具有强劲的优势，并得到市场广泛认可。形成粪能利用、节能减排、以养带种、以种促养，种植业作为畜禽粪污的"消纳池"的环宇畜牧种养结合 EPC 工程技术模式，实现交钥匙工程技术的"畜牧"功能向"种养循环生态"功能的跨越。并且，拥有较全的交钥匙工程资质。主要竞争对手的经营以销售设备为主营业务，有的竞争对手的交钥匙工程技术层级落后，且缺乏交钥匙工程资质。

公司客户集中度较高，2019 年公司前五大客户产生的销售收入占当年营业收入的比重分别为22.15%、11.30%、5.63%、4.30%、3.97%，合计47.35%，较为集中。2019年公司前五大客户为乐陵壹号食品有限公司、济南优然牧业有限责任公司、遂溪壹号畜牧有限公司、天邦开物建设集团有限公司、达孜县净土产业投资开发有限公司。

2. 股东情况

截至2019年12月31日，公司前五大股东情况见表27。

表27　环宇畜牧2019年前五大股东情况

排名	股东名称	股东性质	持股数量（股）	持股比例（%）
1	北京市农业机械研究所有限公司	法人	60807866	96.52
2	北京日普乐农牧科技有限公司	法人	548102	0.87
3	朱晖	自然人	529203	0.84
4	高继伟	自然人	434702	0.69
5	冯英	自然人	365402	0.58

资料来源：Wind，中关村上市公司协会整理。

3. 财务分析

（1）基本财务数据（见表28）

表28　环宇畜牧2017～2019年基本财务数据

单位：万元

项目	2019年	2018年	2017年
总资产	52931.81	42675.94	33053.02
归属母公司股东权益	18162.00	15626.93	13692.74
营业收入	70257.02	54467.93	36659.93
净利润	2535.07	2249.19	2455.36
经营活动现金流量净额	-3933.09	2505.37	-1203.69

资料来源：Wind，中关村上市公司协会整理。

最近3年，公司资产、所有者权益、收入和利润都逐步增长，主要原因系公司环宇畜牧"交钥匙工程"能力日益受到市场和客户认可，合同额快速增长，导致收入增加；公司实施大客户战略及国家政策的支持。

（2）主要财务指标（见表 29）

表 29 环宇畜牧 2017～2019 年主要财务数据

项目	2019 年	2018 年	2017 年
销售毛利率(%)	13.88	15.53	20.29
销售净利率(%)	3.61	4.13	6.70
资产负债率(%)	65.69	63.38	58.57
流动比率	1.48	1.53	1.65
速动比率	0.95	0.99	1.25
应收账款周转率	5.17	3.19	2.14

资料来源：Wind，中关村上市公司协会整理。

最近 3 年，公司销售毛利率有小幅度的降低，主要原因系公司实施交钥匙工程销售模式后，土建钢结构工程的合同比重增加，收入结构发生变化，导致项目平均毛利率下降；对于大客户，环宇畜牧议价能力偏弱，项目毛利率下降。

（3）收入结构

最近 3 年，公司主营业务收入按项目分类情况如下（见表 30）。

表 30 环宇畜牧 2017～2019 年收入结构

单位：万元，%

项目	2019 年		2018 年		2017 年	
	金额	比例	金额	比例	金额	比例
猪业	44392.10	63.19	31364.44	57.58	22345.41	60.95
牛业	25832.56	36.77	23103.49	42.42	14314.51	39.05
禽业	32.36	0.05	0.00	0.00	—	—
合计	70257.02	100.00	54467.93	100.00	36659.92	100.00

资料来源：Wind，中关村上市公司协会整理。

最近 3 年，公司收入结构没有发生大的变化，收入构成没有发生明显的变动。

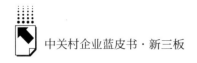
（八）北京和隆优化科技股份有限公司

1. 公司基本信息

"北京和隆优化科技股份有限公司"（简称"和隆优化"）成立于 2004 年，2013 年于全国中小企业股份转让系统挂牌并公开转让（股票代码：430290. OC）。截至 2019 年 12 月 31 日，和隆优化市值 7.10 亿元。

公司是流程工业智能制造与智能优化解决方案服务商。公司主营业务是过程优化技术、人工智能技术、多装置大系统协调优化技术、企业级大数据挖掘技术、工业互联网服务平台等软技术及智能优化过程仿真软件的开发和服务。

"智能＋"、"互联网＋"、节能降耗等将是中国各行业的主旋律，采用人工智能、大数据分析、云计算等核心技术的新一代信息技术产业也是当下引领计划发展的一支重要产业，公司的技术与业务完全和国家的这些产业政策相吻合。目前我国化工装置数量惊人，化工行业对于公司新开拓的市场领域确是一个潜在巨大的市场，公司通用化工智能优化解决方案会在庞大的化工市场上为公司未来持续业务增长助力。

公司客户集中度较高，2019 年公司前五大客户产生的销售收入占当年营业收入的比重分别为 22.38%、15.17%、7.92%、4.39%、3.15%，合计 53.01%，较为集中。2019 年公司前五大客户为：工控网（北京）电子商务有限公司、江阴兴澄特种钢铁有限公司、莱芜钢铁集团、沙钢集团、江苏省镔鑫钢铁集团有限公司。

2. 股东情况

截至 2019 年 12 月 31 日，公司前五大股东情况见表 31。

表 31　和隆优化 2019 年前五大股东情况

排名	股东名称	股东性质	持股数量（股）	持股比例（%）
1	于现军	自然人	20925000	41.85
2	王晓峰	自然人	6952500	13.91

排名	股东名称	股东性质	持股数量（股）	持股比例（%）
3	吴天一	自然人	3362000	6.72
4	北京优控乐源科技有限公司	法人	3172500	6.35
5	高瑞峰	自然人	2767500	5.54

资料来源：Wind，中关村上市公司协会整理。

3. 财务分析

（1）基本财务数据（见表32）

表 32　和隆优化 2017～2019 年基本财务数据

单位：万元

项目	2019 年	2018 年	2017 年
总资产	14180.45	8432.38	6718.82
归属母公司股东权益	13166.89	7344.91	5619.31
营业收入	6228.41	6100.46	4213.47
净利润	1741.98	2085.60	862.02
经营活动现金流量净额	378.11	1162.86	−34.55

资料来源：Wind，中关村上市公司协会整理。

最近3年，公司总资产、所有者权益2019年有较大程度的提高，主要原因系公司进行一轮股票定向发行，募集资金5000万元。

（2）主要财务指标（见表33）

表 33　和隆优化 2017～2019 年主要财务指标

项目	2019 年	2018 年	2017 年
销售毛利率（%）	76.78	79.99	80.97
销售净利率（%）	27.97	34.19	20.46
资产负债率（%）	7.15	12.90	16.36
流动比率	13.35	6.78	5.40
速动比率	11.38	6.50	4.93
应收账款周转率	1.98	2.06	1.86

资料来源：Wind，中关村上市公司协会整理。

最近 3 年，公司销售净利率和应收账款周转率没有明显变动，流动比率和速动比率有较大的提高。

（3）收入结构

最近 3 年，公司主营业务收入按项目分类情况见表 34。

表 34　和隆优化 2017～2019 年收入结构

单位：万元，%

项目	2019 年		2018 年		2017 年	
	金额	比例	金额	比例	金额	比例
软件	3861.58	62.00	4803.28	78.74	—	—
硬件	1657.45	26.61	353.33	5.79	—	—
EPC	419.82	6.74	93.58	1.53	0.00	0.00
技术开发	289.56	4.65	809.21	13.26	0.00	0.00
服务收入	—	—	40.62	0.67	—	—
材料备件	—	—	0.43	0.01	—	—
智能优化控制产品与服务	—	—	—	—	3778.91	89.69
常规自动化项目及其他	—	—	—	—	434.56	10.31
合计	6228.41	100.00	6100.45	100.00	4213.47	100.00

资料来源：Wind，中关村上市公司协会整理。

最近 3 年，公司收入结构没有发生大的变化，收入构成没有发生明显的变动，公司仍以为流程工业企业提供智能优化控制解决方案产品和服务为主。

（九）北京市金龙腾装饰股份有限公司

1. 公司基本信息

"北京市金龙腾装饰股份有限公司"（简称"金龙腾"）成立于 1996 年，2014 年于全国中小企业股份转让系统挂牌并公开转让（股票代码：831222.OC）。截至 2019 年 12 月 31 日，金龙腾市值 1.05 亿元。

公司是一家以住宅精装修、商业地产及其他公共建筑的装饰设计、施工服务为核心业务的一体化服务商。公司在原有住宅精装业务的基础上，推行精装 EPC 工程总承包模式，利用先进的 BIM、项目信息管理系统、劳动力管理平台等数字化手段结合装配式内装技术打造全新的住宅、公寓、酒店等住宅类精装一体化产品，推动全装修行业工业化和数字化的转型升级。

公司所处行业为建筑装饰业。建筑装饰行业应收账款比较高，公司装修工程项目一般存在将部分劳务、工程进行分包施工的情形。虽然受宏观经济和房地产行业政策调控的影响，建筑装饰行业增速放缓，但建筑装饰市场的总容量依然上升，整个行业发展势头良好。

公司客户集中度较高，2019 年公司前五大客户产生的销售收入占当年营业收入的比重分别为 15.29%、14.40%、6.98%、6.36%、3.87%，合计46.90%，较为集中。2019 年公司前五大客户为：华夏幸福基业股份有限公司及其控股关联单位、万科企业股份有限公司及其控股关联单位、中南建设集团股份有限公司及其控股关联单位、新城控股集团股份有限公司及其控股关联单位、山东旭辉银盛泰集团有限公司及其控股关联单位。

2. 股东情况

截至 2019 年 12 月 31 日，公司前五大股东情况见表 35。

表 35　金龙腾 2019 年前五大股东情况

排名	股东名称	股东性质	持股数量（股）	持股比例（%）
1	孙喜顺	自然人	71762818	50.46
2	孙烨	自然人	14463498	10.17
3	北京市金龙腾投资控股有限公司	法人	11200000	7.88
4	北京市顺成天业投资管理中心（有限合伙）	合伙企业	6400000	4.50
5	宿春英	自然人	4282000	3.01

资料来源：Wind，中关村上市公司协会整理。

3. 财务分析

（1）基本财务数据（见表 36）

最近 3 年，公司资产、所有者权益、收入和利润都逐步增长，2019 年

表36　金龙腾2017～2019年基本财务数据

单位：万元

项目	2019 年	2018 年	2017 年
总资产	117121.50	89021.23	74144.43
归属母公司股东权益	23853.89	19554.94	17955.74
营业收入	138245.43	113705.08	76093.76
净利润	4286.81	1615.53	-3952.73
经营活动现金流量净额	1575.46	1294.46	700.32

资料来源：Wind，中关村上市公司协会整理。

公司净利润有较大的提高，主要原因系公司持续加大市场开发力度，收入增加；公司通过项目策划、集中加工采购等环节，降低采购成本，提高生产效率；政府补贴。

（2）主要财务指标（见表37）

表37　金龙腾2017～2019年主要财务数据

项目	2019 年	2018 年	2017 年
销售毛利率(%)	13.24	10.86	4.64
销售净利率(%)	3.10	1.42	-5.19
资产负债率(%)	79.63	78.00	75.78
流动比率	1.14	1.19	1.21
速动比率	0.97	0.97	1.00
应收账款周转率	2.10	2.31	2.11

资料来源：Wind，中关村上市公司协会整理。

最近3年，公司销售毛利率逐步增长，流动比率、速动比率、应收账款周转率没有明显变化。

（3）收入结构

最近3年，公司主营业务收入按项目分类情况（见表38）。

最近3年，公司收入结构没有发生大的变化，收入构成没有发生明显的变动。

表38　金龙腾2017～2019年收入结构

单位：万元，%

项目	2019年		2018年		2017年	
	金额	比例	金额	比例	金额	比例
公装施工	136660.10	98.85	111961.76	98.47	75045.17	98.62
设计及软装	848.95	0.61	465.18	0.41	365.07	0.48
园林景观	730.04	0.53	1242.29	1.09	398.36	0.52
其他业务	6.34	0.01	35.85	0.03	285.15	0.37
合计	138245.43	100.00	113705.08	100.00	76093.75	99.99

资料来源：Wind，中关村上市公司协会整理。

（十）中际联合（北京）科技股份有限公司

1. 公司基本信息

"中际联合（北京）科技股份有限公司"（简称"中际联合"）成立于2005年，2014年于全国中小企业股份转让系统挂牌并公开转让（股票代码：831344.OC）。截至2019年12月31日，中际联合市值12.87亿元。

公司是国内领先的高空安全作业设备和高空安全作业服务解决方案提供商，专注于高空安全作业领域，致力于为客户提供"使用安全、操作简单、制造专业"的高空作业整体解决方案。公司产品及服务已在风力发电、电网、通信、火力发电、建筑、桥梁等10余个行业以及全球40多个国家和地区得到应用，现阶段公司主要聚焦于风力发电领域。

公司经营和风电行业的发展关系较为密切。国家为了确保完成非化石能源比重目标，推动能源结构转型升级、促进以风电为代表的可再生能源的可持续健康发展，陆续出台了多项政策，从行业监管、装机规划、补贴机制等多个方面，继续支持风电产业的稳步发展。消纳情况好转和弃风率的下降将增强风力发电企业的再投资能力，提升行业景气度；同时风电发电量的提升有助于提高风力发电企业经济效益，对冲补贴退出和风电上网电价下调的影响。

公司客户集中度较高，2019年公司前五大客户产生的销售收入占当年营业收入的比重分别为15.51%、15.07%、9.14%、6.56%、6.19%，合计52.47%，较为集中。2019年公司前五大客户为：国家能源集团、金风科技、远景能源、明阳智能、大唐集团。

2. 股东情况

截至2019年12月31日，公司前五大股东情况见表39。

表39 中际联合2019年前五大股东情况

排名	股东名称	股东性质	持股数量（股）	持股比例(%)
1	刘志欣	自然人	26737260	32.41
2	世创(北京)科技发展有限公司	法人	6262740	7.59
3	中日节能环保创业投资有限公司	法人	6250000	7.58
4	马东升	自然人	4050000	4.91
5	上海赛领并购投资基金合伙企业(有限合伙)	合伙企业	3500000	4.24

资料来源：Wind，中关村上市公司协会整理。

3. 财务分析

（1）基本财务数据（见表40）

表40 中际联合2017～2019年基本财务数据

单位：万元

项目	2019年	2018年	2017年
总资产	101512.60	82438.90	67813.65
归属母公司股东权益	77619.91	66069.37	58403.29
营业收入	53907.70	35566.75	28938.10
净利润	14177.92	9332.70	7169.22
经营活动现金流量净额	11000.29	3540.40	4764.07

资料来源：Wind，中关村上市公司协会整理。

最近3年，公司资产、所有者权益、收入和利润都逐步增长，主要原因系公司加大了国内外市场开发力度，使得产品市场渗透率不断提高，经营规模也在不断扩大，相应产品销售收入保持持续增长的状态。

（2）主要财务指标（见表41）

表41 中际联合 2017～2019 年主要财务数据

项目	2019 年	2018 年	2017 年
销售毛利率(%)	55.81	54.89	54.65
销售净利率(%)	26.30	26.24	24.77
资产负债率(%)	23.54	19.86	13.88
流动比率	3.98	4.68	7.06
速动比率	3.42	4.23	6.62
应收账款周转率	2.64	2.03	2.05

资料来源：Wind，中关村上市公司协会整理。

最近 3 年，公司销售净利率、流动比率、速动比率、应收账款周转率均没有明显变动。

（3）收入结构

最近 3 年，公司主营业务收入按项目分类情况（见表42）。

表42 中际联合 2017～2019 年收入结构

单位：万元，%

项目	2019 年		2018 年		2017 年	
	金额	比例	金额	比例	金额	比例
专用高空安全作业设备	52698.75	97.76	34845.23	97.97	28305.83	97.82
高空安全作业服务	997.75	1.85	625.44	1.76	552.64	1.91
其他收入	211.20	0.39	96.08	0.27	79.63	0.27
合计	53907.70	100.00	35566.75	100.00	28938.10	100.00

资料来源：Wind，中关村上市公司协会整理。

最近 3 年，公司收入结构没有发生大的变化，收入构成没有发生明显的变动。

（十一）北京中钢网信息股份有限公司

1. 公司基本信息

"北京中钢网信息股份有限公司"（简称"中钢网"）成立于 2009 年，

2015 年于全国中小企业股份转让系统挂牌并公开转让（股票代码：831727. OC）。截至 2019 年 12 月 31 日，中钢网市值 2.98 亿元。

公司是全球专业的风力发电机塔筒内部构件（WTTI）解决方案供应商，集钢铁电子交易、银行在线支付、钢材行情资讯、现货资源搜索、终端采购招标、钢材的集采分销、电子商务服务为一体的全国性大型钢铁互联网企业。公司为客户提供标准化商品现货型电子商务交易平台以及基于平台交易衍化的一体化增值服务。

公司所在的电子商务行业拥有巨大的交易规模并且其发展受到政府政策扶持，发展前景非常广阔。随着市场环境和电子商务平台的逐步成熟，行业未来市场规模将迅速扩大，具有钢铁、电子商务及相关行业背景的国内外企业可能会加入现有竞争者行列，竞争者增加将加大现有市场份额保持难度，带来潜在的市场和竞争风险。

公司客户集中度不高，2019 年公司前五大客户产生的销售收入占当年营业收入的比重分别为 8.05%、4.31%、2.88%、1.74%、1.70%，合计18.68%，较为分散。公司未披露 2019 年前五大客户名单。

2. 股东情况

截至 2019 年 12 月 31 日，公司前五大股东情况见表 43。

表 43　中钢网 2019 年前五大股东情况

排名	股东名称	股东性质	持股数量（股）	持股比例（%）
1	姚红超	自然人	58500482	60. 00
2	深圳中瑞元股权投资合伙企业（有限合伙）	合伙企业	13997666	14. 36
3	睿瑟（上海）投资管理咨询有限公司	法人	10000000	10. 26
4	刘同昌	自然人	3000000	3. 08
5	李玉良	自然人	2319000	2. 38

资料来源：Wind，中关村上市公司协会整理。

3. 财务分析

（1）基本财务数据（见表 44）

最近 3 年，公司资产、所有者权益、收入和利润都逐步增长，主要原因

表 44　中钢网 2017 ~ 2019 年基本财务数据

单位：万元

项目	2019 年	2018 年	2017 年
总资产	40964. 96	40475. 86	19914. 81
归属母公司股东权益	10933. 20	7430. 11	2571. 26
营业收入	495213. 00	375550. 85	248147. 86
净利润	3503. 10	2165. 50	- 1617. 76
经营活动现金流量净额	- 4798. 89	3824. 10	- 1936. 30

资料来源：Wind，中关村上市公司协会整理。

系期公司持续发挥品牌效应，集中核心优势，深化服务意识，客户认可度不断提高，采购渠道不断优化，核心竞争力不断增加，大批优质长期客户合作力度增加。

（2）主要财务指标（见表 45）

表 45　中钢网 2017 ~ 2019 年主要财务数据

项目	2019 年	2018 年	2017 年
销售毛利率(%)	3. 14	2. 73	2. 25
销售净利率(%)	0. 71	0. 58	- 0. 65
资产负债率(%)	73. 31	81. 64	87. 14
流动比率	1. 33	1. 22	1. 14
速动比率	0. 77	0. 73	0. 52
应收账款周转率	111. 24	165. 28	207. 34

资料来源：Wind，中关村上市公司协会整理。

最近 3 年，公司流动比率和速动比率没有明显变动，销售毛利率逐步提高。

（3）收入结构

最近 3 年，公司主营业务收入按项目分类情况（见表 46）。

最近 3 年，公司收入结构没有发生大的变化，收入构成没有发生明显的变动。

表46　中钢网2017～2019年收入结构

单位：万元，%

项目	2019年		2018年		2017年	
	金额	比例	金额	比例	金额	比例
钢材分销类	494588.53	99.87	375217.43	99.91	247938.16	99.92
会员费收入	253.19	0.05	179.99	0.05	—	—
纸媒收入	140.27	0.03	24.38	0.01	—	—
网站建设收入	121.25	0.02	38.80	0.01	—	—
推广费收入	109.76	0.02	78.28	0.02	—	—
其他业务	—	—	11.97	0.00	—	—
信息服务类	—	—	—	—	186.66	0.08
合计	495213.00	100.00	375550.85	100.00	248124.82	100.00

资料来源：Wind，中关村上市公司协会整理。

（十二）北京恒合信业技术股份有限公司

1. 公司基本信息

"北京恒合信业技术股份有限公司"（简称"恒合股份"）成立于2000年，2015年于全国中小企业股份转让系统挂牌并公开转让（股票代码：832145.OC）。截至2019年12月31日，恒合股份市值2.63亿元。

公司是从事环保科技产品开发、工业产品应用推广、工程项目实施的综合性企业。公司主要为石油石化企业、环保部门提供油气回收在线监控、在线监测数据管理平台、油品渗泄漏检测等综合管理方案，为石油石化企业提供液位量测和油气回收一体化解决方案，并为客户提供设计、研发、生产、集成、安装调试、数据分析等服务。

环保行业是典型的政策驱动型行业，恒合股份作为一家环保科技企业，长期致力于大气污染物VOCs综合防治与监测，公司的发展在一定程度上受到国家环保政策的影响。自"十三五"规划以来，国内节能环保领域政策力度不断加大，建设生态文明已经被定义为中华民族永续发展的千年大计，政府高度重视环境问题，政策倒逼企业将环境保护作为发展过程中需要考虑的重要因素。

公司客户集中度较高，2019 年公司前五大客户产生的销售收入占当年营业收入的比重分别为 9.44%、9.05%、7.17%、6.75%、6.13%，合计 38.54%，较为集中。2019 年公司前五大客户为：正星科技股份有限公司、中国石化销售股份有限公司浙江金华石油分公司、中石化碧辟（浙江）石油有限公司、延长壳牌石油有限公司、中国石化销售股份有限公司上海石油分公司。

2. 股东情况

截至 2019 年 12 月 31 日，公司前五大股东情况见表 47。

表 47　恒合股份 2019 年前五大股东情况

排名	股东名称	股东性质	持股数量（股）	持股比例（%）
1	王　琳	自然人	17150000	33.63
2	李玉健	自然人	10850000	21.27
3	陈发树	自然人	5703000	11.18
4	段娟娟	自然人	5250000	10.29
5	龚道勇	自然人	2543000	4.99

资料来源：Wind，中关村上市公司协会整理。

3. 财务分析

（1）基本财务数据（见表 48）

表 48　恒合股份 2017～2019 年基本财务数据

单位：万元

项目	2019 年	2018 年	2017 年
总资产	18055.92	12939.29	11225.94
归属母公司股东权益	13442.94	11781.94	9685.61
营业收入	12571.78	10203.08	6060.31
净利润	3203.67	2256.95	976.85
经营活动现金流量净额	549.01	1288.55	−224.86

资料来源：Wind，中关村上市公司协会整理。

最近 3 年，公司资产、所有者权益、收入和利润都逐步增长，主要原因系油气回收在线监控系统销售额大幅增加。

（2）主要财务指标（见表 49）

表 49　恒合股份 2017～2019 年主要财务数据

项目	2019 年	2018 年	2017 年
销售毛利率(%)	52.63	40.22	38.67
销售净利率(%)	25.48	22.12	16.12
资产负债率(%)	25.55	8.94	13.72
流动比率	3.85	11.02	7.26
速动比率	3.33	8.80	6.11
应收账款周转率	1.90	2.50	1.68

资料来源：Wind，中关村上市公司协会整理。

最近 3 年，公司销售毛利率 2019 年有一定幅度的提高，主要原因系公司新增多项产品业务收入。

（3）收入结构

最近 3 年，公司主营业务收入按项目分类情况（见表 50）。

表 50　恒合股份 2017～2019 年收入结构

单位：万元，%

项目	2019 年		2018 年		2017 年	
	金额	比例	金额	比例	金额	比例
在线监测	8695.87	69.17	5006.91	49.07	2610.54	43.08
二次油气回收系统	1981.50	15.76	2872.53	28.15	2690.71	44.40
液位仪系统	1332.98	10.60	1952.52	19.14	639.56	10.55
技术服务及其他	383.81	3.05	371.12	3.64	119.50	1.97
加油站渗泄漏检测装置	114.69	0.91	—	—	—	—
智网在线监控数据管理平台	49.70	0.40	—	—	—	—
检测收入	13.23	0.11	—	—	—	—
合计	12571.78	100.00	10203.08	100.00	6060.31	100.00

资料来源：Wind，中关村上市公司协会整理。

最近 3 年，公司在线监测业务收入占主营业务收入的比重有较大的提高，二次油气回收系统业务收入比重逐步降低。

（十三）北京维冠机电股份有限公司

1. 公司基本信息

"北京维冠机电股份有限公司"（简称"维冠机电"）成立于 2011 年，2015 年于全国中小企业股份转让系统挂牌并公开转让（股票代码：832694.OC）。截至 2019 年 12 月 31 日，维冠机电市值 3.38 亿元。

公司专业从事为移动通信、轨道交通以及电力、油气等多个行业提供精密金属结构件及成套设备的研发、设计、生产和销售业务，产品包括移动通信基站类集成设备、轨道交通自动售检票集成设备、能源电力行业大型模块化控制中心、自动液压动力单元及各类电气控制柜等多个类型。

公司属于计算机、通信和其他电子设备制造业。公司暂未披露具体行业信息。

公司客户集中度较高，2019 年公司前五大客户产生的销售收入占当年营业收入的比重分别为 58.10%、13.17%、9.96%、4.13%、2.18%，合计 87.54%，较为集中。公司未披露 2019 年前五大客户名单。

2. 股东情况

截至 2019 年 12 月 31 日，公司前五大股东情况见表 51。

表 51　维冠机电 2019 年前五大股东情况

排名	股东名称	股东性质	持股数量（股）	持股比例（%）
1	北京维冠电子设备有限责任公司	法人	18179207	32.35
2	珠海华金领创基金管理有限公司－珠海华金创盈二号股权投资基金合伙企业（有限合伙）	合伙企业	8500000	15.12
3	冯广维	自然人	5984793	10.65
4	石家庄莱普创业投资中心（有限合伙）	合伙企业	3000000	5.34
5	北京维冠兴业投资管理中心（普通合伙）	合伙企业	3000000	5.34

资料来源：Wind，中关村上市公司协会整理。

3. 财务分析

（1）基本财务数据（见表52）

表52　维冠机电2017～2019年基本财务数据

单位：万元

项目	2019年	2018年	2017年
总资产	75685.10	85073.50	59337.02
归属母公司股东权益	53963.34	54234.62	31361.41
营业收入	50778.89	65321.73	48332.25
净利润	2538.71	8404.38	7029.06
经营活动现金流量净额	3511.80	4506.83	1518.15

资料来源：Wind，中关村上市公司协会整理。

最近3年，公司资产、所有者权益、收入和利润2019年都有一定程度的降低，主要原因系下游客户订单减少，导致收入减少。

（2）主要财务指标（见表53）

表53　维冠机电2017～2019年主要财务数据

项目	2019年	2018年	2017年
销售毛利率(%)	20.86	27.20	33.10
销售净利率(%)	5.00	12.87	14.54
资产负债率(%)	28.70	36.25	47.15
流动比率	2.85	2.34	1.85
速动比率	2.42	2.02	1.58
应收账款周转率	2.02	2.62	2.83

资料来源：Wind，中关村上市公司协会整理。

最近3年，公司销售毛利率和销售净利率都逐步降低，主要原因系下游客户订单减少。

（3）收入结构

最近3年，公司主营业务收入按项目分类情况（见表54）。

表 54　维冠机电 2017～2019 年收入结构

单位：万元，%

项目	2019 年		2018 年		2017 年	
	金额	比例	金额	比例	金额	比例
移动通信类产品	33405.35	65.79	50123.46	76.73	38132.50	78.90
其他	17373.54	34.21	15198.27	23.27	10199.76	21.10
合计	50778.89	100.00	65321.73	100.00	48332.26	100.00

资料来源：Wind，中关村上市公司协会整理。

最近 3 年，公司收入结构有一定的变化，主营业务收入减少，材料销售和提供技术服务收入增加。

（十四）北京欣智恒科技股份有限公司

1. 公司基本信息

"北京欣智恒科技股份有限公司"（简称"欣智恒"）成立于 2002 年，2015 年于全国中小企业股份转让系统挂牌并公开转让（股票代码：833024.OC）。截至 2019 年 12 月 31 日，欣智恒市值 5.85 亿元。

公司是一家以物联网技术为核心，专注于智能安防领域物联网服务的高新技术企业。公司主营业务包括公共安防、智慧交通、智慧教育、智慧社区、智慧医疗等领域的智能安防系统设计、实施、运维等全流程的系统集成与服务。

公司软件和信息技术服务业近几年出现的跨行业竞争致使企业的经营所面临的风险愈发增加；另外，由于安防行业的快速发展，可能会吸引更多企业的进入。视频监控市场客户对产品个性化需求的不断提高，网络技术及相关产品的不断更新换代，新技术、新产品层出不穷。

公司客户集中度不高，2019 年公司前五大客户产生的销售收入占当年营业收入的比重分别为 4.39%、3.30%、2.27%、1.93%、1.79%，合计 13.68%，较为分散。2019 年公司前五大客户为：乌兰察布市集宁区城市建设投资开发有限责任公司、明水县公安交通警察大队、北京住总集团有限责任公司、乌兰察布市集宁区国融投资发展有限公司、乌兰察布市集宁区城市建设投资开发有限责任公司。

2. 股东情况

截至 2019 年 12 月 31 日，公司前五大股东情况见表 55。

表 55　欣智恒 2019 年前五大股东情况

排名	股东名称	股东性质	持股数量（股）	持股比例（%）
1	白玉昆	自然人	45045000	57.75
2	北京闻名投资基金管理有限公司－芜湖闻名泉盛股权投资合伙企业（有限合伙）	合伙企业	9750000	12.50
3	北京中欣荟智企业管理中心（有限合伙）	合伙企业	4720300	6.05
4	邹莹	自然人	3835010	4.92
5	北京中欣智恒企业管理中心（有限合伙）	合伙企业	2813200	3.61

资料来源：Wind，中关村上市公司协会整理。

3. 财务分析

（1）基本财务数据（见表 56）

表 56　欣智恒 2017~2019 年基本财务数据

单位：万元

项目	2019 年	2018 年	2017 年
总资产	50005.55	34046.63	26228.14
归属母公司股东权益	20968.27	15301.37	10228.22
营业收入	51992.42	30292.03	21519.12
净利润	5666.90	2201.78	1800.17
经营活动现金流量净额	1395.19	-1594.76	-1463.67

资料来源：Wind，中关村上市公司协会整理。

最近 3 年，公司资产、所有者权益、收入和利润都逐步增长，主要原因系公司积极开拓新的市场领域，开拓新的业务模式；扩大销售团队，新客户大幅增加；加大平面媒体及网络媒体的宣传。

（2）主要财务指标

最近 3 年，公司销售毛利率、流动比率、速动比率、应收账款周转率没有明显变动（见表 57）。

表57　欣智恒 2017～2019 年主要财务数据

项目	2019 年	2018 年	2017 年
销售毛利率(%)	20.39	21.61	20.54
销售净利率(%)	10.90	7.27	8.37
资产负债率(%)	58.07	55.06	61.00
流动比率	1.83	1.80	1.76
速动比率	1.14	1.19	1.21
应收账款周转率	5.57	5.14	5.53

资料来源：Wind，中关村上市公司协会整理。

（3）收入结构

最近 3 年，公司主营业务收入按项目分类情况见表58。

表58　欣智恒 2017～2019 年收入结构

单位：万元，%

项目	2019 年		2018 年		2017 年	
	金额	比例	金额	比例	金额	比例
安装收入	36807.10	70.79	21954.39	72.48	17264.18	80.23
设备销售收入	10206.22	19.63	7718.47	25.48	3179.75	14.78
技术服务收入	4979.09	9.58	619.17	2.04	1075.19	4.99
合计	51992.41	100.00	30292.03	100.00	21519.12	100.00

资料来源：Wind，中关村上市公司协会整理。

最近 3 年，公司收入结构没有发生大的变化，收入构成没有发生明显的变动。

（十五）北京合力亿捷科技股份有限公司

1. 公司基本信息

"北京合力亿捷科技股份有限公司"（简称"合力亿捷"）成立于2002年，2015 年于全国中小企业股份转让系统挂牌并公开转让（股票代码：833629.OC）。截至 2019 年 12 月 31 日，合力亿捷市值 4.69 亿元。

公司是专业从事呼叫中心和客户关系管理的软件开发与服务的资深企

业，致力于为客户提供有竞争力的解决方案，是国内领先的拥有自主知识产权的全套呼叫中心解决方案及服务提供商。公司主营业务包括提供呼叫中心系统的软件开发业务，呼叫中心云服务，以及与上述产品和服务相关的维护服务。

公司的发展依托于软件大行业的发展。呼叫中心应用软件行业所属的软件行业是国家鼓励发展的行业，国家在政策方面给予了较大支持，同时战略性新兴产业驱动呼叫中心发展；产业和业务模式升级，激活了对呼叫中心的需求。

公司客户集中度较高，2019年公司前五大客户产生的销售收入占当年营业收入的比重分别为45.24%、12.09%、5.35%、3.18%、3.13%，合计68.99%，较为集中。2019年公司前五大客户为：中国联合网络通信有限公司（各级公司合并）、中国邮政速递物流股份有限公司、中国移动通信有限公司（各级公司合并）、中国电信股份有限公司（各级公司合并）、阳光财产保险股份有限公司。

2. 股东情况

截至2019年12月31日，公司前五大股东情况见表59。

表59　合力亿捷2019年前五大股东情况

排名	股东名称	股东性质	持股数量（股）	持股比例（%）
1	曲道俊	自然人	28931700	28.54
2	北京新安财富创业投资有限责任公司	法人	10473280	10.33
3	门相卿	自然人	8471820	8.36
4	王浩	自然人	8085420	7.98
5	杨庆祝	自然人	7689360	7.58

资料来源：Wind，中关村上市公司协会整理。

3. 财务分析

（1）基本财务数据

最近3年，公司资产、所有者权益、收入和利润都逐步增长，主要原因系来自云服务和中国移动业务的增长（见表60）。

表 60　合力亿捷 2017～2019 年基本财务数据

单位：万元

项目	2019 年	2018 年	2017 年
总资产	25190.76	23497.23	22040.55
归属母公司股东权益	19328.20	17591.30	16380.50
营业收入	24110.83	18392.75	18134.65
净利润	3257.66	2974.00	3688.57
经营活动现金流量净额	559.45	1567.17	4367.01

资料来源：Wind，中关村上市公司协会整理。

（2）主要财务指标（见表 61）

表 61　合力亿捷 2017～2019 年主要财务数据

项目	2019 年	2018 年	2017 年
销售毛利率(%)	47.44	55.72	55.58
销售净利率(%)	13.51	16.17	20.34
资产负债率(%)	23.27	25.13	25.68
流动比率	3.56	3.23	3.09
速动比率	2.98	2.55	2.71
应收账款周转率	4.35	4.72	4.77

资料来源：Wind，中关村上市公司协会整理。

最近 3 年，公司资产负债率、流动比率、速动比率和应收账款周转率没有明显变动。

（3）收入结构

最近 3 年，公司主营业务收入按项目分类情况见表 62。

表 62　合力亿捷 2017～2019 年收入结构

单位：万元，%

项目	2019 年		2018 年		2017 年	
	金额	比例	金额	比例	金额	比例
应用软件开发	17179.29	71.25	12646.33	68.76	12028.71	66.33
云服务	5705.05	23.66	3905.38	21.23	4199.97	23.16

项目	2019 年		2018 年		2017 年	
	金额	比例	金额	比例	金额	比例
维护服务	1030.24	4.27	1239.80	6.74	1214.40	6.70
商品销售	196.24	0.82	601.24	3.27	691.57	3.81
合计	24110.82	100.00	18392.75	100.00	18134.65	100.00

资料来源：Wind，中关村上市公司协会整理。

最近 3 年，公司收入结构没有发生大的变化，收入构成没有发生明显的变动。

（十六）腾轩旅游集团股份有限公司

1. 公司基本信息

"腾轩旅游集团股份有限公司"（简称"腾轩旅游"）成立于 2001 年，2015 年于全国中小企业股份转让系统挂牌并公开转让（股票代码：833741.OC）。截至 2019 年 12 月 31 日，腾轩旅游市值 7.73 亿元。

公司是可为个人、团体及企业提供国内外特色旅行、高端定制旅行、商务差旅、年会奖励旅行等业务的国际旅行社。主营业务包括为客户提供大交通、商旅管理、旅游、会奖等企业出行服务，同时为企业客户提供软件服务、平台服务等增值业务服务。

我国旅游业快速发展，产业规模不断扩大，产业体系日趋完善。因为旅游业资源消耗低、行业进入壁垒低、投入资金少、综合效益好，所以经营旅游行业的企业数量众多，且不断增加。目前出境旅游业已成为产业投资的热点，行业创新及行业整合加速，市场竞争日趋激烈。旅游业务受宏观经济影响较大，经济增速放缓会导致旅游消费需求在上升通道上出现一定的短期波动。

公司客户集中度不高，2019 年公司前五大客户产生的销售收入占当年营业收入的比重分别为 5.89%、2.93%、2.25%、1.99%、1.91%，合计 14.97%，较为分散。公司未披露 2019 年前五大客户名单。

2. 股东情况

截至 2019 年 12 月 31 日，公司前五大股东情况见表 63。

表 63　腾轩旅游 2019 年前五大股东情况

排名	股东名称	股东性质	持股数量（股）	持股比例（%）
1	刘亮	自然人	41117900	37.20
2	腾轩(北京)咨询服务有限公司	法人	29140636	26.36
3	北京联拓天际电子商务有限公司	法人	27636171	25.00
4	西藏东方财富投资管理有限公司－东方财富速安私募投资基金	法人	5348143	4.84
5	宁波丰厚致远创业投资中心（有限合伙）	合伙企业	2674071	2.42

资料来源：Wind，中关村上市公司协会整理。

3. 财务分析

（1）基本财务数据（见表 64）

表 64　腾轩旅游 2017～2019 年基本财务数据

单位：万元

项目	2019 年	2018 年	2017 年
总资产	47495.95	32431.10	22577.84
归属母公司股东权益	23197.99	20941.28	13062.06
营业收入	200216.50	190056.70	155598.52
净利润	3670.62	1456.93	3003.32
经营活动现金流量净额	5661.74	615.62	684.30

资料来源：Wind，中关村上市公司协会整理。

最近 3 年，公司资产、所有者权益、收入都逐步增长，主要原因系公司持续在技术和品牌上投入人力、财力，市场竞争力增强，销售量平缓增长。

（2）主要财务指标

最近 3 年，公司销售毛利率和应收账款周转率没有明显变动，流动比率和速动比率有小幅度的降低（见表 65）。

表65　腾轩旅游2017～2019年主要财务数据

项目	2019 年	2018 年	2017 年
销售毛利率（％）	9.13	9.79	8.93
销售净利率（％）	1.83	0.77	1.93
资产负债率（％）	49.56	33.44	40.32
流动比率	1.54	2.10	2.29
速动比率	1.54	2.10	2.29
应收账款周转率	22.11	22.36	20.55

资料来源：Wind，中关村上市公司协会整理。

（3）收入结构

最近3年，公司主营业务收入按项目分类情况见表66。

表66　腾轩旅游2017～2019年收入结构

单位：万元，%

项目	2019 年		2018 年		2017 年	
	金额	比例	金额	比例	金额	比例
自由行票务收入	189157.69	94.48	171140.23	90.05	141559.31	90.98
差旅管理	4878.03	2.44	10062.02	5.29	1915.43	1.23
机票代理	2549.68	1.27	1342.19	0.71	1058.46	0.68
旅游服务收入	2239.53	1.12	4445.08	2.34	11047.23	7.10
平台收入	1053.91	0.53	1363.49	0.72	—	—
软件收入	232.52	0.12	95.18	0.05	—	—
会奖服务	—	—	1608.51	0.85	18.09	0.01
其他业务	105.13	0.05	—	—	—	—
合计	200216.49	100.00	190056.70	100.00	155598.52	100.00

资料来源：Wind，中关村上市公司协会整理。

最近3年，公司收入结构没有发生大的变化，收入构成没有发生明显的变动。

（十七）国电康能科技股份有限公司

1. 公司基本信息

"国电康能科技股份有限公司"（简称"国电康能"）成立于1999年，2015年于全国中小企业股份转让系统挂牌并公开转让（股票代码：

833966.OC）。截至 2019 年 12 月 31 日，国电康能市值 19.79 亿元。

公司是集研发、咨询、施工、运营于一体的节能环保服务一站式供应商，在国内主要针对稀有贵重金属冶炼、化工行业提供工业节能（包括余热余压发电、烟气尾气治理、污水处理等节能环保工程改造）服务；针对公共楼宇、道路等设施提供节电节能的工程服务以及技术服务。

公司从事的冶金、化工等余热发电业务，建筑、机房节能业务，烟气尾气治理业务，污水处理业务属于节能环保产业，国家节能环保政策密集出台，力度持续加大，节能环保政策措施由行政手段向法律的、行政的和经济的手段延伸，第三方治理污染的积极性和主动性被充分调动起来，绿色节能环保产业正逐渐成为新经济常态下的新亮点、新支柱，产业发展面临重要的机遇期，具有巨大的市场发展空间。

公司客户集中度很高，2019 年公司前五大客户产生的销售收入占当年营业收入的比重分别为 71.71%、7.77%、6.05%、4.21%、2.58%，合计 92.32%，非常集中。公司未披露 2019 年前五大客户名单。

2. 股东情况

截至 2019 年 12 月 31 日，公司前五大股东情况见表 67。

表 67　国电康能 2019 年前五大股东情况

排名	股东名称	股东性质	持股数量（股）	持股比例（%）
1	陈少辉	自然人	60000000	36.38
2	陈少忠	自然人	41497000	25.16
3	湖南恒程新能源科技有限公司	法人	29115000	17.65
4	陈楚钊	自然人	7497000	4.55
5	杭州国核富盈股权投资合伙企业（有限合伙）	合伙企业	6800000	4.12

资料来源：Wind，中关村上市公司协会整理。

3. 财务分析

（1）基本财务数据（见表 68）

最近 3 年，公司资产、所有者权益、收入和利润都逐步增长，主要原因系承接新项目以及滚动工程项目完工进度增加确认收入。

表 68　国电康能 2017~2019 年基本财务数据

单位：万元

项目	2019 年	2018 年	2017 年
总资产	90996.81	70128.12	44846.51
归属母公司股东权益	60013.63	48247.43	33202.34
营业收入	33441.42	32515.79	21881.91
净利润	10565.81	10146.57	8493.77
经营活动现金流量净额	777.18	-4643.41	1179.49

资料来源：Wind，中关村上市公司协会整理。

（2）主要财务指标（见表 69）

表 69　国电康能 2017~2019 年主要财务数据

项目	2019 年	2018 年	2017 年
销售毛利率(％)	48.12	47.48	54.62
销售净利率(％)	31.60	31.21	38.82
资产负债率(％)	33.91	31.13	26.04
流动比率	2.93	2.92	3.38
速动比率	1.64	1.40	3.38
应收账款周转率	2.87	3.99	2.48

资料来源：Wind，中关村上市公司协会整理。

最近 3 年，公司销售净利率、资产负债率、流动比率、速动比率、应收账款周转率都比较平稳。

（3）收入结构

最近 3 年，公司主营业务收入按项目分类情况见表 70。

公司 2019 年技术许可、转让及服务收入占比较上年增长较大，主要原因系上年基数较小，而 2019 年技术许可、转让及服务收入有了较大的增长。

表70　国电康能 2017～2019 年收入结构

单位：万元，%

项目	2019 年		2018 年		2017 年	
	金额	比例	金额	比例	金额	比例
项目承包收入	27442.65	82.06	29109.76	89.52	18935.58	88.32
技术许可及服务收入	4291.22	12.83	650.98	2.00	170.28	0.79
合同能源管理收入	1587.85	4.75	2201.88	6.77	2333.11	10.88
商品销售收入	108.65	0.32	271.56	0.84	——	——
其他业务	11.04	0.03	281.62	0.87	——	——
合计	33441.41	99.99	32515.80	100.00	21438.97	99.99

资料来源：Wind，中关村上市公司协会整理。

（十八）北京龙盛世纪科技股份有限公司

1. 公司基本信息

"北京龙盛世纪科技股份有限公司"（简称"龙盛世纪"）成立于 2002 年，2015 年于全国中小企业股份转让系统挂牌并公开转让（股票代码：834037. OC）。截至 2019 年 12 月 31 日，龙盛世纪市值 0.24 亿元。

公司是从事大规模 IT 基础架构建设及管理的专业服务商，公司面向高速增长型互联网企业，提供 IT 设施及 IT 资产全生命周期管理服务。即公司与客户进行深度协同，从 IT 基础设施的规划设计到采购部署、从大规模分布式现场维护到专业资源回收，提供全生命周期的纵深服务。

公司属于信息系统集成服务，下游企业基本是大、中规模的互联网企业，互联网基础架构的设备及服务主要销售给北京奇艺世纪科技有限公司等国内知名互联网企业。公司加强了对中小型互联网行业的业务拓展，新的互联网客户增加。

公司客户集中度较高，2019 年公司前五大客户产生的销售收入占当年营业收入的比重分别为 69.32%、3.89%、2.88%、2.85%、2.12%，合计 81.06%，较为集中。公司未披露 2019 年前五大客户名单。

2. 股东情况

截至 2019 年 12 月 31 日，公司前五大股东情况见表 71。

表 71　龙盛世纪 2019 年前五大股东情况

排名	股东名称	股东性质	持股数量（股）	持股比例（%）
1	王朝辉	自然人	29631700	51.00
2	薛中	自然人	17428750	30.00
3	王卫	自然人	5919500	10.19
4	赵晓德	自然人	1907949	3.28
5	北京德业投资有限公司	法人	1660000	2.86

资料来源：Wind，中关村上市公司协会整理。

3. 财务分析

（1）基本财务数据（见表 72）

表 72　龙盛世纪 2017～2019 年基本财务数据

单位：万元

项目	2019 年	2018 年	2017 年
总资产	16696.60	30618.11	23708.86
归属母公司股东权益	9309.42	8529.07	8267.93
营业收入	90733.83	87537.01	76191.17
净利润	3726.01	3003.47	3333.68
经营活动现金流量净额	14703.35	592.42	1213.46

资料来源：Wind，中关村上市公司协会整理。

最近 3 年，公司总资产 2019 年有较大程度的减少，主要原因系签订的设备合同有所减少，以前结存发出商品已经结转进入成本，导致期末存货减少且折旧额增加。

（2）主要财务指标

最近 3 年，公司销售净利率和应收账款周转率没有明显变动，流动比率和速动比率有小幅度的提高（见表 73）。

表73　龙盛世纪2017～2019年主要财务数据

项目	2019 年	2018 年	2017 年
销售毛利率(%)	7.18	6.44	7.69
销售净利率(%)	4.11	3.43	4.38
资产负债率(%)	44.24	72.14	65.13
流动比率	2.88	1.39	1.53
速动比率	2.12	0.60	0.78
应收账款周转率	11.36	11.78	9.77

资料来源：Wind，中关村上市公司协会整理。

（3）收入结构

最近3年，公司主营业务收入按项目分类情况见表74。

表74　龙盛世纪2017～2019年收入结构

单位：万元，%

项目	2019 年		2018 年		2017 年	
	金额	比例	金额	比例	金额	比例
计算机硬件销售及服务	85551.00	94.29	83870.63	95.81	72658.07	95.36
服务收入	5182.83	5.71	3666.38	4.19	3533.11	4.64
合计	90733.83	100.00	87537.01	100.00	76191.18	100.00

资料来源：Wind，中关村上市公司协会整理。

最近3年，公司收入结构没有发生大的变化，收入构成没有发生明显的变动。

（十九）北京卡车之家信息技术股份有限公司

1. 公司基本信息

"北京卡车之家信息技术股份有限公司"（简称"卡车之家"）成立于2008年，2015年于全国中小企业股份转让系统挂牌并公开转让（股票代码：834063.OC）。截至2019年12月31日，卡车之家市值7.11亿元。

公司是目前中国最大的卡车门户网站以及中国最大的商用车互动服务平台。公司主营以商用车行业为领域，为国内外多个商用车品牌提供品牌宣传和推广服务；集成营销链路中的策略数据指导、营销执行监测、效果转化评估，为商用车经销商提供数字营销服务；为商用车终端用户提供选车、购车、用车、养车服务。

公司属于信息传输、软件和信息技术服务业—互联网和相关服务—互联网信息服务业，互联网行业发展快速，互联网产品和技术在不断地更新。互联网行业是国家重点扶持和发展的高新技术产业，国家在产业政策方面给予大力支持和鼓励。

公司客户集中度不高，2019 年公司前五大客户产生的销售收入占当年营业收入的比重分别为 6.79%、4.81%、4.56%、4.04%、3.49%，合计 23.69%，较为分散。2019 年公司前五大客户为：上海汽车集团股份有限公司、北京知融知识产权与品牌管理有限公司、一汽解放青岛汽车有限公司、一汽解放汽车销售有限公司、上海郡州广告传媒股份有限公司。

2. 股东情况

截至 2019 年 12 月 31 日，公司前五大股东情况见表 75。

表 75　卡车之家 2019 年前五大股东情况

排名	股东名称	股东性质	持股数量（股）	持股比例（%）
1	邵震	自然人	4041960	18.36
2	天津越陌度阡企业管理咨询合伙企业（有限合伙）	合伙企业	2263872	10.28
3	天津罗工合一企业管理咨询合伙企业（有限合伙）	合伙企业	2020668	9.18
4	宁波梅山保税港区金信汇中投资合伙企业（有限合伙）	合伙企业	1732059	7.87
5	祝志军	自然人	1536600	6.98

资料来源：Wind，中关村上市公司协会整理。

3. 财务分析

（1）基本财务数据（见表76）

表76　卡车之家2017～2019年基本财务数据

单位：万元

项目	2019年	2018年	2017年
总资产	25535.22	21927.46	19518.67
归属母公司股东权益	20182.02	17193.27	15706.29
营业收入	15710.05	13017.75	10541.19
净利润	2988.68	1487.07	184.63
经营活动现金流量净额	2245.06	3146.08	1936.59

资料来源：Wind，中关村上市公司协会整理。

最近3年，公司资产、所有者权益、收入和利润都逐步增长，主要原因系随着产品服务升级，为满足大客户需求的营销推广运营能力显著提升，广告营销业务收入增长明显。

（2）主要财务指标（见表77）

表77　卡车之家2017～2019年主要财务数据

项目	2019年	2018年	2017年
销售毛利率(%)	71.25	63.59	55.83
销售净利率(%)	19.02	11.42	1.75
资产负债率(%)	20.96	21.25	19.16
流动比率	4.61	4.62	5.07
速动比率	4.55	4.53	4.98
应收账款周转率	6.21	5.58	3.57

资料来源：Wind，中关村上市公司协会整理。

最近3年，公司流动比率和速动比率没有明显变化，销售净利率逐步提高。

（3）收入结构

最近3年，公司主营业务收入按项目分类情况见表78。

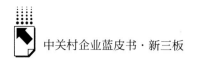

表78 卡车之家2017～2019年收入结构

单位：万元，%

项目	2019 年		2018 年		2017 年	
	金额	比例	金额	比例	金额	比例
广告业务	14197.09	90.37	11173.19	85.83	8151.46	77.33
电商业务	1512.95	9.63	1844.56	14.17	2389.73	22.67
合计	15710.04	100.00	13017.75	100.00	10541.19	100.00

资料来源：Wind，中关村上市公司协会整理。

最近3年，公司电商业务收入占营业收入比重降低，主要系电商业务从直接零售业务转向渠道运营和营销服务业务为重点，零售收入减少。

（二十）和创（北京）科技股份有限公司

1. 公司基本信息

"和创（北京）科技股份有限公司"（简称"和创科技"）成立于2009年，2015年于全国中小企业股份转让系统挂牌并公开转让（股票代码：834218.OC）。截至2019年12月31日，和创科技市值17.30亿元。

公司是企业营销应用管理的全套解决方案提供商。公司主营业务是为企业提供基于SaaS和云模式的移动营销管理服务，以移动营销管理作为行业切入点，主要覆盖企业客户管理、销售协同执行、日程任务管理、销售流程管理、数据智能分析等。

本公司属于软件和信息技术服务行业，主营业务是基于SaaS模式。SaaS行业的特点和商业模式决定了快速成长期的企业盈利较为困难，其行业商业模式的特点是：一项产品或者服务在完成销售时，其绝大部分成本、费用都已经确认，但是其收入却要分期确认，收入与成本费用的确认时点差异导致了收入增长速度越快，财务上亏损越明显。

公司客户集中度不高，2019年公司前五大客户产生的销售收入占当年营业收入的比重分别为2.00%、1.23%、1.21%、1.09%、0.98%，合计6.51%，非常分散。2019年公司前五大客户为：武汉市东博软件有限公司、舍住（上海）信息技术有限公司、广州市百库电子科技有限公司、上海银喻信息科技有限公司、上海外高桥集团股份有限公司。

2. 股东情况

截至 2019 年 12 月 31 日，公司前五大股东情况见表79。

表79　和创科技 2019 年前五大股东情况

排名	股东名称	股东性质	持股数量（股）	持股比例（%）
1	苏州图搜众成投资管理合伙企业（有限合伙）	合伙企业	25550941	22.07
2	刘学臣	自然人	20335572	17.57
3	亚东北辰投资管理有限公司	法人	18927430	16.35
4	扬州市富海永成股权投资合伙企业（有限合伙）	合伙企业	5375714	4.64
5	珠海富海铧创信息技术创业投资基金（有限合伙）	合伙企业	4425468	3.82

资料来源：Wind，中关村上市公司协会整理。

3. 财务分析

（1）基本财务数据（见表80）

表80　和创科技 2017～2019 年基本财务数据

单位：万元

项目	2019 年	2018 年	2017 年
总资产	31190.73	33858.81	34002.24
归属母公司股东权益	10933.11	14175.66	11603.66
营业收入	12718.30	10950.65	9769.58
净利润	−3143.91	−5550.61	−7252.09
经营活动现金流量净额	−1233.65	−6039.92	−13083.72

资料来源：Wind，中关村上市公司协会整理。

最近 3 年，公司资产、所有者权益、收入和利润都有所波动，总体比较稳定。

（2）主要财务指标（见表81）

表81　和创科技2017～2019年主要财务数据

项目	2019 年	2018 年	2017 年
销售毛利率(％)	60. 87	60. 58	68. 54
销售净利率(％)	－24. 72	－50. 69	－74. 23
资产负债率(％)	51. 83	44. 74	52. 71
流动比率	1. 27	1. 51	1. 31
速动比率	1. 27	1. 48	1. 31
应收账款周转率	34. 01	0. 00	23. 82

资料来源：Wind，中关村上市公司协会整理。

最近3年，公司销售毛利率、流动比率和速动比率没有明显变动，销售净利率有一定程度的提高。

（3）收入结构

最近3年，公司主营业务收入按项目分类情况见表82。

表82　和创科技2017～2019年收入结构

单位：万元，％

项目	2019 年		2018 年		2017 年	
	金额	比例	金额	比例	金额	比例
SAAS 平台收入	8859. 49	69. 66	7890. 22	72. 05	8325. 32	85. 22
软件代理收入	3167. 76	24. 91	2587. 12	23. 63	975. 40	9. 98
软件开发收入	532. 46	4. 19	156. 33	1. 43	321. 50	3. 29
其他业务	158. 58	1. 25	316. 98	2. 89	147. 36	1. 51
合计	12718. 29	100. 01	10950. 65	100. 00	9769. 58	100. 00

资料来源：Wind，中关村上市公司协会整理。

最近3年，公司SAAS平台收入占营业收入的比重逐步下降。

（二十一）北京车讯互联网股份有限公司

1. 公司基本信息

"北京车讯互联网股份有限公司"（简称"车讯互联"）成立于2008年，

2015 年于全国中小企业股份转让系统挂牌并公开转让（股票代码：834327. OC）。截至 2019 年 12 月 31 日，车讯互联市值 7.70 亿元。

公司是一家以汽车原创 IP 内容为核心、覆盖汽车消费全价值链条的互联网汽车生活服务平台。公司主营业务为为互联网用户提供汽车信息服务；为汽车生产商、销售商提供互联网广告信息服务；在互联网汽车电商领域开展 O2O 汽车销售业务。

作为向国民经济主导产业之一的汽车产业提供信息服务的行业，汽车互联网信息服务业的发展与汽车产业的发展息息相关。目前正值新能源汽车进入中国市场的重要时机，且近年来中国汽车保有量不断攀升，我国汽车产业正面临产业利润从售前市场向售后市场转移的历史时刻。

公司客户集中度较高，2019 年公司前五大客户产生的销售收入占当年营业收入的比重分别为 16.40%、11.98%、10.11%、9.35%、9.33%，合计 57.17%，较为集中。2019 年公司前五大客户为：杭州全拓科技有限公司、北京瑞诚广告有限公司、杭州聚欣广告有限公司、北京林克艾普科技有限公司、霍尔果斯海硕信息服务有限公司。

2. 股东情况

截至 2019 年 12 月 31 日，公司前五大股东情况见表 83。

表 83　车讯互联 2019 年前五大股东情况

排名	股东名称	股东性质	持股数量（股）	持股比例（%）
1	綦琳	自然人	40303328	70.71
2	北京金科联投资管理中心（有限合伙）	合伙企业	3725033	6.54
3	马琳娜	自然人	3540000	6.21
4	文轩恒信（深圳）股权投资基金合伙企业（有限合伙）	合伙企业	2272727	3.99
5	北京飞龙元系投资管理中心（有限合伙）	合伙企业	2012987	3.53

资料来源：Wind，中关村上市公司协会整理。

3. 财务分析

（1）基本财务数据（见表84）

表84　车讯互联2017～2019年基本财务数据

单位：万元

项目	2019年	2018年	2017年
总资产	25792.35	22053.15	18004.61
归属母公司股东权益	19288.76	16620.41	13450.61
营业收入	23335.61	23288.64	14694.97
净利润	2617.56	3343.12	2207.84
经营活动现金流量净额	-2338.04	1589.71	-852.85

资料来源：Wind，中关村上市公司协会整理。

最近3年，公司资产、所有者权益、收入都逐步增长，公司2019年经营活动现金流量净额有较大幅度的降低，主要原因系2019年应收账款增加。

（2）主要财务指标（见表85）

表85　车讯互联2017～2019年主要财务数据

项目	2019年	2018年	2017年
销售毛利率(%)	34.89	36.29	44.08
销售净利率(%)	11.22	14.36	15.02
资产负债率(%)	24.53	23.60	23.11
流动比率	4.15	4.09	4.15
速动比率	4.15	4.09	4.01
应收账款周转率	1.41	1.66	1.52

资料来源：Wind，中关村上市公司协会整理。

最近3年，公司流动比率、速动比率和应收账款周转率没有明显变动，销售净利率有较小幅度的降低。

（3）收入结构

最近3年，公司主营业务收入按项目分类情况见表86。

表86　车讯互联2017～2019年收入结构

单位：万元，%

项目	2019年末		2018年末		2017年末	
	金额	比例	金额	比例	金额	比例
广告发布收入	23335.61	100.00	23046.57	98.96	14587.07	99.27
其他业务	—	—	242.07	1.04		
会员和代理服务收入	—	—	—	—	86.93	0.59
电商收入	—	—	—	—	20.96	0.14
合计	23335.61	100.00	23288.64	100.00	14694.96	100.00

资料来源：Wind，中关村上市公司协会整理。

最近3年，公司收入结构没有发生大的变化，收入构成没有发生明显的变动。

（二十二）北京无限自在文化传媒股份有限公司

1. 公司基本信息

"北京无限自在文化传媒股份有限公司"（简称"自在传媒"）成立于2011年，2015年于全国中小企业股份转让系统挂牌并公开转让（股票代码：834476. OC）。截至2019年12月31日，自在传媒市值6.31亿元。

公司拥有全面的服务体系，具有卓越的娱乐整合行销能力，被誉为业内"最能整合资源的影视营销公司"。业务范围主要包括制订电影、电视剧、电视节目整体营销策略，基于微博、微信、SNS、BBS等社会化平台进行的社会化营销，此外还有传统媒介、线下活动及整合营销等业务。

公司所在行业受到上游影视行业政策影响。2018～2019年，国家一直在加强对影视产业和影视项目管控的力度，相关政策有所收紧，上游资本和项目的活跃度相对前几年的井喷式增长一直也在放缓，作为下游服务供应商的企业也受到波及。

公司客户集中度相对较高，2019年公司前五大客户产生的销售收入占当年营业收入的比重分别为11.04%、7.29%、5.43%、4.68%、4.51%，合计32.95%。2019年公司前五大客户为：天津猫眼微影文化传媒有限公司、耳东时代影业（天津）有限公司、霍尔果斯恒业影业有限公司、北京爱奇艺科技有限公司、浙江博纳影视制作有限公司。

2. 股东情况

截至 2019 年 12 月 31 日，公司前五大股东情况见表 87。

表 87 自在传媒 2019 年前五大股东情况

排名	股东名称	股东性质	持股数量（股）	持股比例（%）
1	朱玮杰	自然人	27057651	33.47
2	刘哲	自然人	12162674	15.05
3	周维	自然人	11848584	14.66
4	北京切克闹投资管理中心（有限合伙）	合伙企业	5807700	7.18
5	广州立创五号实业投资合伙企业（有限合伙）	合伙企业	4243928	5.25

资料来源：Wind，中关村上市公司协会整理。

3. 财务分析

（1）基本财务数据（见表 88）

表 88 自在传媒 2017～2019 年基本财务数据

单位：万元

项目	2019 年	2018 年	2017 年
总资产	18324.13	13649.58	11848.37
归属母公司股东权益	13061.12	11090.02	10072.07
营业收入	10832.94	14859.60	10195.26
净利润	1778.54	2083.12	2264.94
经营活动现金流量净额	4014.55	-2173.27	-191.96

资料来源：Wind，中关村上市公司协会整理。

近两年，国家对影视行业和影视项目管控力度加强，导致公司业绩受到影响，营业收入和净利润出现下滑。

（2）主要财务指标

最近 3 年，公司销售毛利率和净利率略有下降，流动比率和速冻比率处于合理范围（见表 89）。

表89　自在传媒2017～2019年主要财务数据

项目	2019 年	2018 年	2017 年
销售毛利率(%)	48.08	32.68	42.29
销售净利率(%)	16.42	14.02	22.22
资产负债率(%)	28.84	17.19	14.33
流动比率	2.76	4.66	5.75
速动比率	2.28	4.24	4.94
应收账款周转率	3.00	4.69	9.05

资料来源：Wind，中关村上市公司协会整理。

（3）收入结构

最近3年，公司主营业务收入按项目分类情况见表90。

表90　自在传媒2017～2019年收入结构

单位：万元，%

项目	2019 年		2018 年		2017 年	
	金额	比例	金额	比例	金额	比例
电影营销收入	6624.70	61.15	7580.86	51.08	7105.47	78.32
网剧营销收入	1338.51	12.36	2246.07	15.13	1137.28	12.54
综艺营销收入	495.26	4.57	1330.21	8.96	665.97	7.34
视频制作收入	—	—	44.77	0.30	138.24	1.52
其他营销收入	2149.25	19.84	1231.02	8.29	25.72	0.28
分账收入	225.21	2.08	2408.23	16.24	—	—
合计	10832.93	100.00	14841.16	100.00	9072.68	100.00

资料来源：Wind，中关村上市公司协会整理。

最近3年，公司收入结构发生了较大变化。电影营销收入比例增加，分账收入大幅减少。

（二十三）北京云畅游戏科技股份有限公司

1. 公司基本信息

"北京云畅游戏科技股份有限公司"（简称"云畅游戏"）成立于

2009 年，2015 年于全国中小企业股份转让系统挂牌并公开转让（股票代码：834785.OC）。截至 2019 年 12 月 31 日，云畅游戏市值 6.35 亿元。

公司是一家专注于提供领先的移动游戏和互联网娱乐产品的研发商和运营商。公司凭借其独特的颠覆性创新理念及强大的技术研发实力，已推出了一系列备受玩家好评的精品移动游戏。截至目前公司已推出：《大海贼》《核心战士》《我是大大侠》《旋风少女》等多款游戏产品。

网络游戏行业作为我国新兴的文化创新产业，是国家重点扶持的产业之一，未来仍将保持持续增长。但随着游戏产业的不断扩大，国家各项政策也日趋严格规范。若国家有关行业监管政策发生变化，将可能对整个行业竞争态势带来新的变化，从而可能对本公司经营业绩带来不利影响。

公司客户集中度很高，2019 年公司前五大客户产生的销售收入占当年营业收入的比重分别为 64.36%、22.09%、2.32%、1.91%、1.39%，合计 92.07%，非常集中。2019 年公司前五大客户为：广州爱九游信息技术有限公司、深圳皮克玩网络科技有限公司、深圳尚米网络技术有限公司、深圳市腾讯计算机系统有限公司、上海益玩网络科技有限公司。

2. 股东情况

截至 2019 年 12 月 31 日，公司前五大股东情况见表 91。

表 91　云畅游戏 2019 年前五大股东情况

排名	股东名称	股东性质	持股数量（股）	持股比例（%）
1	高云峥	自然人	14792864	37.26
2	马小丁	自然人	5509906	13.88
3	天津启航互动科技合伙企业（有限合伙）	合伙企业	4683118	11.79
4	深圳市德之青投资有限公司	法人	2850001	7.18
5	深圳市架桥富凯股权投资企业（有限合伙）	合伙企业	1424988	3.59

资料来源：Wind，中关村上市公司协会整理。

3. 财务分析

（1）基本财务数据（见表92）

表 92　云畅游戏 2017～2019 年基本财务数据

单位：万元

项目	2019 年	2018 年	2017 年
总资产	31777.31	27819.10	21825.80
归属母公司股东权益	27814.92	22248.12	20002.36
营业收入	24407.08	20790.96	15482.83
净利润	5566.80	2245.75	660.84
经营活动现金流量净额	13212.85	-7001.91	5090.76

资料来源：Wind，中关村上市公司协会整理。

最近 3 年，公司资产、归属母公司股东权益、营业收入和净利润都逐步增长，主要原因系年拳头游戏产品《航海王－燃烧意志》品质较佳、游戏内容玩法不停丰富优化，持续受到游戏玩家欢迎。

（2）主要财务指标（见表93）

表 93　云畅游戏 2017～2019 年主要财务数据

项目	2019 年	2018 年	2017 年
销售毛利率(%)	87.00	79.28	56.40
销售净利率(%)	22.81	10.80	4.27
资产负债率(%)	12.47	20.03	8.35
流动比率	6.99	4.21	9.58
速动比率	6.99	4.21	9.58
应收账款周转率	2.57	2.57	4.52

资料来源：Wind，中关村上市公司协会整理。

最近 3 年，公司销售毛利率和净利率持续上涨，原因系研发费用增加、销售费用减少。

（3）收入结构

最近 3 年，公司主营业务收入按项目分类情况见表94。

表 94　云畅游戏 2017～2019 年收入结构

单位：万元，%

项目	2019 年		2018 年		2017 年	
	金额	比例	金额	比例	金额	比例
游戏收入	24407.08	100.00	20790.96	100.00	15482.83	100.00
合计	24407.08	100.00	20790.96	100.00	15482.83	100.00

资料来源：Wind，中关村上市公司协会整理。

最近 3 年，公司专注于游戏开发，唯一的收入来源来自游戏销售收入。

（二十四）北京宝贝格子控股股份有限公司

1. 公司基本信息

"北京宝贝格子控股股份有限公司"（简称"宝贝格子"）成立于 2012 年，2015 年于全国中小企业股份转让系统挂牌并公开转让（股票代码：834802.OC）。截至 2019 年 12 月 31 日，宝贝格子市值 16.06 亿元。

公司立足于整合全球各国资源，通过互联网向国内消费者提供全球优质的母婴用品等。目前主要经营产品涵盖孕期服饰、营养品、用品，产后塑身服、康复用品，宝宝食品、日用品、服饰、玩具、车床寝具等 20 多个品类。

公司所处行业为"I64 互联网和相关服务中的 I6420 互联网信息服务业"，主要产品与服务项目为以母婴用品为主的跨境电子商务及母婴服务业务。目前，中国母婴商品零售行业处于快速发展阶段。根据安信证券研究所报告的数据显示，2010 年中国 0～12 岁的婴童市场总规模已突破万亿。近 20 年的数据显示，该市场每年的增幅不低于 10% 且逐年递增，特别是近 3 年，更是进入了高速发展阶段。预计到 2020 年，母婴市场规模将达到 4 万亿元。

公司客户集中度较高，2019 年公司前五大客户产生的销售收入占当年营业收入的比重分别为 16.43%、9.54%、8.05%、4.72%、3.52%，合计 42.26%。公司未披露 2019 年前五大客户名单。

2. 股东情况

截至 2019 年 12 月 31 日，公司前五大股东情况见表 95。

表 95　宝贝格子 2019 年前五大股东情况

排名	股东名称	股东性质	持股数量（股）	持股比例(%)
1	张力军	自然人	39736033	35.38
2	张天天	自然人	25091464	22.34
3	王湘	自然人	12010029	10.69
4	杭州涟桥投资管理合伙企业（有限合伙）	合伙企业	9502520	8.46
5	北京九诣管理咨询有限公司	法人	7610000	6.78

资料来源：Wind，中关村上市公司协会整理。

3. 财务分析

（1）基本财务数据（见表 96）

表 96　宝贝格子 2017～2019 年基本财务数据

单位：万元

项目	2019 年	2018 年	2017 年
总资产	16785.66	10427.79	8272.59
归属母公司股东权益	11864.97	8584.36	5912.38
营业收入	45082.71	41043.56	21049.13
净利润	2288.04	2594.13	164.15
经营活动现金流量净额	1178.72	1329.71	-5264.71

资料来源：Wind，中关村上市公司协会整理。

最近 3 年，公司资产、归属母公司股东权益、营业收入逐步增长，主要系对商业模式的不断创新，将宝贝格子线上平台与线下平台相结合，不断拓展新的销售渠道，拓展收入增长点。公司调整项目宣传推广策略，加大线上、线下推广力度，通过内容优化、微信公众矩阵进行 1 + N 营销方式。自主研发的格子优选小程序，帮助传统实体门店实现"千店千面"渠道运营管理，提升实体店本地化商品高效供给能力，格子优选小程序让每一个门店主成为私域流量中心，实现宝贝格子平台与门店的合作共赢。

（2）主要财务指标（见表97）

表 97　宝贝格子 2017～2019 年主要财务数据

项目	2019 年	2018 年	2017 年
销售毛利率(%)	12.47	11.06	19.65
销售净利率(%)	5.08	6.32	0.78
资产负债率(%)	32.91	18.15	28.05
流动比率	1.71	2.69	1.78
速动比率	1.69	2.61	1.16
应收账款周转率	12.13	21.24	12.54

资料来源：Wind，中关村上市公司协会整理。

公司毛利率同比增长的原因是随着广大投资者对 1 + X 人工智能母婴综合体模式、互联网模式格子优选小程序的认可，加之宝贝格子在全球供应链的优势，不断拓展产品品类及销售渠道，毛利率相比去年有所提高。

（3）收入结构

最近 3 年，公司主营业务收入按项目分类情况见表98。

表 98　宝贝格子 2017～2019 年收入结构

单位：万元，%

项目	2019 年		2018 年		2017 年	
	金额	比例	金额	比例	金额	比例
商品销售	36520.09	81.01	37537.59	91.46	18793.25	89.28
加盟服务	8556.37	18.98	3416.47	8.32	996.42	4.73
推广服务	6.25	0.01	89.51	0.22	1259.47	5.98
合计	45082.71	100.00	41043.57	100.00	21049.14	99.99

资料来源：Wind，中关村上市公司协会整理。

最近 3 年，公司收入结构没有发生大的变化，但是商品推广服务有下降趋势。

（二十五）翰林汇信息产业股份有限公司

1. 公司基本信息

"翰林汇信息产业股份有限公司"（简称"翰林汇"）成立于 1999 年，

2015 年于全国中小企业股份转让系统挂牌并公开转让（股票代码：835281. OC）。截至 2019 年 12 月 31 日，翰林汇市值 52. 22 亿元。

公司前身北京市翰林汇科技开发公司成立于 1993 年，1999 年改制为股份有限公司，是 TCL 集团股份有限公司控股子公司。公司以笔记本电脑分销作为主营业务，经营的品牌包括 ThinkPad、HP、Toshiba、ASUS、DELL、APPLE、Samsung、Lenovo 笔记本电脑及其数码产品和配件。

由于互联网提供的便捷消费服务，消费者通过互联网进行消费的方式已经逐渐固化并稳定，线上通路的业务增长趋于平缓；线下通路扁平化并向纵深发展且更加集中，拓展新渠道的难度不断提升，多元化的渠道模式受到上游厂商的青睐，销售渠道线上线下融合、地区性差异和消费者消费方式的变化对公司现有的渠道管理提出了更高挑战，公司若不能发挥自身的渠道优势和运营管理优势应对外部环境变化的冲击，经营将面临下行的风险。

公司客户集中度较高，2019 年公司前五大客户产生的销售收入占当年营业收入的比重分别为 22. 69%、11. 86%、4. 10%、1. 46%、1. 40%，合计 41. 51%，较为集中。2019 年公司前五大客户为：北京京东世纪贸易有限公司、上海扬子瑞信电子有限公司、航天信息系统工程（北京）有限公司、惠州酷友网络科技有限公司、上海瀚达系统集成有限公司。

2. 股东情况

截至 2019 年 12 月 31 日，公司前五大股东情况见表 99。

表 99 翰林汇 2019 年前五大股东情况

排名	股东名称	股东性质	持股数量（股）	持股比例（%）
1	TCL 科技集团股份有限公司	法人	97716000	73. 69
2	杨连起	自然人	5703840	4. 30
3	张永英	自然人	4080000	3. 08
4	黄开莉	自然人	2244000	1. 69
5	高戈	自然人	2114460	1. 59

资料来源：Wind，中关村上市公司协会整理。

3. 财务分析

（1）基本财务数据（见表100）

表 100　翰林汇 2017～2019 年基本财务数据

单位：万元

项目	2019 年	2018 年	2017 年
总资产	452050.91	395792.34	285030.86
归属母公司股东权益	95677.20	85776.52	71881.89
营业收入	2083561.75	1656699.26	1523460.80
净利润	21560.43	19593.90	20276.62
经营活动现金流量净额	19457.84	-8026.53	25354.05

资料来源：Wind，中关村上市公司协会整理。

最近 3 年，公司资产、归属母公司股东权益、营业收入和净利润均逐年增长，主要系公司本年积极拓展新的业务引入了更多的供应链业务和行业客户项目收入。

（2）主要财务指标（见表101）

表 101　翰林汇 2017～2019 年主要财务数据

项目	2019 年	2018 年	2017 年
销售毛利率(%)	3.59	3.96	3.96
销售净利率(%)	1.03	1.18	1.33
资产负债率(%)	77.81	77.59	73.56
流动比率	1.29	1.29	1.35
速动比率	0.53	0.39	0.60
应收账款周转率	27.60	29.08	27.59

资料来源：Wind，中关村上市公司协会整理。

最近 3 年，公司各项财务指标总体较为平稳。

（3）收入结构

最近 3 年，公司主营业务收入按项目分类情况见表102。

表 102　翰林汇 2017～2019 年收入结构

单位：万元，%

项目	2019 年		2018 年		2017 年	
	金额	比例	金额	比例	金额	比例
分销	1223320.16	58.71	1164606.71	70.30	1041787.13	68.54
供应链及电商服务	492312.37	23.63	292344.87	17.65	322483.65	21.22
零售	207886.97	9.98	151801.98	9.16	115670.44	7.61
企业级	156311.09	7.50	44904.51	2.71	40115.4	2.64
其他业务	3731.15	0.18	3041.19	0.18	—	—
合计	2083561.74	100.00	1656699.26	100.00	1520056.62	100.01

资料来源：Wind，中关村上市公司协会整理。

最近 3 年，公司收入结构没有发生大的变化，但企业级业务收入增长较快。

（二十六）北京力尊信通科技股份有限公司

1. 公司基本信息

"北京力尊信通科技股份有限公司"（简称"力尊信通"）成立于 2013年，2016 年于全国中小企业股份转让系统挂牌并公开转让（股票代码：835291. OC）。截至 2019 年 12 月 31 日，力尊信通市值 50.37 亿元。

公司致力于为客户提供专业的 IT 解决方案，主要包括应用交付、网络安全、核心网络服务等领域，并为其提供相关的技术支持及增值服务。

公司所在行业为信息技术行业。信息技术行业的发展呈现技术升级与产品更新换代迅速的特点，企业需具备对行业发展趋势的预测能力，及时调整产业方向，不断引领或维持着消费者对产品的需求，才能有长远的发展。

公司客户集中度不高，2019 年公司前五大客户产生的销售收入占当年营业收入的比重分别为 6.16%、5.84%、4.82%、4.42%、3.13%，合计24.37%，较为分散。2019 年公司前五大客户为：广州灏成计算机科技有限公司、岱凯信息技术（上海）有限公司、上海华讯网络系统有限公司、北京麦弗瑞科技有限公司、北京江南博仁科技有限公司。

2. 股东情况

截至 2019 年 12 月 31 日, 公司前五大股东情况见表 103。

表 103　力尊信通 2019 年前五大股东情况

排名	股东名称	股东性质	持股数量(股)	持股比例(%)
1	魏建勇	自然人	16650000	37.37
2	李志明	自然人	9250000	20.76
3	任向军	自然人	6016300	13.50
4	潘古	自然人	5550000	12.46
5	天津方富田野投资中心(有限合伙)	合伙企业	3700000	8.30

资料来源: Wind, 中关村上市公司协会整理。

3. 财务分析

(1) 基本财务数据 (见表 104)

表 104　力尊信通 2017～2019 年基本财务数据

单位: 万元

项目	2019 年	2018 年	2017 年
总资产	17001.39	13890.14	12357.57
归属母公司股东权益	14950.68	12670.88	11442.67
营业收入	49663.17	36773.33	30344.59
净利润	2682.53	2109.58	2158.94
经营活动现金流量净额	2001.27	2314.46	313.59

资料来源: Wind, 中关村上市公司协会整理。

最近 3 年, 公司资产、归属母公司股东权益、营业收入和净利润都逐步增长, 主要原因是公司经营的应用交付产品技术先进, 在该细分领域属于知名品牌, 得到市场认可。

(2) 主要财务指标

最近 3 年, 公司销售毛利率和净利率持续下降, 主要系研发费用增加所致 (见表 105)。

表 105　力尊信通 2017～2019 年主要财务数据

项目	2019 年	2018 年	2017 年
销售毛利率(%)	15.79	18.05	19.66
销售净利率(%)	5.40	5.74	7.11
资产负债率(%)	12.06	8.78	7.40
流动比率	8.15	11.18	13.35
速动比率	5.11	5.97	7.16
应收账款周转率	12.39	11.78	12.01

资料来源：Wind，中关村上市公司协会整理。

（3）收入结构

最近 3 年，公司主营业务收入按项目分类情况见表106。

表 106　力尊信通 2017～2019 年收入结构

单位：万元，%

项目	2019 年		2018 年		2017 年	
	金额	比例	金额	比例	金额	比例
应用交付产品	31657.52	63.74	24196.91	65.80	20373.69	67.14
服务收入	5750.03	11.58	5445.29	14.81	4070.88	13.42
无线网络产品	5324.67	10.72	—	—	—	—
其他产品收入	3556.99	7.16	4001.42	10.88	2415.89	7.96
网络安全产品	3287.42	6.62	3129.71	8.51	3481.86	11.47
其他业务	86.54	0.18	—	—	2.28	0.01
合计	49663.17	100.00	36773.33	100.00	30344.60	100.00

资料来源：Wind，中关村上市公司协会整理。

最近 3 年，公司收入结构有较大的调整，增加了无线网络产品。

（二十七）北京腾信软创科技股份有限公司

1. 公司基本信息

"北京腾信软创科技股份有限公司"（简称"腾信软创"）成立于 2007 年，2016 年于全国中小企业股份转让系统挂牌并公开转让（股票代码：

835363. OC）。

公司是一家以中国为基地的软件和 IT 服务供应商，专长于应用软件开发与维护、软件质量测试/保证、系统架构、业务流程外包服务、软件外包、IT 技术服务、互联网络应用、商业智能、人员外派等，公司始终以全球最具竞争力的价格提供最优质的服务。

软件和信息技术服务行业具有技术进步快、产品生命周期短、升级频繁等特点，要求企业必须准确判断行业技术和应用发展趋势来定位企业自身的技术、产品的发展方向，持续创新，不断推出新产品以满足市场需求。当产业持续快速升级、多种技术同步发展时，精准定位技术发展方向对企业提出了较高要求。这不仅要求企业能够在市场判断上具有前瞻性，还需要在技术储备及人才队伍建设上具备有力支撑，另外，还需要具有相应的资金实力来支持技术革新的实现。

2019 年公司前五大客户产生的销售收入占当年营业收入的比重分别为16.95%、7.05%、6.52%、3.72%、2.49%，合计 36.73%，较为集中。2019 年公司前五大客户为：广州爱九游信息技术有限公司、深圳皮克玩网络科技有限公司、深圳尚米网络技术有限公司、深圳市腾讯计算机系统有限公司、上海益玩网络科技有限公司。

2. 股东情况

截至 2019 年 12 月 31 日，公司前五大股东情况见表 107。

表 107 腾信软创 2019 年前五大股东情况

排名	股东名称	股东性质	持股数量（股）	持股比例（%）
1	郑福仁	自然人	22291938	74.12
2	北京腾信软创投资管理中心（有限合伙）	合伙企业	2608500	8.67
3	卓建辉	自然人	1239679	4.12
4	杨柳	自然人	1239679	4.12
5	康震	自然人	1119829	3.72

资料来源：Wind，中关村上市公司协会整理。

3. 财务分析

（1）基本财务数据（见表108）

表108 腾信软创 2017～2019 年基本财务数据

单位：万元

项目	2019 年	2018 年	2017 年
总资产	9967. 95	7794. 13	6842. 20
归属母公司股东权益	5760. 07	5320. 47	4359. 55
营业收入	15769. 05	14010. 76	10773. 09
净利润	2244. 55	1604. 22	1208. 73
经营活动现金流量净额	1624. 96	738. 64	− 387. 47

资料来源：Wind，中关村上市公司协会整理。

最近 3 年，公司总资产、归属母公司股东权益、营业收入和净利润及经营活动现金流量净额均持续增长，主要原因是业务量上升所至。

（2）主要财务指标（见表109）

表109 腾信软创 2017～2019 年主要财务数据

项目	2019 年	2018 年	2017 年
销售毛利率(%)	36. 79	37. 28	37. 79
销售净利率(%)	14. 23	11. 45	11. 22
资产负债率(%)	42. 09	31. 58	36. 15
流动比率	2. 36	3. 24	2. 75
速动比率	2. 09	3. 07	2. 63
应收账款周转率	3. 17	3. 73	4. 40

资料来源：Wind，中关村上市公司协会整理。

最近 3 年，公司各项财务指标较为平稳。

（3）收入结构

最近 3 年，公司主营业务收入按项目分类情况见表110。

表 110　腾讯软创 2017～2019 年收入结构

单位：万元，%

项目	2019 年		2018 年		2017 年	
	金额	比例	金额	比例	金额	比例
IT 人才外包服务	15179.31	96.26	13252.17	94.59	9571.79	88.85
项目研发服务	554.94	3.52	707.89	5.05	1093.27	10.15
业务流程外包服务	34.8	0.22	50.69	0.36	108.04	1.00
合计	15769.05	100.00	14010.75	100.00	10773.1	100.00

资料来源：Wind，中关村上市公司协会整理。

公司连续三年的收入呈现逐渐上升的趋势，IT 人才外包服务业务在公司业务收入占比逐年增加，项目研发服务业务在公司业务收入占比逐年降低。

（二十八）中农华威制药股份有限公司

1. 公司基本信息

"中农华威制药股份有限公司（简称"中农华威"）成立于 1986 年，2016 年于全国中小企业股份转让系统挂牌并公开转让（股票代码：835911.OC）。截至 2019 年 12 月 31 日，中农华威市值 4.75 亿元。

公司是主要从事兽用制剂生产、销售和技术服务于一体的国家级高新技术企业。作为兽用药品制造行业的专业化公司，中农华威致力于兽用药品的研发、生产、销售以及技术服务，生产出的产品主要用于家畜、家禽疾病的预防与治疗。公司具有含乙基纤维素和脂肪酸酯类的长效注射剂、以硅油为介质制备含抗微生物药物的制剂等多项发明专利技术，并能够将核心技术转化为优势产品。

中国畜牧业迅猛发展，畜牧业产值不断提高，公司所在兽药市场销售额将不断地增长。市场需求的改变促使兽药企业的改变，兽药企业既要满足客户需求由单一的治病向系统预防保健方向转变，也要不断加强技术服务的广度和深度不断开发出新分兽药品种以应对复杂多变的疾病。

2019 年公司前五大客户产生的销售收入占当年营业收入的比重分别为 39.25%、3.20%、2.37%、2.20%、1.87%，合计 48.89%。2019 年公司前五大客户为：湖北荆洪生物科技股份有限公司、青海省地方病预防控制所、湖南省众仁旺种猪科技有限公司、湖南新五丰股份有限公司耒阳畜牧生态园、甘肃省卫生健康委员会。

2. 股东情况

截至 2019 年 12 月 31 日，公司前五大股东情况见表 111。

表 111　中农华威 2019 年前五大股东情况

排名	股东名称	股东性质	持股数量（股）	持股比例（%）
1	北京中农华威科技集团有限公司	法人	44433600	41.39
2	北京农通股权投资中心（有限合伙）	法人	12960000	12.07
3	北京首药股权投资合伙企业（有限合伙）	合伙企业	12499200	11.64
4	北京荷本股权投资合伙企业（有限合伙）	合伙企业	11520000	10.73
5	北京药谷股权投资合伙企业（有限合伙）	合伙企业	7920200	7.38

资料来源：Wind，中关村上市公司协会整理。

3. 财务分析

（1）基本财务数据（见表 112）

表 112　中农华威 2017～2019 年基本财务数据

单位：万元

项目	2019 年	2018 年	2017 年
总资产	29422.75	20057.6	15172.93
归属母公司股东权益	14488.58	12533.14	10302.68
营业收入	21508.95	15565.61	12337.84
净利润	2099.56	1271.88	−450.14
经营活动现金流量净额	5422.03	441.82	−1929.05

资料来源：Wind，中关村上市公司协会整理。

报告期末公司的总资产、归属于挂牌公司股东的净资产、经营活动产生的现金流量净额都出现一定幅度的增长，原因系公司报告期内经营成果较好，归属于挂牌公司股东的净利润比上年同期增加59.79%，同时加强了应收账款催收工作，故经营活动现金流量净额较去年同期出现大幅上涨。

（2）主要财务指标（见表113）

表113　中农华威2017~2019年主要财务数据

项目	2019年	2018年	2017年
销售毛利率(%)	25.29	28.86	24.09
销售净利率(%)	9.76	8.17	-3.65
资产负债率(%)	47.16	36.51	31.16
流动比率	1.58	2.36	2.88
速动比率	1.27	1.99	1.77
应收账款周转率	3.10	2.42	3.44

资料来源：Wind，中关村上市公司协会整理。

最近3年，公司销售净利率和应收账款周转率都出现一定的增长趋势，流动比率和速动比率有小幅度的降低。

（3）收入结构

最近3年，公司主营业务收入按项目分类情况见表114。

表114　中农华威2017~2019年收入结构

单位：万元，%

项目	2019年		2018年		2017年	
	金额	比例	金额	比例	金额	比例
粉散剂	11898.93	57.50	9403.04	62.59	7519.53	62.67
片剂	2842.68	13.74	2940.30	19.57	1806.07	15.05
饲料	1973.32	9.54	1343.79	8.94	2071.01	17.26
注射剂	1665.20	8.05	1336.95	8.90	276.31	2.30
疫苗	1620.44	7.83	—	—	—	—
原粉	691.66	3.34	—	—	326.24	2.72
合计	20692.23	100.00	15024.08	100.00	11999.16	100.00

资料来源：Wind，中关村上市公司协会整理。

公司连续 3 年的收入呈现逐渐上升的趋势，粉散剂业务始终在公司的业务收入中占比最大。2019 年公司的收入结构出现一定的变化，新增了疫苗和原粉方面的业务。

（二十九）北京汇恒环保工程股份有限公司

1. 公司基本信息

"北京汇恒环保工程股份有限公司"（简称"汇恒环保"）成立于 2003 年，2016 年于全国中小企业股份转让系统挂牌并公开转让（股票代码：836348. OC）。截至 2019 年 12 月 31 日，汇恒环保市值 3. 30 亿元。

公司是专业从事污废水治理工程、给水处理工程和烟气脱硫除尘工程的高新技术企业。公司作为一家污水处理工程整体解决方案提供商，产品与服务包括污水处理工程（以 EPC 模式展开，主要通过招标或商务谈判方式获取项目）、单独销售环保产品、托管运营服务、环保工程项目相关的设计服务。涉及污水处理工程的设计、设备销售、工程建设、设备安装、调试运行、技术支持、托管运营等部分或全部环节。公司的商业模式包括研发、采购、销售和盈利等几个环节。

公司所在的环保行业近些年迅速发展。但是环保行业融资难度大，项目普遍采用 PPP 模式，其特点是重资产、长周期。PPP 项目专项贷款审批周期长，在融资到位前，项目资金全部由企业垫付，现金流成为制约环保企业持续经营的关键因素，对外部融资环境较敏感的环保企业受到的影响较大。

公司客户集中度很高，2019 年公司前五大客户产生的销售收入占当年营业收入的比重分别为 28.25%、25.61%、10.89%、5.30%、3.61%，合计73.66%，非常集中。2019 年公司前五大客户为：维尔利环保科技集团股份有限公司及其控股子公司、中铁二十三局集团第二工程有限公司、巴马旅游投资开发有限公司、常州市新北区薛家镇人民政府、常州新美水务有限公司。

2. 股东情况

截至 2019 年 12 月 31 日，公司前五大股东情况见表 115。

表 115　汇恒环保 2019 年前五大股东情况

排名	股东名称	股东性质	持股数量（股）	持股比例（%）
1	维尔利环保科技集团股份有限公司	法人	31050000	59.71
2	江苏省盐业集团有限责任公司	法人	7000000	13.46
3	沈勇	自然人	3120000	6.00
4	鲁东	自然人	2880000	5.53
5	吴卓	自然人	2400000	4.62

资料来源：Wind，中关村上市公司协会整理。

3. 财务分析

（1）基本财务数据（见表 116）

表 116　汇恒环保 2017～2019 年基本财务数据

单位：万元

项目	2019 年	2018 年	2017 年
总资产	41614.48	40737.09	35688.17
归属母公司股东权益	22841.54	21789.03	19439.46
营业收入	9255.23	13962.38	19756.67
净利润	1572.51	2349.57	2187.61
经营活动现金流量净额	-3443.37	-4567.78	-2116.76

资料来源：Wind，中关村上市公司协会整理。

报告期末公司的总资产、归属于挂牌公司股东的净资产都出现一定幅度的增长，原因系无形资产、应收账款及其他应收款增加所致，经营活动的现金流量净额为 -3443.37 万元，较去年净流入增加 1124.41 万元，主要因为部分项目如约按照回款进度回款，同时垫资类项目减少，回款净流入比同期增加。

（2）主要财务指标

最近 3 年，公司销售净利率和销售毛利率都出现一定的增长趋势，流动比率和速动比率基本处在较为合理的区间（见表 117）。

表 117　汇恒环保 2017～2019 年主要财务数据

项目	2019 年	2018 年	2017 年
销售毛利率(%)	37.45	32.65	21.54
销售净利率(%)	16.99	16.83	11.07
资产负债率(%)	45.11	46.51	45.53
流动比率	2.05	2.00	2.17
速动比率	1.15	0.94	0.93
应收账款周转率	1.16	2.78	7.96

资料来源：Wind，中关村上市公司协会整理。

（3）收入结构

最近 3 年，公司主营业务收入按项目分类情况见表118。

表 118　汇恒环保 2017～2019 年收入结构

单位：万元，%

项目	2019 年		2018 年		2017 年	
	金额	比例	金额	比例	金额	比例
环保设备	4323.65	46.72	11548.96	82.71	18833.28	95.36
环保工程	4034.50	43.59	1273.58	9.12	646.88	3.28
设计技术服务	589.50	6.37	997.50	7.14	36.66	0.19
运营服务	297.94	3.22	137.25	0.98	231.95	1.17
其他业务	9.64	0.10	5.09	0.04	—	—
合计	9255.23	100.00	13962.38	99.99	19748.77	100.00

资料来源：Wind，中关村上市公司协会整理。

从连续 3 年的业务情况看，公司的收入结构出现一定的变化，公司的环保设备收入出现大幅降低、环保工程业务收入占比大幅增长。

（三十）北京华成智云软件股份有限公司

1. 公司基本信息

"北京华成智云软件股份有限公司"（简称"华成智云"）成立于 2011

年，2016年于全国中小企业股份转让系统挂牌并公开转让（股票代码：836464.OC）。截至2019年12月31日，化成智云市值0.60亿元。

公司是国内优秀的软件及应用集成服务商。公司一直致力于安防行业公安领域、智能交通领域的专业技术服务研究、开发、应用，向大型平安城市项目、智能交通项目提供应用软件研发、技术支持与服务。目前，公司主营业务为视频监控平台软件开发及销售、安防领域专业解决方案及技术服务、运营维护服务。

公司所在的软件及应用集成技术更新快、市场需求变化快。随着信息化发展，市场竞争加剧，各行业用户对技术的要求也越来越高，行业内各公司高度重视技术创新和市场开发。

公司客户集中度较高，2019年公司前五大客户产生的销售收入占当年营业收入的比重分别为19.3%、11.68%、7.74%、6.9%、5.71%，合计51.33%，较为集中。2019年公司前五大客户为：富盛科技股份有限公司、北京嘉连勤科技有限公司、慧盾信息安全科技（苏州）股份有限公司、大唐融合通信股份有限公司、北京英泰智科技股份有限公司。

2. 股东情况

截至2019年12月31日，公司前五大股东情况见表119。

表119　华成智云2019年前五大股东情况

排名	股东名称	股东性质	持股数量（股）	持股比例（%）
1	娄健	自然人	9360000	23.4
2	北京华成信投资中心（有限合伙）	合伙企业	7180000	17.95
3	赵顺	自然人	7060000	17.65
4	北京耐威创新科技有限公司	法人	4500000	11.25
5	北京基石创业投资基金（有限合伙）	合作企业	4000000	10.00

资料来源：Wind，中关村上市公司协会整理。

3. 财务分析

（1）基本财务数据（见表120）

表 120　华成智云 2017～2019 年基本财务数据

单位：万元

项目	2019 年	2018 年	2017 年
总资产	17384.07	13969.00	11746.24
归属母公司股东权益	11919.71	9381.46	8223.04
营业收入	11764.64	9907.27	8459.43
净利润	2507.81	1134.81	1153.02
经营活动现金流量净额	− 1832.56	− 627.32	− 2662.44

资料来源：Wind，中关村上市公司协会整理。

本期经营活动产生的现金流量净额较上年同期下降主要是购买商品、接受劳务支付的现金较上期增加 2506.16 万元，报告期内净利润较上年同期增加主要系营业利润增加所致。

（2）主要财务指标（见表 121）

表 121　华成智云 2017～2019 年主要财务数据

项目	2019 年	2018 年	2017 年
销售毛利率(％)	40.66	35.29	27.96
销售净利率(％)	21.32	11.45	13.63
资产负债率(％)	31.80	33.02	22.98
流动比率	2.26	1.90	3.17
速动比率	2.03	1.89	3.11
应收账款周转率	1.52	1.64	2.23

资料来源：Wind，中关村上市公司协会整理。

最近 3 年，公司销售净利率、销售毛利率和应收账款周转率都出现一定的增长趋势，流动比率和速动比率有小幅度的降低。

（3）收入结构

最近 3 年，公司主营业务收入按项目分类情况见表 122。

表 122　华成智云 2017～2019 年收入结构

单位：万元，%

项目	2019 年		2018 年		2017 年	
	金额	比例	金额	比例	金额	比例
软件开发及销售	10059.43	85.51	5031.89	50.79	5112.81	60.44
技术服务	1422.79	12.09	4581.98	46.25	2405.00	28.43
运营维护	282.42	2.40	293.40	2.96	941.62	11.13
合计	11764.64	100.00	9907.27	100.00	8459.43	100.00

资料来源：Wind，中关村上市公司协会整理。

公司连续 3 年的业务收入呈现增长的趋势。其中，软件开发及销售业务收入始终占比最大，且 2019 年相比较 2018 出现大幅增长，同比增长 99.91%。相应的，公司的技术服务业务收入占比和金额在 2019 年都出现一定幅度的降低。

（三十一）北京国信创新科技股份有限公司

1. 公司基本信息

"北京国信创新科技股份有限公司"（简称"国信创新"）成立于 2005 年，2016 年于全国中小企业股份转让系统挂牌并公开转让（股票代码：836825.OC）。截至 2019 年 12 月 31 日，国信创新市值 4.10 亿元。

公司是使用互联网从事招投标交易类数据服务平台运营的高新技术企业。主营业务是为以电子招标采购技术服务平台研发为依托，为招投标各参与方如招标人、投标人、招标师等客户提供招投标行业全过程服务链条的数据挖掘和加工服务，为招投标项目经理等从业人员提供招标师执业资格和水平考试的考前培训、注册辅导及继续教育服务，为招投标企业提供信用评价、品牌推介和企业形象、产品展示等服务，为招标人及招标代理机构提供电子招标采购交易及管理平台的研发和运营服务等。

公司主营业务行业信息服务及电子招标受政策支持，符合行业发展趋势，招投标电子化业务市场增长迅速，公司具有可持续发展的基础。市场前景良好，企业行业市场竞争激烈。

公司客户集中度很低，2019 年公司前五大客户产生的销售收入占当年营业收入的比重分别为 2.43%、0.62%、1.59%、0.96%、0.85%，合计 6.45%，非常分散。2019 年公司前五大客户仅披露了第二大客户中国招标公共服务平台有限公司和第四大客户北京卓锐盛世科技发展有限公司。

2. 股东情况

截至 2019 年 12 月 31 日，公司前五大股东情况见表 123。

表 123　国信创新 2019 年前五大股东情况

排名	股东名称	股东性质	持股数量（股）	持股比例（%）
1	深圳市新产业创富股权投资企业（有限合伙）	合伙企业	15708000	31.18
2	北京华源惠通科技服务中心（有限合伙）	合伙企业	15708000	31.18
3	国信招标集团股份有限公司	法人	7306940	14.51
4	北京国信国际贸易有限公司	法人	6157060	12.22
5	贵州中色科金矿业科技有限公司	法人	3672000	7.29

资料来源：Wind，中关村上市公司协会整理。

3. 财务分析

（1）基本财务数据（见表 124）

表 124　国信创新 2017～2019 年基本财务数据

单位：万元

项目	2019 年	2018 年	2017 年
总资产	21622.18	18716.68	17296.96
归属母公司股东权益	17499.57	15707.46	14296.3
营业收入	14804.87	13724.39	12045.66
净利润	1943.287	1899.614	2705.242
经营活动现金流量净额	3665.003	1133.147	1651.065

资料来源：Wind，中关村上市公司协会整理。

报告期内公司经营活动产生的现金流量净额上升明显，主要原因是公司财务合并范围内企业经营性收入增加，经营性支出金额减少所致。

（2）主要财务指标

最近 3 年，公司销售净利率和应收账款周转率都出现不同程度的下降（见表 125）。

表 125　国信创新 2017～2019 年主要财务数据

项目	2019 年	2018 年	2017 年
销售毛利率(%)	27.82	34.79	44.98
销售净利率(%)	13.13	13.84	22.46
资产负债率(%)	16.94	13.61	14.67
流动比率	4.97	6.29	5.83
速动比率	4.97	6.29	5.82
应收账款周转率	48.82	105.17	445.60

资料来源：Wind，中关村上市公司协会整理。

（3）收入结构

最近 3 年，公司主营业务收入按项目分类情况（见表 126）。

表 126　国信创新 2017～2019 年收入结构

单位：万元，%

项目	2019 年		2018 年		2017 年	
	金额	比例	金额	比例	金额	比例
招标信息平台	7041.45	47.56	7094.33	51.69	8814.45	73.18
电子招标服务	5764.24	38.93	3972.78	28.95	390.67	3.24
咨询服务	1903.42	12.86	2638.24	19.22	2432.00	20.19
其他业务	95.76	0.65	19.05	0.14	—	—
行业培训	—	—	—	—	408.54	3.39
合计	14804.87	100.00	13724.40	100.00	12045.66	100.00

资料来源：Wind，中关村上市公司协会整理。

公司的连续 3 年的业务收入呈现增长的趋势。其中，招标信息平台收入始终占比最大，但是在公司收入占比中出现一定的下降趋势，与之相反的是公司电子招标服务业务收入出现逐年上升的趋势。

（三十二）北京山维科技股份有限公司

1. 公司基本信息

"北京山维科技股份有限公司"（简称"山维科技"）成立于 1989 年，2016 年于全国中小企业股份转让系统挂牌并公开转让（股票代码：836870. OC）。截至 2019 年 12 月 31 日，山维科技市值 2.35 亿元。

公司一家专业从事地理信息领域（包括 3S 技术）软件开发、软件产品销售及地理信息系统工程建设的北京市高新技术企业、中关村高新技术企业和"双软认证"企业。公司专业从事地理信息领域（包括 3S 技术）软件开发、软件产品销售、技术服务及地理信息系统工程建设，是国内领先的 GIS 数据生产、建库、更新管理软件的开发商和提供地理信息行业全面解决方案的服务商。

公司所在的所属行业为软件和信息技术服务业，拥有较好的市场发展前景。随着互联网云存储、云计算、大数据等新技术的发展，意味着测绘地理信息和其他行业一起共同打造新技术、新模式、新产品。随着"物联网＋"在测绘地理信息行业的深入、5G 技术的发展和普及，测绘地理信息将来一场深刻的变化。

公司客户集中度较高，2019 年公司前五大客户产生的销售收入占当年营业收入的比重分别为 18.45%、4.41%、4.31%、3.42%、2.48%，合计 33.07%，较为集中。2019 年公司前五大客户为：南宁市国土测绘地理信息中心、乌鲁木齐市城市勘察测绘院（乌鲁木齐市基础地理信息中心）、佛山市自然资源局顺德分局、重庆市勘测院、大连罗德工程技术有限公司。

2. 股东情况

截至 2019 年 12 月 31 日，公司前五大股东情况见表 127。

表 127　山维科技 2019 年前五大股东情况

排名	股东名称	股东性质	持股数量（股）	持股比例（%）
1	杨树奎	自然人	5013700	21.33

排名	股东名称	股东性质	持股数量（股）	持股比例（%）
2	白立舜	自然人	3473650	14.78
3	郭顺清	自然人	2150000	9.15
4	杨德麟	自然人	2000650	8.51
5	张志超	自然人	1730000	7.36

资料来源：Wind，中关村上市公司协会整理。

3.财务分析

（1）基本财务数据（见表128）

表128　山维科技2017～2019年基本财务数据

单位：万元

项目	2019年	2018年	2017年
总资产	12988.58	11806.23	8902.75
归属母公司股东权益	11864.96	10430.81	7963.34
营业收入	9397.19	8717.38	6433.32
净利润	2609.15	2009.96	1259.69
经营活动现金流量净额	2559.02	3090.53	302.48

资料来源：Wind，中关村上市公司协会整理。

报告期内，公司经营活动产生的现金流量净额比上年同期减少，主要原因是2018年起加强了应收账款征信体系建设并对应收账款收账政策进行了调整，在加快了应收款项回款速度的同时也进一步促进了前期应收款项的回笼，使2019年回款额大幅增加。

（2）主要财务指标（见表129）

表129　山维科技2017～2019年主要财务数据

项目	2019年	2018年	2017年
销售毛利率（%）	65.30	56.71	41.91

项目	2019 年	2018 年	2017 年
销售净利率(%)	27.77	23.06	19.58
资产负债率(%)	8.65	11.65	10.55
流动比率	8.55	6.02	5.74
速动比率	8.29	5.77	5.35
应收账款周转率	4.21	3.79	3.62

资料来源：Wind，中关村上市公司协会整理。

最近 3 年，公司销售净利率、销售毛利润、应收账款周转率都出现一定的上升趋势，流动比率和速动比率值始终偏高。

（3）收入结构

最近 3 年，公司主营业务收入按项目分类情况见表 130。

表 130　山维科技 2017～2019 年收入结构

单位：万元，%

项目	2019 年		2018 年		2017 年	
	金额	比例	金额	比例	金额	比例
技术服务	4648.14	49.46	4618.00	52.97	—	—
软件收入	4565.55	48.58	3404.19	39.05	3413.23	53.06
技术开发收入	183.50	1.95	671.00	7.70	2902.06	45.11
其他业务	0.00	0.00	24.18	0.28	118.03	1.83
合计	9397.19	99.99	8717.37	100.00	6433.32	100.00

资料来源：Wind，中关村上市公司协会整理。

公司连续 3 年的业务收入呈现增长的趋势。其中，2018 年开始公司开发了技术服务业务。技术服务、软件收入是公司的主要业务。

（三十三）恒达时讯股份有限公司

1. 公司基本信息

"北京恒达时讯科技股份有限公司"（简称"恒达时讯"）成立于 2003

年，2016 年于全国中小企业股份转让系统挂牌并公开转让（股票代码：836885.OC）。截至 2019 年 12 月 31 日，恒达时讯市值 1.17 亿元。

公司主要从事交通行业信息化、交通专用产品的研发、系统集成、商业运营等交通信息化综合服务，是一家智能交通领域整体解决方案提供商及服务商。公司主要面向行政机关及企事业单位提供公路交通应急、运输、计划、养护、路政管理以及综合管理平台等整体化信息解决方案。

公司所在智能交通行业是国家重点支持和鼓励发展的行业，我国智能交通系统建设的投资规模仍然偏少，随着新建交通基础设施的快速增长，对存量智能交通系统运行维护和升级改造也存在巨大的需求空间。目前智能交通市场整体相对分散，行业市场集中度较低，地域性强，随着新技术的发展和应用，综合交通智能化的协同服务、安全运行、跨界融合将是发展的大趋势。

公司客户集中度较高，2019 年公司前五大客户产生的销售收入占当年营业收入的比重分别为 9.46%、8.75%、8.50%、7.99%、6.43%，合计 41.13%。2019 年公司前五大客户为：西藏自治区公路局、中国科学院遥感与数字地球研究所、交通运输部规划研究院、北京国遥新天地信息技术有限公司、青海省交通通信中心。

2. 股东情况

截至 2019 年 12 月 31 日，公司前五大股东情况见表 131。

表 131　恒达时讯 2019 年前五大股东情况

排名	股东名称	股东性质	持股数量（股）	持股比例（%）
1	蔡越	自然人	37236000	58.90
2	中小企业发展基金（江苏有限合伙）	合伙企业	4060000	6.42
3	天津晟和信企业管理咨询合伙企业（有限合伙）	合伙企业	2900000	4.59
4	赵丹霞	自然人	2160500	3.42
5	工银瑞信投资－工商银行－工银瑞投－鑫和新三板 4 号资产管理计划	其他	2135300	3.38

资料来源：Wind，中关村上市公司协会整理。

3. 财务分析

（1）基本财务数据（见表 132）

表 132　恒达时讯 2017～2019 年基本财务数据

单位：万元

项目	2019 年	2018 年	2017 年
总资产	24142.58	19478.07	16523.79
归属母公司股东权益	18527.12	15823.30	13656.91
营业收入	14212.25	12357.49	11853.88
净利润	2439.43	2136.49	1383.39
经营活动现金流量净额	976.12	-1232.91	-2222.03

资料来源：Wind，中关村上市公司协会整理。

最近 3 年，公司资产、股东权益、营业收入和利润都保持较好的增长，公司具有良好的独立自主经营能力，内部控制体系运行良好，未出现欠款等重大违约事项，现金流稳定，具备持续经营能力。

（2）主要财务指标（见表 133）

表 133　恒达时讯 2017～2019 年主要财务数据

项目	2019 年	2018 年	2017 年
销售毛利率(%)	48.92	45.91	36.84
销售净利率(%)	17.16	17.29	11.67
资产负债率(%)	21.36	15.50	15.49
流动比率	4.40	6.06	6.20
速动比率	3.95	5.39	5.76
应收账款周转率	1.70	2.12	2.98

资料来源：Wind，中关村上市公司协会整理。

最近 3 年，公司销售净利率有较为明显的增加，但流动比率和速动比率有小幅度的降低。

（3）收入结构

最近3年，公司主营业务收入按项目分类情况见表134。

表134　恒达时讯2017～2019年收入结构

单位：万元，%

项目	2019年		2018年		2017年	
	金额	比例	金额	比例	金额	比例
技术开发服务	8608.94	60.57	6652.80	53.84	7841.75	66.15
产品销售	5603.31	39.43	5704.70	46.16	4012.13	33.85
合计	14212.25	100.00	12357.50	100.00	11853.88	100.00

资料来源：Wind，中关村上市公司协会整理。

最近3年，公司收入结构整体变化不大，2019年技术开发服务收入较上年同期提高29.40%，主要是公司研发实力不断加强，更好地满足了客户业务的需求，凭借对业务知识的专业性及经验积累获得了更多客户的认可，致使客户订单金额提升。

（三十四）中电科安科技股份有限公司

1. 公司基本信息

"中电科安科技股份有限公司"（简称"中电科安"）成立于2010年，2016年于全国中小企业股份转让系统挂牌并公开转让（股票代码：837840.OC）。截至2019年12月31日，中电科安市值9.50亿元。

公司是国内领先的安全与应急管理运营服务商。公司主营业务包括安全与应急管理的咨询与设计、系统集成、大数据云服务、运营服务及相关软硬件产品的研发和销售。

公司所在安全应急和电力物联网业务板块均处于利好的市场环境中，电力物联网行业大力推进电力物联网建设，国家电网2020年明确提出要全面建设具有中国特色国际领先的能源互联网企业，全力推进电力物联网高质量发展。公司一贯注重研发投入，在科技创新成果转化和知识产权保护上日益提升，未来，将通过管理创新和制度优化进一步增强企业活力和市场竞争力。

公司客户集中度很高，2019 年公司前五大客户产生的销售收入占当年营业收入的比重分别为 20.15%、15.32%、14.54%、10.93%、9.91%，合计 70.85%。2019 年公司前五大客户为：中国仪器进出口集团有限公司、中信国安信息科技有限公司、中电系统建设工程有限公司、柳州市消防支队、中国人民武装警察部队广西壮族自治区消防总队机关。

2. 股东情况

截至 2019 年 12 月 31 日，公司前五大股东情况见表 135。

表 135　中电科安 2019 年前五大股东情况

排名	股东名称	股东性质	持股数量（股）	持股比例（%）
1	吕文奎	自然人	64592298	53.83
2	姜燕	自然人	19044827	15.87
3	新余鑫安控投资管理中心（有限合伙）	合伙企业	17086466	14.24
4	成都软银天投创业投资中心（有限合伙）	合伙企业	3534545	2.95
5	东莞象为创业投资合伙企业（有限合伙）	合伙企业	3381818	2.82

资料来源：Wind，中关村上市公司协会整理。

3. 财务分析

（1）基本财务数据（见表 136）

表 136　中电科安 2017～2019 年基本财务数据

单位：万元

项目	2019 年	2018 年	2017 年
总资产	26937.12	25656.71	25430.19
归属母公司股东权益	21420.76	20596.44	21383.50
营业收入	7938.03	7348.60	8580.66
净利润	1975.44	1951.13	2848.82
经营活动现金流量净额	−1767.78	1923.96	209.84

资料来源：Wind，中关村上市公司协会整理。

最近 3 年，公司资产、股东权益整体略有增长，营业收入和净利润略有下降，公司整体运营较为平稳。

（2）主要财务指标（见表137）

表137 中电科安2017～2019年主要财务数据

项目	2019年	2018年	2017年
销售毛利率（%）	66.26	53.79	59.14
销售净利率（%）	24.89	26.55	33.20
资产负债率（%）	20.65	19.76	15.32
流动比率	4.46	4.83	6.38
速动比率	4.19	4.49	6.26
应收账款周转率	0.51	0.52	0.72

资料来源：Wind，中关村上市公司协会整理。

最近3年，公司销售毛利率有一定程度的增加，流动比率和速动比率均高于4且有小幅降低，资金运用能力有所提高，但应收账款回收存在困难。

（3）收入结构

最近3年，公司主营业务收入按项目分类情况见表138。

表138 中电科安2017～2019年收入结构

单位：万元，%

项目	2019年		2018年		2017年	
	金额	比例	金额	比例	金额	比例
硬件产品	1841.84	23.20	3342.00	45.48	4948.09	57.67
软件产品	4802.31	60.50	3673.59	49.99	3330.34	38.81
技术服务	1293.88	16.30	333.02	4.53	201.82	2.35
其他	0.00	0.00	0.00	0.00	100.41	1.17
合计	7938.03	100.00	7348.61	100.00	8580.66	100.00

资料来源：Wind，中关村上市公司协会整理。

最近3年，公司加大了软件产品的销售和技术服务的投入，硬件产品营业收入占比逐年下降，软件产品营业收入占比达60%以上。

（三十五）北京东方同华科技股份有限公司

1. 公司基本信息

"北京东方同华科技股份有限公司"（简称"同华科技"）成立于2000

年，2016 年于全国中小企业股份转让系统挂牌并公开转让（股票代码：837899.OC）。截至 2019 年 12 月 31 日，同华科技市值 7.72 亿元。

公司是一家提供综合性的环境治理服务及产品的高新技术企业，公司集生活污水、生活和餐厨垃圾处理设备的研发集成、销售、工程施工及运营于一体，为客户提供环境保护和治理的整体解决方案。公司主要客户为国内各地政府部门、企业等。

公司所处环保行业发展落后于经济发展，环保产业尚处于需要大力发展阶段，行业竞争适度。未来随着国家积极鼓励、扶持政策的推广，产业资本大量涌入，行业整体将竞争激烈，行业内企业整体毛利率必然将有所下降。同时公司所处行业具有典型的技术推动型特征，随着国家环境保护标准的提高，对环境污染治理技术提出了更高的要求。

公司客户集中度较高，2019 年公司前五大客户产生的销售收入占当年营业收入的比重分别为 20.00%、17.00%、14.00%、11.00%、8.00%，合计 70.00%。2019 年公司前五大客户为：南昌市城市管理委员会、单县同华环保科技有限公司、南昌中荷同华环保有限公司、荣盛兴城（唐山）园区建设发展有限公司、永清京台水处理有限公司。

2. 股东情况

截至 2019 年 12 月 31 日，公司前五大股东情况见表 139。

表 139 同华科技 2019 年前五大股东情况

排名	股东名称	股东性质	持股数量（股）	持股比例（%）
1	陈喆	自然人	40256250	36.51
2	北京东方同华投资集团有限公司	法人	26820000	24.33
3	吕永霞	自然人	13800000	12.52
4	北京融华合众投资有限公司	法人	12093750	10.97
5	顾群	自然人	4950000	4.49

资料来源：Wind，中关村上市公司协会整理。

3. 财务分析

（1）基本财务数据（见表 140）

表 140   同华科技 2017～2019 年基本财务数据

单位：万元

项目	2019 年	2018 年	2017 年
总资产	59050.91	50344.47	41104.81
归属母公司股东权益	31557.02	22788.94	20864.84
营业收入	19252.87	17266.15	16307.46
净利润	5973.19	5099.75	3990.79
经营活动现金流量净额	－718.70	－775.31	－488.74

资料来源：Wind，中关村上市公司协会整理。

最近 3 年，公司资产、股东权益、营业收入和净利润均有较大增长，保持着良好的独立自主经营能力和发展能力。

（2）主要财务指标

最近 3 年，公司凭借技术优势和多年的行业经验积累销售毛利率和净利率均保持在较高水平且有一定程度的增加，但流动比率和速动比率偏低（见表 141）。

表 141   同华科技 2017～2019 年主要财务数据

项目	2019 年	2018 年	2017 年
销售毛利率	50.96	49.47	40.84
销售净利率	31.02	29.54	24.47
资产负债率	44.76	53.01	47.48
流动比率	0.93	0.98	1.17
速动比率	0.44	0.53	0.49
应收账款周转率	2.73	2.60	3.74

资料来源：Wind，中关村上市公司协会整理。

（3）收入结构

最近 3 年，公司主营业务收入按项目分类情况如下见表 142。

表 142　同华科技 2017～2019 年收入结构

单位：万元，%

项目	2019 年		2018 年		2017 年	
	金额	比例	金额	比例	金额	比例
工程施工	13162.04	68.36	6623.02	38.36	8537.99	52.36
运营服务	6090.83	31.64	3386.99	19.62	3834.38	23.51
商品销售	—	—	6506.85	37.69	3935.09	24.13
技术服务收入	—	—	749.29	4.34	—	—
合计	19252.87	100.00	17266.15	100.01	16307.46	100.00

资料来源：Wind，中关村上市公司协会整理。

最近 3 年，公司收入总额整体增长，工程施工所占比重增加。2019年，由于项目扩能、产能提高和运营项目的增加，公司运营服务收入增长较多。

（三十六）北京爱可生信息技术股份有限公司

1. 公司基本信息

"北京爱可生信息技术股份有限公司"（简称"爱信股份"）成立于2005 年，2016 年于全国中小企业股份转让系统挂牌并公开转让（股票代码：837950. OC）。截至 2019 年 12 月 31 日，爱信股份市值 3.46 亿元。

公司是一家致力于提供专业电信网络技术服务和系统解决方案的高新技术企业，为国内领先的信息通信技术综合服务商。其业务领域包括设计、安装、调测、优化、软件开发、移动代维等。公司与国内外领先的通信主流厂商、服务供应商进行全面业务合作，整合产品和技术优势，提供各行业产品技术解决方案。

公司属通信信息服务行业，是 5G 产业链的企业。随着 5G 时代的到来，将驱动各行业协同发展，重组目前的社会形态，实现社会基础设施的智能化、自动化升级，5G 行业的应用将逐渐增加，并带动物联网、大数据、人工智能等行业的快速发展。得益于行业的发展和趋势，企业在未来的中长期都将处于增长态势。

公司客户非常集中，2019 年公司前五大客户产生的销售收入占当年营业收入的比重分别为 47.65%、33.09%、4.88%、2.15%、1.61%，合计89.38%。2019 年公司前五大客户为：爱立信（中国）通信有限公司、中移建设/铁通有限公司北京分公司、深圳市中兴通信技术服务有限责任公司、爱立信（西安）信息通信技术服务有限公司、赛尔通信服务技术股份有限公司。

2. 股东情况

截至 2019 年 12 月 31 日，公司前五大股东情况见表 143。

表 143　爱信股份 2019 年前五大股东情况

排名	股东名称	股东性质	持股数量（股）	持股比例（%）
1	刘广辉	自然人	53881500	74.00
2	刘红娜	自然人	11838000	16.26
3	宋万辉	自然人	1350000	1.85
4	冯俊滨	自然人	975000	1.34
5	高贤玉	自然人	970500	1.33

资料来源：Wind，中关村上市公司协会整理。

3. 财务分析

（1）基本财务数据（见表 144）

表 144　爱信股份 2017～2019 年基本财务数据

单位：万元

项目	2019 年	2018 年	2017 年
总资产	20386.56	15060.88	12500.01
归属母公司股东权益	14976.40	12784.44	10398.46
营业收入	34431.96	30519.62	25199.92
净利润	2191.96	1694.82	1810.08
经营活动现金流量净额	535.54	−830.63	1516.45

资料来源：Wind，中关村上市公司协会整理。

最近 3 年，公司资产、股东权益、营业收入和净利润均表现出较好地增长态势，具有良好的持续经营能力。

（2）主要财务指标（见表 145）

表 145　爱信股份 2017～2019 年主要财务数据

项目	2019 年	2018 年	2017 年
销售毛利率(%)	16.41	16.81	18.42
销售净利率(%)	6.37	5.55	7.18
资产负债率(%)	26.54	15.12	16.81
流动比率	3.69	6.39	5.67
速动比率	3.69	6.39	5.49
应收账款周转率	3.79	6.41	6.94

资料来源：Wind，中关村上市公司协会整理。

最近 3 年，公司毛利率和净利率有所降低，流动比率和速动比率优化，资金运用能力有所提高。

（3）收入结构

最近 3 年，公司主营业务收入按项目分类情况见表 146。

表 146　爱信股份 2017～2019 年收入结构

单位：万元，%

项目	2019 年		2018 年		2017 年	
	金额	比例	金额	比例	金额	比例
通信网络集成服务	20535.58	59.64	12858.83	42.13	9124.42	36.21
通信网络优化及咨询服务	7868.34	22.85	5270.87	17.27	3603.66	14.30
通信网络安全及保障服务	4602.63	13.37	10546.89	34.56	11164.09	44.30
软件开发及系统解决方案	1183.56	3.44	548.81	1.80	689.04	2.73
硬件产品销售	241.85	0.70	1294.21	4.24	618.71	2.46
合计	34431.96	100.00	30519.61	100.00	25199.92	100.00

资料来源：Wind，中关村上市公司协会整理。

最近 3 年，公司收入结构变化较大，通信网络集成服务收入占比增大，通信网络安全及保障服务占比明显减少，公司的业务发展平稳，新增业务为公司未来的持续发展打下了坚实的基础。

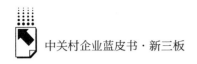

（三十七）北京快鱼电子股份公司

1. 公司基本信息

"北京快鱼电子股份公司"（简称"快鱼电子"）成立于 2006 年，2016 年于全国中小企业股份转让系统挂牌并公开转让（股票代码：838168.OC）。截至 2019 年 12 月 31 日，快鱼电子市值 1.60 亿元。

公司是计算机、通信和其他电子设备制造业（C39）的生产商，主要从事音频监控产品及智能语音分析产品的研发、生产、销售。公司主要通过系统集成商和工程商间接为终端客户提供性能卓越的拾音器、对讲、录音服务器、广播会议系统等音频产品，长期从事安防音频核心技术研究并始终保持行业前沿技术水平，近年来积极推动智能音频在各行业的应用落地。

公司是安防音频监控细分领域的先进企业，该领域融合声学技术、音频分析和软件开发等多领域交叉技术。公司持续跟踪全球音频领域的最新技术成果和发展方向，在传统安防业务相关的技术和产品方面保持研发投入的同时，凭借领先的核心算法，通过智能音频新技术的研发和电路的改进，不断提高产品及服务的质量，夯实在深度学习、数据应用、音频物联网等领域的发展基础，在技术创新和产品创新上持续引领市场。

公司客户集中度较低，2019 年公司前五大客户产生的销售收入占当年营业收入的比重分别为 8.49%、4.73%、4.00%、2.72%、1.93%，合计21.87%。2019 年公司前五大客户为：杭州海康威视系统技术有限公司、科大讯飞股份有限公司、深圳市湾区通信技术有限公司、天地伟业技术有限公司、北京金宏瑞特科技有限公司。

2. 股东情况

截至 2019 年 12 月 31 日，公司前五大股东情况见表 147。

表 147　快鱼电子 2019 年前五大股东情况

排名	股东名称	股东性质	持股数量（股）	持股比例（%）
1	刘庄	自然人	7810000	39.05

排名	股东名称	股东性质	持股数量（股）	持股比例（%）
2	赵今利	自然人	6030000	30.15
3	时雨	自然人	5000000	25.00
4	冯震刚	自然人	750000	3.75
5	上海中科科创投资管理有限公司	法人	300000	1.50

资料来源：Wind，中关村上市公司协会整理。

3. 财务分析

（1）基本财务数据（见表148）

表 148　快鱼电子 2017～2019 年基本财务数据

单位：万元

项目	2019 年	2018 年	2017 年
总资产	9852.22	6983.20	6830.14
归属母公司股东权益	7210.22	5393.34	5073.51
营业收入	15490.37	12115.51	8471.98
净利润	3039.40	1920.55	2779.94
经营活动现金流量净额	147.39	262.24	1451.24

资料来源：Wind，中关村上市公司协会整理。

最近 3 年，公司资产、股东权益、净利润均表现出较好地增长态势，2019 年营业收入相比于 2017 年基本翻番，公司发展迅速。

（2）主要财务指标（见表149）

表 149　快鱼电子 2017～2019 年主要财务数据

项目	2019 年	2018 年	2017 年
销售毛利率（%）	55.89	59.62	78.63
销售净利率（%）	19.62	15.85	32.81
资产负债率（%）	26.29	22.35	25.31
流动比率	3.52	4.24	3.77
速动比率	2.87	3.16	2.83
应收账款周转率	4.49	7.33	10.33

资料来源：Wind，中关村上市公司协会整理。

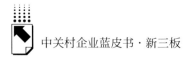

最近 3 年，公司毛利率和净利率略有降低但仍保持在较好水平，整体而言，各项财务指标健康。

（3）收入结构

最近 3 年，公司主营业务收入按项目分类情况见表 150。

表 150　快鱼电子 2017～2019 年收入结构

单位：万元，%

项目	2019 年		2018 年		2017 年	
	金额	比例	金额	比例	金额	比例
音频监控设备及配件产品	15483.54	99.96	12115.51	100.00	8471.98	100.00
其他业务	6.83	0.04	—	—	—	—
合计	15490.37	100.00	12115.51	100.00	8471.98	100.00

资料来源：Wind，中关村上市公司协会整理。

最近 3 年，公司收入结构稳定，主营业务突出，音频监控设备及配件产品几乎贡献了全部的收入。

（三十八）北京金证互通资本服务股份有限公司

1. 公司基本信息

"北京金证互通资本服务股份有限公司"（简称"金证互通"）成立于 2004 年，2016 年于全国中小企业股份转让系统挂牌并公开转让（股票代码：838334.OC）。截至 2019 年 12 月 31 日，金证互通市值 1.83 亿元。

公司是一家以投资者关系管理服务为主营业务的资本金融服务综合提供商。公司业务板块由投资者关系服务、上市公司证券事务管理服务和咨询服务构成，依托牛牛金融交互平台提供的市值管理辅助服务，为客户提供线上和线下的综合服务。

公司所在的投资者关系管理行业，主要服务于上市（挂牌）公司和拟上市（拟挂牌）公司，与资本市场及政策走势紧密相关。投资者关系管理行业在中国的发展历程不长，行业的规范化、成熟度也远未达到发达市场水平。随着资本市场逐步成长和成熟，随着上市主体和资本市场日益复杂多样，投关行业地位和作用将日益提升，市场规模亦具有较大想象空间。但对行业的专业水准要求也相应提高，公司致力于以严谨、专业服务打造行业领先者的目标不会改变，致力空间巨大的资本服务产业链的战略发展规划不会改变。

2019 年公司前五大客户产生的销售收入占当年营业收入的比重分别为8.84%、8.19%、5.70%、4.02%、3.55%，合计30.30%，较为集中。公司未披露2019年前五大客户名单。

2. 股东情况

截至 2019 年 12 月 31 日，公司仅有 4 位自然人/合伙企业股东，具体见表151。

表 151　金证互通 2019 年股东情况

排名	股东名称	股东性质	持股数量（股）	持股比例（%）
1	陈斌	自然人	27360000	76.00
2	北京金证汇众资产管理中心（有限合伙）	合伙企业	6840000	19.00
3	苏州汇毅股权管理合伙企业（有限合伙）-苏州汇启锦通创业投资合伙企业（有限合伙）	合伙企业	1116000	3.10
4	苏州臻硕创业投资合伙企业（有限合伙）	合伙企业	684000	1.90

资料来源：Wind，中关村上市公司协会整理。

3. 财务分析

（1）基本财务数据

最近 3 年，公司资产、股东权益、净利润均表现出较好地增长态势，但营业收入随着资本市场发展波动下降，公司整体发展情况良好（见表152）。

表152 金证互通2017～2019年基本财务数据

单位：万元

项目	2019年	2018年	2017年
总资产	13110.26	8999.18	8411.92
归属母公司股东权益	8193.34	5776.48	5110.85
营业收入	7585.22	5893.48	10758.74
净利润	3518.46	2266.44	2507.24
经营活动现金流量净额	1405.75	1806.62	3416.10

资料来源：Wind，中关村上市公司协会整理。

（2）主要财务指标（见表153）

表153 金证互通2017～2019年主要财务数据

项目	2019年	2018年	2017年
销售毛利率(%)	53.50	53.10	49.76
销售净利率(%)	46.39	38.46	23.30
资产负债率(%)	37.50	35.81	39.24
流动比率	2.30	2.75	2.11
速动比率	2.30	2.75	2.11
应收账款周转率	6.77	6.33	10.06

资料来源：Wind，中关村上市公司协会整理。

最近3年，公司毛利率和净利率保持较高水平且有一定程度上升，流动比率和速动比率也保持在较好水平。

（3）收入结构

最近3年，公司主营业务收入按项目分类情况见表154。

表154 金证互通2017～2019年收入结构

单位：万元，%

项目	2019年		2018年		2017年	
	金额	比例	金额	比例	金额	比例
专项服务	6305.74	83.13	4880.59	82.81	10408.97	96.75

项目	2019 年		2018 年		2017 年	
	金额	比例	金额	比例	金额	比例
常年服务	1279.48	16.87	1012.89	17.19	349.76	3.25
合计	7585.22	100.00	5893.48	100.00	10758.73	100.00

资料来源：Wind，中关村上市公司协会整理。

最近 3 年，公司以专项服务为主，收入贡献率均在 80% 以上，基于对国内资本市场发展的研究预测，公司 2018 年增加常年资本服务和高价值客户的开发投入，这一业务布局对公司收入结构产生了一定的影响。

（三十九）北京邦源环保科技股份有限公司

1. 公司基本信息

"北京邦源环保科技股份有限公司"（简称"邦源环保"）成立于 2008 年，2016 年于全国中小企业股份转让系统挂牌并公开转让（股票代码：838740. OC）。截至 2019 年 12 月 31 日，邦源环保市值 0.05 亿元。

公司是一家专业以地表水（河道、湖泊）的黑臭、富营养化生物 - 生态修复为主要业务的国家高新技术企业。公司主营业务为水环境生物 - 生态修复工程项目的施工与相关设计服务，包括城市河道生态治理、公园水环境生态治理、湖泊生态治理、景观水生态治理等。

公司所在水治理行业较新，可能存在新客户拓展不顺利的风险，如新地区水治理观念落后、气候地理环境差异等。但是在国家政策的鼓励下，该公司的新市场开拓也出现更大范围的机遇和需求，公司将在固有区域的业务下，推动新区域新市场的开拓。

公司客户集中度较高，2019 年公司前五大客户产生的销售收入占当年营业收入的比重分别为 18.88%、15.39%、7.84%、7.69%、6.89%，合计 56.69%。2019 年公司前五大客户为：合肥市包河区环境保护局、天津市排水管理处、天津创业环保集团股份有限公司、天津市东丽区水务局、北京市顺义区赵全营镇人民政府。

2. 股东情况

截至 2019 年 12 月 31 日，公司前三大股东情况见表 155。

表 155　邦源环保 2019 年前三大股东情况

排名	股东名称	股东性质	持股数量（股）	持股比例（%）
1	刘涛	自然人	22750001	65.00
2	施怀荣	自然人	10500000	30.00
3	王振宝	自然人	1750000	5.00

资料来源：Wind，中关村上市公司协会整理。

3. 财务分析

（1）基本财务数据（见表 156）

表 156　邦源环保 2017～2019 年基本财务数据

单位：万元

项目	2019 年	2018 年	2017 年
总资产	7729.64	6156.35	3648.33
归属母公司股东权益	6147.57	3684.99	2346.24
营业收入	9053.20	7679.66	4907.59
净利润	2762.59	2338.75	1448.83
经营活动现金流量净额	-1240.80	3635.22	1214.43

资料来源：Wind，中关村上市公司协会整理。

最近 3 年，公司资产、所有者权益、营业收入和利润都逐步增长，主要原因系公司提升自身资质，投标的中标率增高。

（2）主要财务指标（见表 157）

表 157　邦源环保 2017～2019 年主要财务数据

项目	2019 年	2018 年	2017 年
销售毛利率（%）	49.81	46.95	53.95
销售净利率（%）	30.52	30.45	29.52
资产负债率（%）	20.47	40.14	35.69

项目	2019 年	2018 年	2017 年
流动比率	4.82	2.43	2.67
速动比率	2.14	2.01	2.56
应收账款周转率	19.89	8.37	6.23

资料来源：Wind，中关村上市公司协会整理。

最近 3 年，公司销售净利率和速动比率没有明显变动，应收账款周转率整体呈上升趋势。

（3）收入结构

最近 3 年，公司主营业务收入按项目分类情况见表 158。

表 158 邦源环保 2017～2019 年收入结构

单位：万元，%

项目	2019 年		2018 年		2017 年	
	金额	比例	金额	比例	金额	比例
生物－生态水治理工程	6695.69	73.96	6018.43	78.37	3738.62	76.18
设计服务	1697.87	18.75	1095.45	14.26	767.70	15.64
其他业务	659.64	7.29	565.77	7.37	401.27	8.18
合计	9053.20	100.00	7679.65	100.00	4907.59	100.00

资料来源：Wind，中关村上市公司协会整理。

最近 3 年，公司收入结构没有发生大的变化，收入构成没有发生明显的变动。

（四十）北京时代光影文化传媒股份有限公司

1. 公司基本信息

"北京时代光影文化传媒股份有限公司"（简称"时代光影"）成立于 2013 年，2016 年于全国中小企业股份转让系统挂牌并公开转让（股票代码：839463.OC）。截至 2019 年 12 月 31 日，时代光影市值 7.04 亿元。

公司专注于电视剧作品的创作。公司主营业务为电视剧的投资、制作及发行业务和电视栏目业务。其中，电视剧版权收入是公司收入的主要来源。公司客户类型主要包括：电视台、代理发行公司、网络平台、影视公司等。

公司所在电视节目行业的生产调节逐步由政府主导型向市场主导型转变，开始通过市场竞争实现优胜劣汰。目前，电视节目行业政策准入门槛较低，制作机构数量众多，市场集中度不高，竞争比较充分。

公司客户集中度较高，2019 年公司前五大客户产生的销售收入占当年营业收入的比重分别为 17.55%、15.21%、12.64%、11.08%、10.70%，合计 67.18%。2019 年公司前五大客户为：中央广播电视总台、广东卫视文化传播有限公司、黑龙江广播电视台、河南广播电视台、安徽广播电视台。

2. 股东情况

截至 2019 年 12 月 31 日，公司前五大股东情况见表 159。

表 159　时代光影 2019 年前五大股东情况

排名	股东名称	股东性质	持股数量（股）	持股比例（%）
1	天津东方视佳文化传播有限公司	法人	36000000	76.71
2	北京东方视佳文化传播有限公司	法人	6306000	13.44
3	天风证券股份有限公司	法人	1000000	2.13
4	徐良涛	自然人	800000	1.70
5	徐放	自然人	400000	0.85

资料来源：Wind，中关村上市公司协会整理。

3. 财务分析

（1）基本财务数据

最近 3 年，2019 年较 2018 年营业收入降低 54.38%，主要系电视剧业务首轮发行规模较上年同期有所下降；另外，经营活动产生的现金流量净额较上年同期减少了 117.85%，主要为本期支付其他与经营活动有关的现金较上年同期增加所致（见表 160）。

表 160　时代光影 2017～2019 年基本财务数据

单位：万元

项目	2019 年	2018 年	2017 年
总资产	52643.84	60327.51	39354.58
归属母公司股东权益	27526.12	24446.13	20567.76
营业收入	16770.98	36760.79	24175.02
净利润	3079.99	3878.37	4590.35
经营活动现金流量净额	–1032.69	5784.75	–9323.58

资料来源：Wind，中关村上市公司协会整理。

（2）主要财务指标（见表 161）

表 161　时代光影 2017～2019 年主要财务数据

项目	2019 年	2018 年	2017 年
销售毛利率(%)	55.15	54.88	44.26
销售净利率(%)	18.37	10.55	18.99
资产负债率(%)	47.71	59.48	47.74
流动比率	2.08	1.69	2.16
速动比率	1.08	1.15	1.39
应收账款周转率	0.69	1.41	1.43

资料来源：Wind，中关村上市公司协会整理。

最近 3 年，公司速动比率没有明显变动，处于合理范围，销售毛利率呈上升趋势。

（3）收入结构

最近 3 年，公司主营业务收入按项目分类情况见表 162。

表 162　时代光影 2017～2019 年收入结构

单位：万元，%

项目	2019 年		2018 年		2017 年	
	金额	比例	金额	比例	金额	比例
电视剧业务	7851.16	46.81	33692.65	91.65	17058.19	70.56
代购代理节目业务	7293.63	43.49	1232.95	3.35	3128.94	12.94

项目	2019 年		2018 年		2017 年	
	金额	比例	金额	比例	金额	比例
联合摄制收益	1539.87	9.18	—	—	753.21	3.12
综艺节目及策划服务	86.32	0.51	1728.58	4.70	1397.26	5.78
受托摄制	—	—	—	—	1698.11	7.02
广告业务	—	—	106.60	0.29	139.31	0.58
合计	16770.98	99.99	36760.78	99.99	24175.02	100.00

资料来源：Wind，中关村上市公司协会整理。

最近 3 年，公司业务范围有所精简，其收入构成比例也有所变化。2019 年电视剧业务收入占比下降明显，主要系其发行规模下降所致。

（四十一）用友金融信息技术股份有限公司

1. 公司基本信息

"用友金融信息技术股份有限公司"（简称"用友金融"）成立于 2004 年，2016 年于全国中小企业股份转让系统挂牌并公开转让（股票代码：839483. OC）。截至 2019 年 12 月 31 日，用友金融市值 10.21 亿元。

公司面向银行、证券、信托等金融企业提供咨询、软件、行业解决方案与专业服务。公司主营业务涵盖金融企业经营管理、业务交易、营销服务、商业分析等领域，同时提供培训、运维、数据、外包服务。

公司所在金融行业将随着金融供给侧改革的不断深化，从粗放式的无差别供应走向"以科技引领金融"为核心的精细化调控量入为出新阶段，将通过"金融＋场景"的方式构建金融生态圈，实现产品线上化、业务平台化、经营数字化、服务生态化，满足客户综合化需求。

公司客户集中度不高，2019 年公司前五大客户产生的销售收入占当年营业收入的比重分别为 2.52%、2.47%、2.33%、2.31%、1.94%，合计 11.57%。2019 年公司前五大客户为：青海省农村信用社联合社、中信银行股份有限公司、国家开发银行、中国长城资产管理股份有限公司、建信养老金管理有限责任公司。

2. 股东情况

截至 2019 年 12 月 31 日，公司前五大股东情况见表 163。

表 163　用友金融 2019 年前五大股东情况

排名	股东名称	股东性质	持股数量（股）	持股比例（％）
1	用友网络科技股份有限公司	法人	80000000	78.43
2	北京友融利亨投资管理中心（有限合伙）	合伙企业	11237360	11.02
3	北京友融利丰投资管理中心（有限合伙）	合伙企业	6720640	6.59
4	国信证券股份有限公司	法人	2391000	2.34
5	中国国际金融股份有限公司	法人	431000	0.42

资料来源：Wind，中关村上市公司协会整理。

3. 财务分析

（1）基本财务数据（见表 164）

表 164　用友金融 2017～2019 年基本财务数据

单位：万元

项目	2019 年	2018 年	2017 年
总资产	37930.05	30251.03	25519.98
归属母公司股东权益	27212.84	22022.31	16699.21
营业收入	38069.26	34383.43	33310.01
净利润	6157.71	4846.52	2083.87
经营活动现金流量净额	7620.04	4222.09	−4768.37

资料来源：Wind，中关村上市公司协会整理。

最近 3 年，公司经营活动现金流量净额逐步增长，主要原因系营业收入有所增加导致经营活动产生的现金流入增加，另外增值税税率降低导致支付的税金减少。

（2）主要财务指标

最近 3 年，应收账款周转率没有明显变动，销售毛利率、销售净利率、流动比率、速动比率整体呈上升趋势（见表 165）。

表 165　用友金融 2017～2019 年主要财务数据

项目	2019 年	2018 年	2017 年
销售毛利率(%)	62.78	60.58	56.12
销售净利率(%)	16.18	14.10	6.26
资产负债率(%)	28.26	27.20	34.56
流动比率	2.72	2.59	2.34
速动比率	2.72	2.59	2.34
应收账款周转率	3.18	3.00	3.32

资料来源：Wind，中关村上市公司协会整理。

（3）收入结构

最近 3 年，公司主营业务收入按项目分类情况见表 166。

表 166　用友金融 2017～2019 年收入结构

单位：万元，%

项目	2019 年		2018 年		2017 年	
	金额	比例	金额	比例	金额	比例
银行	18879.44	49.60	16946.44	49.29	14256.62	42.82
证券、基金、期货	8127.79	21.35	6264.67	18.22	6985.12	20.98
其他金融行业	4036.92	10.61	4751.44	13.82	4501.69	13.52
保险	3506.69	9.21	3031.95	8.82	2652.09	7.97
租赁	2184.29	5.74	2263.23	6.58	3577.18	10.74
信托	1326.58	3.49	1125.71	3.27	1322.23	3.97
合计	38061.71	100.00	34383.44	100.00	33294.93	100.00

资料来源：Wind，中关村上市公司协会整理。

最近 3 年，公司收入结构没有发生大的变化，收入仍旧来自面向银行、证券、基金等金融机构的服务；收入构成没有发生明显的变动，其中来自面向银行的服务收入占比近 50%。

（四十二）君信扬凯国际品牌管理顾问（北京）股份有限公司

1. 公司基本信息

"君信扬凯国际品牌管理顾问（北京）股份有限公司"（简称"君信品

牌")成立于2010年,2016年于全国中小企业股份转让系统挂牌并公开转让(股票代码:839622.OC)。截至2019年12月31日,君信品牌市值3.60亿元。

公司是一家品牌营销服务提供商,帮助客户提高品牌影响力和品牌价值。公司的主营业务是提供整合营销传播服务,可分为针对客户整体品牌形象的品牌推广服务和针对客户具体产品的推广营销服务。

公司所在行业参与竞争的各类主体众多,市场整体集中度不高,行业竞争激烈。随着公关行业规范化程度的提高,国内公关公司之间的竞争将日趋激烈,资源规模较小、实力不强的公司将被市场逐步淘汰。公司面临来自本地及全国其他地区的竞争压力,存在现有产品及服务市场竞争加剧的风险。

公司客户集中度很高,2019年公司前五大客户产生的销售收入占当年营业收入的比重分别为24.65%、21.07%、14.65%、8.55%、3.96%,合计72.88%。公司未披露2019年前五大客户名单。

2. 股东情况

截至2019年12月31日,公司前五大股东情况见表167。

表167 君信品牌2019年前五大股东情况

排名	股东名称	股东性质	持股数量(股)	持股比例(%)
1	陈晖	自然人	10500000	31.11
2	宁波梅山保税港区君合信赢投资管理合伙企业(有限合伙)	合伙企业	9000000	26.67
3	王燕飞	自然人	8700000	25.78
4	上海浩鋆投资管理中心(有限合伙)	合伙企业	2812500	8.33
5	陈乐	自然人	1800000	5.33

资料来源:Wind,中关村上市公司协会整理。

3. 财务分析

(1)基本财务数据

最近3年,公司总资产、股东权益、营业收入逐年上升,主要系公司业务保持良好发展态势,威马汽车、领克汽车、三星、东风有限等客户在原有业务体量的基础上都实现增长(见表168)。

表 168　君信品牌 2017～2019 年基本财务数据

单位：万元

项目	2019 年	2018 年	2017 年
总资产	24662.70	17227.26	9291.83
归属母公司股东权益	13378.18	11061.34	4273.85
营业收入	33403.81	26795.83	16442.64
净利润	2750.62	2911.52	2161.99
经营活动现金流量净额	1083.33	-3404.53	464.84

资料来源：Wind，中关村上市公司协会整理。

（2）主要财务指标（见表169）

表 169　君信品牌 2017～2019 年主要财务数据

项目	2019 年	2018 年	2017 年
销售毛利率(%)	21.46	24.53	32.71
销售净利率(%)	8.23	10.87	13.15
资产负债率(%)	44.71	33.55	50.97
流动比率	2.21	2.96	1.96
速动比率	1.84	2.21	1.15
应收账款周转率	2.63	3.73	3.60

资料来源：Wind，中关村上市公司协会整理。

最近3年，公司资产负债率波动较大。

（3）收入结构

最近3年，公司主营业务收入按项目分类情况（见表170）。

表 170　君信品牌 2017～2019 年收入结构

单位：万元，%

项目	2019 年		2018 年		2017 年	
	金额	比例	金额	比例	金额	比例
营销服务	33403.81	100.00	26795.83	100.00	16442.64	100.00
合计	33403.81	100.00	26795.83	100.00	16442.64	100.00

资料来源：Wind，中关村上市公司协会整理。

最近 3 年，公司收入结构没有发生变化，收入构成没有发生变动，均是来自于营销服务。

（四十三）中德诺浩（北京）教育科技股份有限公司

1. 公司基本信息

"中德诺浩（北京）教育科技股份有限公司"（简称"中德诺浩"）成立于 2003 年，2016 年于全国中小企业股份转让系统挂牌并公开转让（股票代码：839994. OC）。截至 2019 年 12 月 31 日，中德诺浩市值 5.15 亿元。

公司是国际化、专业化、标准化职业教育课程体系的提供商和服务商。公司主营业务是为全国中、高职院校提供汽车职业教育课程体系和高技能汽车人才培养的系统解决方案，为学生提供与国际接轨的汽车职业教育服务和更高质量的就业服务。

公司所在处教育行业发展迅速，对高技能人才需求日益提升，针对中高职院校的教育辅助类产业也将得到较快发展。由于进入该行业的企业越来越多，竞争将逐步加剧，教育增值服务业务的同质化竞争不可避免，公司未来面临市场竞争加剧的风险。

公司客户集中度不高，2019 年公司前五大客户产生的销售收入占当年营业收入的比重分别为 4.51%、3.22%、2.59%、1.66%、1.64%，合计 13.62%。2019 年公司前五大客户为：南宫市职业技术教育中心、深圳市正东源科技有限公司、山东理工职业学院、台州科技职业学院、鹤壁职业技术学院。

2. 股东情况

截至 2019 年 12 月 31 日，公司前五大股东情况见表 171。

表 171　中德诺浩 2019 年前五大股东情况

排名	股东名称	股东性质	持股数量（股）	持股比例（%）
1	许婕	自然人	12065176	41.83
2	共青城诺浩投资管理合伙企业（有限合伙）	合伙企业	5333763	18.49

续表

排名	股东名称	股东性质	持股数量（股）	持股比例（％）
3	北京启迪创业孵化器有限公司	合伙企业	2310063	8.01
4	倪酖之	自然人	2117558	7.34
5	倪瑞泰	自然人	2117558	7.34

资料来源：Wind，中关村上市公司协会整理。

3. 财务分析

（1）基本财务数据（见表172）

表172　中德诺浩2017～2019年基本财务数据

单位：万元

项目	2019 年	2018 年	2017 年
总资产	14280.58	15622.69	13998.35
归属母公司股东权益	9606.76	9845.07	8697.42
营业收入	9079.49	8489.75	7835.02
净利润	1760.29	1551.62	1566.45
经营活动现金流量净额	499.67	2092.34	2324.13

资料来源：Wind，中关村上市公司协会整理。

最近 3 年，公司营业收入逐步增长，主要原因系产品销售收入增长。

（2）主要财务指标（见表173）

表173　中德诺浩2017～2019年主要财务数据

项目	2019 年	2018 年	2017 年
销售毛利率(％)	56.49	50.75	54.30
销售净利率(％)	19.39	18.28	19.99
资产负债率(％)	32.73	36.98	37.87
流动比率	2.10	2.11	2.07
速动比率	2.07	2.10	2.06
应收账款周转率	13.66	22.04	26.79

资料来源：Wind，中关村上市公司协会整理。

最近 3 年，公司销售净利率、流动比率、速动比率没有明显变动。

（3）收入结构

最近 3 年，公司主营业务收入按项目分类情况见表174。

表 174　中德诺浩 2017～2019 年收入结构

单位：万元，%

项目	2019 年		2018 年		2017 年	
	金额	比例	金额	比例	金额	比例
项目服务	8195.10	90.26	8123.75	95.69	7812.24	99.71
产品销售	857.21	9.44	336.76	3.97	—	—
其他业务	27.18	0.30	29.25	0.34	22.78	0.29
合计	9079.49	100.00	8489.76	100.00	7835.02	100.00

资料来源：Wind，中关村上市公司协会整理。

最近 3 年，公司收入结构没有发生大的变化，收入构成没有发生明显的变动，其主要业务收入一直都是来自项目服务，占比超 90%。

（四十四）北京第七九七音响股份有限公司

1. 公司基本信息

"北京第七九七音响股份有限公司"（简称"七九七"）成立于 1994 年，2016 年于全国中小企业股份转让系统挂牌并公开转让（股票代码：870381.OC）。截至 2019 年 12 月 31 日，七九七市值 8.21 亿元。

公司是一家致力于提供智能声学整体解决方案的大型电声企业。公司主营业务包括麦克风、电容传声器、扬声器等专业音响产品的研发生产，广泛应用于文化体育、会议系统、公共广播等领域，并远销美国、德国、澳大利亚、日本、巴西等国家。

公司所属行业竞争持续加剧，其中智能学处于快速成长状态，其产品智能音箱由于功能的高度集成及强大的语音交互能力，将越来越受到市场支持。公司方面也越来越重视智能声学，并按照制定的经营计划，实现了业务的稳健发展。

公司客户集中度较高，2019 年公司前五大客户产生的销售收入占当年营业收入的比重分别为 18.64%、17.03%、10.34%、9.04%、2.66%，合计 57.71%。2019 年公司前五大客户为：中华人民共和国成立 70 周年北京市庆祝活动领导小组音响保障指挥部、BALTICLATVIAN UNIVERSAL ELECTRONIC、Logitech Europe S.A.、Freedman Electronics Pty. Ltd.、北京语新科技有限公司。

2. 股东情况

截至 2019 年 12 月 31 日，公司前五大股东情况见表 175。

表 175　七九七 2019 年前五大股东情况

排名	股东名称	股东性质	持股数量（股）	持股比例（%）
1	北京七星华电科技集团有限责任公司	法人	21270000	75.96
2	中泰证券股份有限公司做市专用证券账户	其他	1495708	5.34
3	中国出版对外贸易总公司	法人	666667	2.38
4	长江证券股份有限公司做市专用证券账户	其他	537000	1.92
5	马九龙	自然人	495000	1.77

资料来源：Wind，中关村上市公司协会整理。

3. 财务分析

（1）基本财务数据（见表 176）

表 176　七九七 2017～2019 年基本财务数据

单位：万元

项目	2019 年	2018 年	2017 年
总资产	32013.46	29320.43	23674.71
归属母公司股东权益	23563.43	19435.11	16789.73
营业收入	30622.26	27937.89	26555.84
净利润	6275.05	4073.92	3330.62
经营活动现金流量净额	2105.62	1802.12	648.77

资料来源：Wind，中关村上市公司协会整理。

最近 3 年，公司所有者权益、收入和利润都逐步增长，主要原因系公司的智能工程及技术服务业务大幅上涨，利润主要由母公司贡献所致。

（2）主要财务指标（见表 177）

表 177　七九七 2017～2019 年主要财务数据

项目	2019 年	2018 年	2017 年
销售毛利率(%)	34.41	25.88	29.70
销售净利率(%)	20.49	14.58	12.54
资产负债率(%)	24.89	32.23	27.36
流动比率	3.99	2.93	3.42
速动比率	3.10	2.26	2.73
应收账款周转率	3.36	4.32	7.99

资料来源：Wind，中关村上市公司协会整理。

最近 3 年，销售净利率呈上升趋势；而相较于 2018 年而言，销售毛利率、流动比率、速动比率也有所提高，反映公司财务结构向好发展。

（3）收入结构

最近 3 年，公司主营业务收入按项目分类情况见表 178。

表 178　七九七 2017～2019 年收入结构

单位：万元，%

项目	2019 年		2018 年		2017 年	
	金额	比例	金额	比例	金额	比例
ODM	16391.03	53.53	20471.84	73.28	17529.95	66.01
智能声学工程及技术服务	11283.17	36.85	4914.89	17.59	5111.39	19.25
专业音响产品	1540.28	5.03	1158.77	4.15	2195.39	8.27
OEM	1407.78	4.60	1391.61	4.98	1689.12	6.36
其他业务	—	—	0.78	0.00	29.99	0.11
合计	30622.26	100.01	27937.89	100.00	26555.84	100.00

资料来源：Wind，中关村上市公司协会整理。

最近 3 年，公司收入结构没有发生大的变化，收入来源仍旧主要为 ODM、智能声学工程及技术服务；但是收入结构比例有所变化，智能声学工程及技术服务收入比例上升，反映其发展良好。

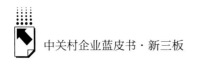

（四十五）中百信信息技术股份有限公司

1. 公司基本信息

"中百信信息技术股份有限公司"（简称"中百信"）成立于2002年，2017年于全国中小企业股份转让系统挂牌并公开转让（股票代码：870992.OC）。截至2019年12月31日，中百信市值1.8395亿元。

公司是我国信息化咨询类服务以及信息系统工程监理服务商。公司主营业务以信息系统工程监理为核心，覆盖信息化工程的规划咨询、立项评估咨询、初步设计、项目管理咨询、项目监理、绩效评估、后评价咨询等IT业务链条，为用户提供信息工程领域的全方位监理服务及相关的咨询服务。公司主要服务分为两大类：（1）信息系统工程监理服务，（2）信息化咨询类服务。

公司所在信息系统工程监理行业作为一个新兴行业，随着国家信息化建设的不断深入和发展，云计算、物联网等技术得到广泛应用，全国软件和信息技术服务业依然呈快速成长趋势。随着国家安全的需要，为本土化信息化咨询服务提供了巨大的可发展市场，这为IT企业在信息化咨询服务领域将获得飞跃性发展奠定基础。

公司客户集中度不高，2019年公司前五大客户生产的销售收入占当年营业收入的比重分别为2.70%、2.65%、2.24%、1.74%、1.72%，合计11.05%，较为分散。公司未披露2019年前五大客户名单。

2. 股东情况

截至2019年12月31日，公司前五大股东情况见表179。

表179　中百信2019年前五大股东情况

排名	股东名称	股东性质	持股数量（股）	持股比例（%）
1	北京中百信科技有限公司	法人	35156026	63.26
2	北京中百信仁投资合伙企业（有限合伙）	合伙企业	6528421	11.75
3	哈尔滨丁香汇投资合伙企业（有限合伙）	合伙企业	4839713	8.71
4	北京德联合力信息咨询中心（有限合伙）	合伙企业	4200000	7.55
5	中关村百校信息园有限公司	法人	4050840	7.29

资料来源：Wind，中关村上市公司协会整理。

3. 财务分析

（1）基本财务数据（见表180）

表180 中百信2017~2019年基本财务数据

单位：万元

项目	2019 年	2018 年	2017 年
总资产	14579. 80	12875. 23	8480. 05
归属母公司股东权益	12585. 33	10449. 61	6116. 38
营业收入	13135. 18	11165. 61	7709. 22
净利润	2274. 90	3111. 03	1568. 76
经营活动现金流量净额	1104. 67	1842. 14	− 112. 12

资料来源：Wind，中关村上市公司协会整理。

最近3年，公司资产、所有者权益、收入都逐步增长，主要原因系市场份额增加使其销售规模增长。净利润较2018年有所下滑，主要原因系公司战略性的业务合并使公司业务的继续高速增长，但等保测评资质申请投入、合作项目以及研发投入的增多使得成本投入高于收入增速。

（2）主要财务指标（见表181）

表181 中百信2017~2019年主要财务数据

项目	2019 年	2018 年	2017 年
销售毛利率(%)	52. 19	57. 86	52. 77
销售净利率(%)	17. 32	27. 86	20. 35
资产负债率(%)	13. 68	18. 84	27. 87
流动比率	7. 12	5. 20	3. 50
速动比率	7. 12	5. 20	3. 50
应收账款周转率	2. 20	2. 36	2. 62

资料来源：Wind，中关村上市公司协会整理。

2019年较2018年销售毛利率小幅下滑，主要原因系三方合作项目略增使其毛利率略降。公司销售净利率下降明显，主要因为销售费用和研发支出上涨所致。应收账款周转率没有明显变动，流动比率和速动比率有所提升，说明其偿债能力有所加强。

（3）收入结构

最近 3 年，公司主营业务收入按项目分类情况见表 182。

表 182　中百信 2017～2019 年收入结构

单位：万元，%

项目	2019 年		2018 年		2017 年	
	金额	比例	金额	比例	金额	比例
监理业务	11951.95	90.99	10584.58	94.80	7290.87	94.68
咨询业务	1183.23	9.01	581.04	5.20	409.83	5.32
合计	13135.18	100.00	11165.62	100.00	7700.70	100.00

资料来源：Wind，中关村上市公司协会整理。

最近 3 年，公司收入结构没有发生大的变化，收入构成没有发生明显的变动。

（四十六）曙光节能技术股份有限公司

1. 公司基本信息

"曙光节能技术股份有限公司"（简称"曙光节能"）成立于 2002 年，2018 年于全国中小企业股份转让系统挂牌并公开转让（股票代码：872808.OC）。截至 2019 年 12 月 31 日，曙光节能市值 3.30 亿元。

公司是一家以高效制冷技术为核心的数据中心整体解决方案供应商，是一家以高效制冷技术为核心的数据中心整体解决方案供应商，主要从事液态冷却产品、机房空调产品、机房温湿度控制产品、机房微模块产品研究、开发、销售，并围绕上述产品提供软件开发、系统集成和技术服务，是中国数据中心制冷领域的领军企业。

公司所在的数据中心节能行业随着互联网、物联网、云计算等数据业务的爆炸式增长及 IT 技术的迅速发展而快速增长。未来中国数据中心市场发展的推动力依然强劲的同时，对于数据中心密切相关的基础设施要求也会逐渐走高，在服务器产品越来越趋向标准化的形势下，高效节能的配套基础设施会逐渐成为吸引客户的关键因素。

公司客户集中度很高，2019 年公司前五大客户产生的销售收入占当年营业收入的比重分别为 77.68%、3.65%、3.16%、2.63%、1.31%，合计 88.43%，非常集中。2019 年公司前五大客户为：曙光信息产业股份有限公司、深南电路股份有限公司、广东申菱环境系统股份有限公司、环胜电子（深圳）有限公司、中航光电科技股份有限公司。

2. 股东情况

截至 2019 年 12 月 31 日，公司前五大股东情况见表 183。

表 183　曙光节能 2019 年前五大股东情况

排名	股东名称	股东性质	持股数量（股）	持股比例（%）
1	曙光信息产业（北京）有限公司	法人	21000000	70.00
2	沈卫东	自然人	2980001	9.93
3	盘锦聚力创新投资管理中心（有限合伙）	合伙企业	1665000	5.55
4	吕天文	自然人	1142002	3.81
5	何继盛	自然人	1125001	3.75

资料来源：Wind，中关村上市公司协会整理。

3. 财务分析

（1）基本财务数据（见表 184）

表 184　曙光节能 2017~2019 年基本财务数据

单位：万元

项目	2019 年	2018 年	2017 年
总资产	17413.16	16655.89	12087.67
归属母公司股东权益	7025.77	4509.11	3682.01
营业收入	29170.87	15920.18	11343.06
净利润	2819.81	1003.79	560.41
经营活动现金流量净额	547.07	-602.09	2735.71

资料来源：Wind，中关村上市公司协会整理。

最近 3 年，公司所有者权益、营业收入和利润都实现稳定增长，主要原因系公司液冷大项目在报告期落地。

（2）主要财务指标（见表185）

表185　曙光节能2017～2019年主要财务数据

项目	2019 年	2018 年	2017 年
销售毛利率(%)	26. 29	24. 68	19. 85
销售净利率(%)	9. 67	6. 31	4. 94
资产负债率(%)	59. 65	72. 93	69. 54
流动比率	1. 51	1. 21	1. 19
速动比率	0. 49	0. 74	0. 51
应收账款周转率	11. 53	8. 27	23. 30

资料来源：Wind，中关村上市公司协会整理。

最近3年，公司销售毛利率和销售净利率稳定提升，资产负债率逐年降低，应收账款周转率、流动比率和速动比率无明显趋势。

（3）收入结构

最近3年，公司主营业务收入按项目分类情况见表186。

表186　曙光节能2017～2019年收入结构

单位：万元，%

项目	2019 年		2018 年		2017 年	
	金额	比例	金额	比例	金额	比例
液冷产品	23813. 03	81. 63	11784. 27	74. 02	6134. 20	54. 08
模块化数据中心产品	5312. 94	18. 21	4037. 86	25. 36	3950. 24	34. 83
技术和运维服务	44. 90	0. 15	98. 05	0. 62	1258. 62	11. 10
合计	29170. 87	99. 99	15920. 18	100. 00	11343. 06	100. 01

资料来源：Wind，中关村上市公司协会整理。

最近2年，公司收入结构没有发生大的变化，收入构成没有发生明显的变动。

（四十七）北京九州大地生物技术集团股份有限公司

1. 公司基本信息

"北京九州大地生物技术集团股份有限公司"（简称"大地股份"）成

立于 2000 年，2008 年于全国中小企业股份转让系统挂牌并公开转让（股票代码：430034. OC）。截至 2019 年 12 月 31 日，大地股份市值 1.24 亿元。

公司是国内一流的饲料生产企业。产品有适合客户需要、性价比最佳的各种畜、禽、水产、反刍动物、经济动物类的预混料、蛋白浓缩料、配合饲料和动物药品，多达数百个品种，产品各项技术指标均处于国内领先并达到国际先进水平。公司享受企业所得税税率 15% 的税收优惠政策，公司产品科技含量高、附加值高、市场占有率高、具有强大竞争力。

公司所在的饲料业是我国农业中工业化程度最高的产业，它处在"种植业－饲料业－养殖业"产业链条中的中间环节，既受前后端的双重压力，同时又影响着它们的发展。饲料行业惠及种植业、养殖业，是我国农村经济的重要支柱产业。饲料业的大力发展，不仅为养殖业提供了物质基础，而且它对保障食品安全卫生至关重要。饲料业是靠内需拉动发展起来的一个行业，长期来看，饲料行业拥有较为广阔的发展前景，市场空间的拓展余地很大。

公司客户集中度不高，2019 年公司前五大客户产生的销售收入占当年营业收入的比重分别为 6.72%、3.47%、2.47%、1.63%、1.52%，合计 15.81%，较为分散。2019 年公司前五大客户为：中粮饲料有限公司、内蒙古伊利实业集团股份有限公司、沈阳轩鸿商贸有限公司、山西河滩奶牛育种有限公司、大同市永成畜牧有限责任公司。

2. 股东情况

截至 2019 年 12 月 31 日，公司前五大股东情况见表 187。

表 187　大地股份 2019 年前五大股东情况

排名	股东名称	股东性质	持股数量（股）	持股比例（%）
1	马红刚	自然人	115430540	28.86
2	内蒙古天地牛业股份有限公司	法人	43527412	10.88
3	余晓锚	自然人	43118848	10.78
4	内蒙古草原天地牛业研究中心（有限合伙）	合伙企业	30553336	7.64
5	马忠乐	自然人	27824904	6.96

资料来源：Wind，中关村上市公司协会整理。

3.财务分析

（1）基本财务数据（见表188）

表188 大地股份 2017~2019 年基本财务数据

单位：万元

项目	2019 年	2018 年	2017 年
总资产	101754.51	95834.02	98200.44
归属母公司股东权益	59364.56	53923.28	27431.97
营业收入	165309.93	150569.74	133314.19
净利润	8088.26	5838.80	6929.00
经营活动现金流量净额	10263.10	6754.25	1712.82

资料来源：Wind，中关村上市公司协会整理。

最近3年，公司资产、所有者权益、收入和利润都逐步增长，主要系饲料板块业务收入增长。

（2）主要财务指标（见表189）

表189 大地股份 2017~2019 年主要财务数据

项目	2019 年	2018 年	2017 年
销售毛利率(%)	16.55	17.54	19.93
销售净利率(%)	4.89	3.88	5.20
资产负债率(%)	34.25	34.29	37.69
流动比率	1.83	1.62	1.37
速动比率	1.07	0.89	0.71
应收账款周转率	17.67	18.12	18.86

资料来源：Wind，中关村上市公司协会整理。

最近3年，公司销售净利率和应收账款周转率没有明显变动，流动比率和速动比率有小幅度的降低。

（3）收入结构

最近3年，公司主营业务收入按项目分类情况见表190。

表 190　大地股份 2017～2019 年收入结构

单位：万元，%

项目	2019 年		2018 年		2017 年	
	金额	比例	金额	比例	金额	比例
饲料	137917.04	84.56	123001.76	81.88	103795.72	78.59
牛奶及其他	21350.12	13.09	22416.43	14.92	24117.41	18.26
其他业务	2877.00	1.76	1943.31	1.29	2167.88	1.64
生物资产及冻精	900.92	0.55	1880.06	1.25	1996.57	1.51
技术服务费	45.31	0.03	986.05	0.66	0.00	0.00
合计	163090.39	99.99	150227.61	100.00	132077.58	100

资料来源：Wind，中关村上市公司协会整理。

最近 3 年，公司收入结构没有发生大的变化，收入构成没有发生明显的变动。

（四十八）北京约顿气膜建筑技术股份有限公司

1. 公司基本信息

"北京约顿气膜建筑技术股份有限公司"（简称"约顿气膜"）成立于 2006 年，2014 年于全国中小企业股份转让系统挂牌并公开转让（股票代码：831527. OC）。截至 2019 年 12 月 31 日，约顿气膜市值 1.22 亿元。

公司致力于在中国市场推广绿色环保的气膜建筑，传播先进的建筑理念、展示全新的生活体验。北京约顿立足于国内市场，研究开发了多项气膜建筑技术专利，具备一流的设计能力、全方位的服务能力和丰富的施工经验。能根据不同行业、不同类型客户的需求提供专业的约顿气膜解决方案。目前，约顿气膜已经在中国诸多城市和多个不同领域投入使用。

公司所在的气膜建筑行业处于高速发展期，人民群众物质文化水平的提高催生了对各类体育、娱乐场馆的需求；同时，工业化的高速发展也带来了愈发突出的大气污染问题，国家开始重视从源头展开污染治理，封闭式的污染物处理建筑逐渐在工业环保领域内被广泛应用。目前行业集中度较高，行业竞争度较低。

公司客户集中度较高，2019年公司前五大客户产生的销售收入占当年营业收入的比重分别为7.88%、7.68%、6.04%、5.86%、5.00%，合计32.46%，较为集中。2019年公司前五大客户为：承德双承生物科技股份有限公司、成都外国语学校、北京圆之翰工程技术有限公司、荆门盈德气体有限公司、国龙龙源电力技术工程有限责任公司。

2. 股东情况

截至2019年12月31日，公司前五大股东情况见表191。

表191 约顿气膜2019年前五大股东情况

排名	股东名称	股东性质	持股数量（股）	持股比例（%）
1	中互体育文化发展（北京）有限公司	法人	35000000	51.66
2	罗赟	自然人	9137267	13.49
3	谭宁	自然人	4264426	6.29
4	于明石	自然人	4234744	6.25
5	江林	自然人	3166163	4.67

资料来源：Wind，中关村上市公司协会整理。

3. 财务分析

（1）基本财务数据（见表192）

表192 约顿气膜2017～2019年基本财务数据

单位：万元

项目	2019年	2018年	2017年
总资产	41786.25	28412.79	24263.38
归属母公司股东权益	22322.06	19767.03	20853.71
营业收入	18789.20	8792.28	12769.81
净利润	2573.93	1082.95	2019.69
经营活动现金流量净额	2396.96	−807.88	−2290.66

资料来源：Wind，中关村上市公司协会整理。

最近3年，公司资产、所有者权益、收入和利润都逐步增长，主要原因系公司在体育场馆领域、环保仓储领域、气膜设施农业领域、框架膜设施领域等方面都取得了不错的增长。

（2）主要财务指标（见表193）

表193　约顿气膜2017～2019年主要财务数据

项目	2019 年	2018 年	2017 年
销售毛利率(%)	33.75	34.65	33.19
销售净利率(%)	13.70	12.32	15.82
资产负债率(%)	45.44	28.82	14.05
流动比率	2.02	3.07	6.89
速动比率	1.72	2.27	6.82
应收账款周转率	2.21	1.17	1.84

资料来源：Wind，中关村上市公司协会整理。

最近3年，公司销售净利率没有明显变动，资产负债率逐年提升，流动比率和速动比率有小幅度的降低。

（3）收入结构

最近3年，公司主营业务收入按项目分类情况见表194。

表194　约顿气膜2017～2019年收入结构

单位：万元，%

项目	2019 年		2018 年		2017 年	
	金额	比例	金额	比例	金额	比例
气模建筑业务	18113.52	96.40	8232.10	93.63	12690.08	99.38
体育运营业收入	590.31	3.14	539.20	6.13	79.73	0.62
其他业务	85.37	0.45	20.98	0.24	0.00	0.00
合计	18789.20	99.99	8792.28	100.00	12769.81	100.00

资料来源：Wind，中关村上市公司协会整理。

最近3年，公司收入结构没有发生大的变化，收入构成没有发生明显的变动。

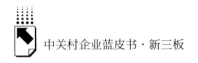

（四十九）北京凯德石英股份有限公司

1. 公司基本信息

"北京凯德石英股份有限公司"（简称"凯德石英"）成立于 1997 年，2015 年于全国中小企业股份转让系统挂牌并公开转让（股票代码：835179. OC）。截至 2019 年 12 月 31 日，凯德石英市值 3.51 亿元。

公司是国内领先的石英玻璃制品加工企业，主营业务为石英仪器、石英管道、石英舟等石英玻璃制品的研发、生产和销售。公司在石英玻璃加工技术方面具有长期的积累和沉淀，在半导体集成电路芯片用石英玻璃制品领域，公司是国内少数能为 8、12 英寸芯片生产线加工配套石英玻璃制品的企业之一。公司的主要产品包括石英仪器、石英管道、石英舟等石英玻璃制品。

公司所在石英玻璃制品行业属新材料产业的范畴，新材料产业是我国七大战略新兴产业之一，战略新兴产业中的新材料技术已成为我国经济发展的重要基础，是电子信息技术、现代工业和航天工程的关键发展领域。国家对新材料产业的发展高度重视，已先后出台一系列政策推动新材料产业的发展；公司生产的石英玻璃制品作为下游行业的生产原材料，主要应用于半导体集成电路、LED 新型电光源、航天航空、化工等细分行业，因此本行业的市场规模直接受下游行业需求情况所影响。

公司客户集中度较高，2019 年公司前五大客户产生的销售收入占当年营业收入的比重分别为 30.65%、17.17%、6.77%、3.24%、2.78%，合计 60.61%，较为集中。2019 年公司前五大客户为：北京北方华创微电子装备有限公司、深圳市捷佳伟创新能源装备股份有限公司、北京通美晶体技术有限公司、Won IK Quartz Europe GmbH、吉林华微电子股份有限公司。

2. 股东情况

截至 2019 年 12 月 31 日，公司前五大股东情况见表 195。

表195 凯德石英2019年前五大股东情况

排名	股东名称	股东性质	持股数量（股）	持股比例（%）
1	张忠恕	自然人	14370000	27.96
2	王毓敏	自然人	7947000	15.46
3	北京德益诚投资发展中心（有限合伙）	合伙企业	6840000	13.31
4	江苏太平洋石英股份有限公司	法人	6560000	12.76
5	新余川流投资管理有限公司 - 分宜川流长枫新材料投资合伙企业（有限合伙）	合伙企业	3598000	7.00

资料来源：Wind，中关村上市公司协会整理。

3. 财务分析

（1）基本财务数据（见表196）

表196 凯德石英2017～2019年基本财务数据

单位：万元

项目	2019年	2018年	2017年
总资产	21263.50	17333.11	14216.65
归属母公司股东权益	18446.77	15200.74	12038.53
营业收入	15450.48	11119.97	9136.04
净利润	3246.04	2140.97	1227.98
经营活动现金流量净额	408.42	980.75	133.78

资料来源：Wind，中关村上市公司协会整理。

最近3年，公司资产、所有者权益、收入和利润都逐步增长，主要原因系半导体和光伏行业用石英玻璃制品的营业收入。

（2）主要财务指标（见表197）

表197 凯德石英2017～2019年主要财务数据

项目	2019年	2018年	2017年
销售毛利率(%)	44.26	44.97	34.90
销售净利率(%)	21.01	19.25	13.44
资产负债率(%)	13.25	12.30	15.32

续表

项目	2019 年	2018 年	2017 年
流动比率	5.81	5.81	4.53
速动比率	4.06	3.46	3.52
应收账款周转率	5.00	3.64	3.50

资料来源：Wind，中关村上市公司协会整理。

最近 3 年，公司销售净利率、流动比率和速动比率和应收账款周转率稳定上升。

（3）收入结构

最近 3 年，公司主营业务收入按项目分类情况见表198。

表 198　凯德石英 2017～2019 年收入结构

单位：万元，%

项目	2019 年		2018 年		2017 年	
	金额	比例	金额	比例	金额	比例
半导体集成电路芯片用石英玻璃制品	8012.69	51.86	8539.66	76.80	5823.95	63.75
光伏太阳能行业用石英产品	7393.76	47.85	2537.68	22.82	—	—
LED 砷化镓产业用石英玻璃制品	—	—	—	—	2445.64	26.77
航空航天国防军工用石英玻璃制品	—	—	—	—	565.34	6.19
其他行业用石英玻璃制品	44.03	0.28	42.63	0.38	226.11	2.47
化工领域用石英玻璃制品	—	—	—	—	75.00	0.82
合计	15450.48	99.99	11119.97	100.00	9136.04	100.00

资料来源：Wind，中关村上市公司协会整理。

最近 3 年，公司收入结构有所变化，半导体集成电路芯片用石英玻璃制品的营业收入占比逐年下降，光伏太阳能行业用石英产品营业收入占比大幅上升，LED 砷化镓产业用石英玻璃制品、航空航天国防军工用石英玻璃制品的业务和其他行业用石英玻璃制品的营业收入占比逐年下降。

（五十）品牌联盟（北京）咨询股份公司

1. 公司基本信息

"品牌联盟（北京）咨询股份公司"（简称"品牌联盟"）成立于 2002 年，2016 年于全国中小企业股份转让系统挂牌并公开转让（股票代码：837940. OC）。截至 2019 年 12 月 31 日，品牌联盟市值 1.27 亿元。

公司是一家专门从事提供品牌传播、推广、咨询等公共关系服务的企业，致力于系统、专业地帮助客户维护、建设和提升品牌价值。公司的主营业务之一是品牌传播、推广、咨询相关的活动管理服务。

公司所在的公共关系行业市场发展迅速，营业收入逐年增长。随着中国经济持续增长和国际地位的快速提高，公共关系服务需求不断激发，中国企业已经深刻意识到专业公共关系服务重要性。公共关系行业将延续高速发展态势，业内公司将继续加大整合和转型力度，由大到强、由超大型城市向其他中心城市、由单一服务向整合服务发展。

公司客户集中度较高，2019 年公司前五大客户产生的销售收入占当年营业收入的比重分别为 26.18%、23.75%、2.74%、2.23%、2.1%，合计 57%，较为集中。2019 年公司前五大客户为：驰重广告（分众传媒）、西北集团、居然之家、北京市顺义区金融服务办公室、北京赵全营兆丰工业开发中心。

2. 股东情况

截至 2019 年 12 月 31 日，公司前五大股东情况见表 199。

表 199　品牌联盟 2019 年前五大股东情况

排名	股东名称	股东性质	持股数量（股）	持股比例（%）
1	王永	自然人	8267500	45.66
2	陈默	自然人	5461223	30.16
3	宁波梅山保税港区今品投资管理合伙企业（有限合伙）	合伙企业	1712277	9.46
4	冯军	自然人	855000	4.72
5	杨芳	自然人	725400	4.01

资料来源：Wind，中关村上市公司协会整理。

3.财务分析

（1）基本财务数据（见表200）

表200　品牌联盟 2017～2019 年基本财务数据

单位：万元

项目	2019 年	2018 年	2017 年
总资产	14821.23	6588.97	7087.66
归属母公司股东权益	6366.93	3973.25	3073.63
营业收入	16401.96	11410.00	7064.23
净利润	2512.85	1000.85	1357.93
经营活动现金流量净额	2590.36	-753.86	3447.70

资料来源：Wind，中关村上市公司协会整理。

最近 3 年，公司资产、所有者权益、收入和利润都逐步增长，主要原因系品牌传播和品牌活动收入增长带动。

（2）主要财务指标（见表201）

表201　品牌联盟 2017～2019 年主要财务数据

项目	2019 年	2018 年	2017 年
销售毛利率(%)	25.65	20.60	39.88
销售净利率(%)	15.32	8.77	19.22
资产负债率(%)	56.99	39.57	56.62
流动比率	1.75	2.43	1.68
速动比率	1.57	2.17	1.66
应收账款周转率	2.86	15.95	10.94

资料来源：Wind，中关村上市公司协会整理。

最近 3 年，公司应收账款周转率明显下降，流动比率和速动比率有小幅度的降低。

（3）收入结构

最近 3 年，公司主营业务收入按项目分类情况见表202。

表 202 品牌联盟 2017~2019 年收入结构

单位：万元，%

项目	2019 年		2018 年		2017 年	
	金额	比例	金额	比例	金额	比例
品牌传播	9689.51	59.08	9450.05	82.82	4519.31	63.97
品牌活动	6673.24	40.69	1910.97	16.75	2471.07	34.98
BMBA	39.21	0.24	48.99	0.43	73.84	1.05
合计	16401.96	100.01	11410.01	100.00	7064.22	100.00

资料来源：Wind，中关村上市公司协会整理。

最近 3 年，公司收入结构没有发生大的变化，收入构成没有发生明显的变动。

B.9
新三板全面深化改革政策介绍

中关村上市公司协会研究部

摘　要： 2019 年 10 月 25 日，证监会宣布全面启动深化新三板改革，重点推进优化发行融资制度、完善市场分层、建立转板上市机制等 5 项改革措施。作为新三板设立以来最为全面深入的改革，本次改革制定、修订的改革措施方向更为明确，新三板市场功能得到恢复与完善。本报告根据深化新三板改革的有关业务规则进行详细介绍。

关键词： 新三板市场　精选层企业　深化改革

一　新三板全面深化改革进程

2019 年 2 月，中共中央办公厅、国务院办公厅印发《关于加强金融服务民营企业的若干意见》，要求"稳步推进新三板发行与交易制度改革，促进新三板成为创新型民营中小微企业融资的重要平台"；2019 年 10 月，中国证券监督管理委员会（以下简称证监会）正式启动新三板全面深化改革，并发布《关于修改〈非上市公众公司监督管理办法〉的决定（征求意见稿）》（以下简称《公司管理办法》）和《非上市公众公司信息披露管理办法（征求意见稿）》（以下简称《信息披露办法》），内容涵盖精选层遴选标准、公开发行安排、连续竞价交易机制、投资者适当性管理、转板须符合的条件等关键细节。不同于过往两年新三板的存量改革，此次新三板改革由证监会推动，是在金融供给侧改革背景下，证监会全面深化资本市场改革 12 方面重点任务之一。12 月 12 日，中央经济工作会议首次罕见提及新三板改革，进一步凸显了本轮改革的战略意义。12月27日，第一批业务规则发布实施，标志着新三板全面深化改革正式落地实施，改革"蓝图"进入"施工"阶段。从证监会宣布启动新三板全面改革到12月27日首批业务规则发布，仅用时63天，新三板改革工作推进迅速。

2020年上半年，全国中小企业股份转让系统有限责任公司（以下简称"全国股转公司"）以《证券法》、《国务院关于全国中小企业股份转让系统有关问题的决定》、《公众公司监管办法》和《公众公司信息披露办法》等相关法律法规和规章为依据，以增设精选层及转板上市为改革核心要点，在股票公开发行、股票交易、信息披露、投资者适当性、股票定向发行、公司监管6方面进行了规范，形成了一整套的差异化制度安排。

2020年6月，证监会发布《关于全国中小企业股份转让系统挂牌公司转板上市的指导意见》（以下简称《指导意见》），主要内容包括三个方面：一是基本原则。建立转板上市机制将坚持市场导向、统筹兼顾、试点先行、防控风险的原则。二是主要制度安排。对转入板块的范围、转板上市条件、程序、保荐要求、股份限售等事项做出原则性规定。三是监管安排。明确证券交易所、全国股转公司、中介机构等有关各方的责任。对转板上市中的违法违规行为，依法依规严肃查处。上海证券交易所（以下简称上交所）、深圳证券交易所（以下简称深交所）、全国股转公司、中国证券登记结算有限责任公司（以下简称中国结算）等将依据《指导意见》制定或修订业务规则，进一步明确细化各项具体制度安排。建立转板上市制度，允许精选层挂牌公司直接转板上市，是新三板乃至中国资本市场发展的又一里程碑。它有助于加强多层次资本市场有机联系，拓宽挂牌公司上市渠道、激发新三板市场活力，增强金融服务实体经济能力，最终为中国经济实现更高质量发展提供有力支撑。

二　业务规则改革内容

全国中小企业股份转让系统有限责任公司在中国证监会党委的领导下，按照全面深化新三板改革总体方案，与《公司管理办法》《信息披露办法》等上位规章相配套，经充分听取社会各界、市场各方意见建议，制定、修订了30件业务规则。上述业务规则涵盖市场分层管理、股票交易、股票定向发行、投资者适当性、股票公开发行，以及公司监管6大方面，下文从以上6方面业务规则的改革内容进行介绍。

（一）分层管理办法

为进一步完善全国中小企业股份转让系统（以下简称"全国股转系统"）市场功能，降低投资人信息收集成本，提高风险控制能力，审慎推进市场创新，2019年12月27日，全国股转公司发布实施《全国中小企业股份转让系统分层管理办法》（以下简称《分层管理办法》），新三板开始实施差异化制度安排，设置基础层、创新层和精选层。市场分层是新三板的一项基础性制度，修订分层办法，完善分层制度就是落实全面深化新三板改革的一项具体措施。表1是改革前后关于分层管理办法的对比。

表1　《分层管理办法》改革前后对比情况

具体方面	改革前	改革后	
企业分层	创新层 + 基础层	基础层 + 创新层 + 精选层	
创新层进入条件	1. 由基础层满足一定条件调整才能进入创新层；2. 创新层需最近12个月内完成过发行融资	财务条件（三选一）	最近2年净利润均≥1000万元 + 净资产收益率≥8% + 股本2000万元
			最近2年营业收入均≥6000万元 + 年均复合增长率≥50% + 股本2000万元
			最近有成交的60个交易日平均市值≥6亿元 + 股本5000万元（做市商，做市公司≥6家）
		股权分散度	符合全国股转系统基础层投资者适当性条件的合格投资者人数不少于50人
		规范性运作	公司治理机制健全，公司控股股东、实际控制人、董监高等主体需要满足合规性要求
		融资条件	挂牌以来定向发行金额累计≥1000万元
		注：申请挂牌同时进入创新层的公司，如果依照创新层第三套财务条件进入，由于此前无竞价交易市值，需要挂牌同时即采用做市交易方式，6家做市商均通过该次定向发行取得做市库存股，且发行市值满足要求	

续表

具体方面	改革前	改革后	
创新层退出机制	最近一个会计年度经审计的期末净资产不为负值	完善退出机制。定期退出:增加了净利润为负且营业收入极低等情形。即时退出:增加合格投资者人数长期少于50人,股价长期低于面值等情形	
精选层进入条件	无	主体条件	在全国股转系统连续挂牌满一年的创新层挂牌公司,可以申请公开发行并进入精选层
		财务条件	一是市值不低于2亿元,最近两年净利润均不低于1500万元且加权平均净资产收益率平均不低于8%,或者最近一年净利润不低于2500万元且加权平均净资产收益率不低于8%
			二是市值不低于4亿元,最近两年营业收入平均不低于1亿元,且最近一年营业收入增长率不低于30%,最近一年经营活动产生的现金流量净额为正
			三是市值不低于8亿元,最近一年营业收入不低于2亿元,最近两年研发投入合计占最近两年营业收入合计比例不低于8%
			四是市值不低于15亿元,最近两年研发投入合计不低于5000万元
		股权分散度指标	①最近一年期末净资产不低于5000万元; ②公开发行的股份不少于100万股,发行对象不少于100人; ③公开发行后,公司股本总额不少于3000万元; ④公开发行后,公司股东人数不少于200人,公众股东持股比例不低于公司股本总额的25%;公司股本总额超过4亿元的,公众股东持股比例不低于公司股本总额的10%; ⑤中国证监会和全国股转公司规定的其他条件
		负面清单	①对接《非上市公众公司监督管理办法》关于不得公开发行的禁止性规定 ②与创新层负面清单管理基本逻辑一致 ③针对精选层公司特点,提出经营稳定、独立等更高要求

资料来源:全国中小企业股份转让系统官网,中关村上市公司协会整理。

　　增设精选层是本次新三板深化改革的核心,2020年上半年以来,围绕精选层加速推进这一主题,监管层发布实施了涉及精选层申报、挂牌审核及发行承销的一系列规则指引，以细化相关制度安排。与此同时，6月3日，转板制度正式落地，明确在试点期间，新三板精选层挂牌公司在精选层连续挂牌一年以上，且符合转入板块上市条件的，可以申请转板至上交所科创板或深交所创业板上市。新三板是贯通多层次资本市场的关键枢纽，与科创板、创业板错位发展、共生共进，通过设立精选层和建立转板上市制度，新三板优质企业将有望进入A股市场交易的"绿色通道"。

（二）股票交易规则

2020年3月30日起，新三板全面实施《全国中小企业股份转让系统股票交易规则》（以下简称《股票交易规则》）。此次《股票交易规则》的修订，明确了精选层股票采取连续竞价交易方式，连续竞价增加市场订单；增设精选层（连续竞价）股票价格稳定机制；提高了基础层、创新层撮合频次，降低了投资者最低申报数量；调整了大宗交易成交价格范围。具体内容见表2。

表2　《股票交易规则》改革前后对比情况

		改革前	改革后
表述调整		申报有效价格范围	涨跌幅
		协议转让	大宗交易
		暂停、恢复转让	停牌、复牌
交易方式		基础层：集合竞价/做市交易	新增精选层连续竞价
		创新层：集合竞价/做市交易	新增新三板新股申购
最小申报数量		买卖股票的申报数量应当为1000股或其整数倍	投资者买卖股票的单笔申报数量应当不低于100股。投资者申报不再有整数倍要求
		卖出股票时，余额不足1000股的部分，应当一次性申报卖出	卖出股票时，余额不足100股部分应当一次性申报卖出
集合竞价交易方式	撮合频次	基础层一天1次	基础层一天5次
		创新层一天5次	创新层一天25次
	放开涨跌幅限制的情形	无	挂牌后成交首日 全国股转公司做出终止挂牌决定后，股票恢复交易期间的成交首日

续表

		改革前	改革后
做市交易方式	做市商报价价差要求	相对买卖价差不得超过5%	相对买卖价差不得超过5%或两个量小价格变动单位(以孰高为准)
	做市商申报数量单位	做市商申报数量应当为1000股及其整数倍	做市商的申报数量应当为100股的整数倍;最低申报数量1000股
大宗交易	大宗交易成交价格范围	协议转让的成交价格应当≤前收盘价的200%或当日已成交的最高价格中的较高者,且≥前收盘价的50%或当日已成交的最低价格中的较低者	大宗交易的成交价格应当≤前收盘价130%或当日已成交的最高价格中的较高者。且≥前收盘价的70%或当日已成交的最低价格中的较低者。无前收盘价的股票大宗交易成交价格应当在当日最高成交价与最低成交价之间
	大宗交易申报时间	盘后15:00~15:30	全天交易时段接受大宗交易申报

资料来源:全国中小企业股份转让系统官网,中关村上市公司协会整理。

新三板市场自2013年正式运营以来,已初步成为资本市场服务中小企业和民营经济的重要平台。然而近年来,受市场规模结构、需求多元等因素影响,出现了一些新的问题,如融资额下降、交易不活跃等。因此自2019年10月起,证监会启动全面深化新三板改革。其中,对股票交易规则进行更新,积极借鉴境内外证券市场有益经验,改善市场流动性,防控交易风险。《股票交易规则》的修订可为不同市场层级提供差异化交易安排,进一步完善市场交易机制。

(三)股票定向发行规则

为规范股票定向发行行为,保护投资者合法权益,全国中小企业股份转让系统有限责任公司(以下简称"全国股转公司")对《全国中小企业股份转让系统股票发行业务规则(试行)》进行了修订,并更名为《全国中小企业股份转让系统股票定向发行规则》(以下简称《定向发行规则》)。2020年1月3日,《定向发行规则》经证监会批准后发布,并自发布之日起施行。表3是关于《定向发行规则》改革前后对比。

表3 《定向发行规则》改革前后对比情况

具体方面	改革前	改革后
发行审查机制	豁免核准情形定向发行事后备案	豁免核准情形定向发行事前审查
募集资金使用	挂牌公司在取得股份登记函之前,不得使用本次股票发行募集的资金	允许发行人在验资后使用募集资金,对于未在规定期限或者预计不能在规定期限内披露最近一期定期报告和最近十二个月内发行人及其控股股东、实际控制人存在违法违规行为的,发行人在完成新增股票登记手续后才能使用募集资金
挂牌同时发行	无	不得导致公司控制权变动、需在公开转让说明书中专章披露发行内容、发行前后的股票一并登记挂牌
发行机制	推出授权发行制度,规定了"年度股东大会一次决策、董事会分次实施"的授权发行制度,提高小额发行决策效率	引入自办发行机制,对于在一定期间的融资金额和融资比例内,且面向公司内部人或已经确定对象的发行,发行人可以豁免聘请主办券商和律师出具书面意见,但是其持续督导券商仍应当协助公司披露发行相关公告,并对定向发行募集资金存管与使用的规范性履行持续督导职责
不得发行情形	无	1. 本次发行申请文件存在虚假记载、误导性陈述或者重大遗漏; 2. 发行人或其董事、高级管理人员因涉嫌犯罪正被司法机关立案侦查或者涉嫌违法违规正被中国证监会立案调查; 3. 发行人存在违规对外担保、资金占用或者其他权益被控股股东、实际控制人严重损害的情形,尚未解除或者消除影响的; 4. 严重损害投资者合法权益和社会公共利益的其他情形。自律审查过程中发现存在上述情形的,全国股转公司将做出终止审查决定

资料来源: 全国中国小企业股份转让系统官网、中关村上市公司协会整理。

此次《定向发行规则》修订借鉴了注册制理念,优化了定向发行审查机制;取消了单次发行新增股东不得超过35人的限制;允许挂牌同时发行,引入自办发行,完善授权发行机制,提高融资效率;允许发行人在完成验资后使用募集资金,降低资金闲置成本。与征求意见稿相比较,此次发布实施的《定向发行规则》明确了发行人实施定向发行前,不得存在尚未完成的股份回购事项;调整了关联股东在特定情形下回避表决的持股比例要求;同时为避免歧义，对挂牌同时发行新增股份限售的措辞表述进行了调整。

定向发行作为新三板股权融资的主要方式，为解决挂牌公司发展过程中的融资问题发挥了极为重要的作用。综观新三板挂牌公司定向发行的系列规定，针对该种融资方式已形成了一套行之有效的架构体系，兼顾了融资各阶段的实际需求。从部分取消35人限制、自律审查管理机制，到推出自办发行机制等，挂牌公司定向发行在市场化的道路上又迈出了一步。

（四）挂牌公司信息披露规则

差异化信息披露制度是本次新三板全面深化改革的重要举措之一。全国股转公司根据《公司管理办法》《信息披露办法》等规定，对《全国中小企业股份转让系统挂牌公司信息披露规则》（以下简称《信息披露规则》）进行了修订，并且根据《信息披露办法》进一步修订完善《信息披露规则》。2020年1月3日，《信息披露规则》经中国证监会批准后发布，并自发布之日起施行。信息披露规则与股票公开发行、设立精选层等改革措施相衔接，为促进提升挂牌公司信披质量、强化信披自律，并进一步保护投资者权益。表4是改革前后关于信息披露规则的对比。

表4　《信息披露规则》改革前后对比情况

具体内容		改革前	改革后
定期报告	基础层	基础层挂牌公司应当披露的定期报告包括年度报告、半年度报告	披露简式年度报告和半年度报告
	创新层	创新层挂牌公司应当披露的定期报告包括年度报告、半年度报告、季度报告	从平衡制度供给与信息披露成本角度,适当降低定期报告的披露频次,披露年度报告和半年度报告,无须披露季度报告;行业披露上,特定行业的创新层挂牌公司应当按照行业信息披露指引的要求,在年度报告中披露相关信息
	精选层	无	披露详式年度报告、半年度报告、季度报告;及时性上要求公司特定情形下披露业绩快报和业绩预告;行业披露上,特定行业的精选层挂牌公司应当按照行业信息披露指引的要求,在年度报告中披露相关信息

续表

具体内容	改革前	改革后
审计要求	创新层挂牌公司审计应当执行财政部关于关键事项审计准则的相关规定。创新层挂牌公司签字注册会计师应当参照执行中国证监会关于证券期货审计业务注册会计师定期轮换的相关规定	挂牌公司年度报告中的财务报告均应由具有证券、期货相关业务资格的会计师事务所审计。精选层、创新层公司审计均应执行财政部关于关键审计事项准则的相关规定，特定行业的精选层、创新层挂牌公司应当按照行业信息披露指引的要求在年度报告中披露相应信息。除上述要求外，精选层公司审计签字会计师应当参照执行证监会关于会计师定期轮换的相关规定；拟实施送股或者以资本公积转增股本的，所依据的半年度报告或者季度报告的财务报告也应当经符合《证券法》规定的会计师事务所审计
临时报告	交易事项经董事会审议后披露，审议标准由公司章程自主确定	精选层公司交易的披露触发条件与上市公司趋同，共设置6套披露标准*，以10%的比例为基准，涵盖了资产总额、资产净额、成交额、营业收入等财务指标。创新层、基础层公司适当精简，以资产总额、资产净额等的金额及占比数为判断指标。临时公告事项类型上，要求精选层公司在开展新业务、重要在研产品或项目有重要进展、大股东股权质押和减持时及时披露相关公告

注：*具体6套披露标准为：（1）交易涉及的资产总额占公司最近一年经审计总资产10%以上；（2）交易的成交金额占公司市值10%以上；（3）交易标的最近一年资产净额占公司市值的10%以上；（4）交易标的最近一年相关的营业收入占公司最近一年经审计营业收入的10%以上，且超过1000万元；（5）交易产生的利润占公司最近一年经审计净利润的10%以上，且超过150万元；（6）交易标的最近一年相关的净利润占公司最近一个会计年度经审计净利润的10%以上，且超过150万元。

资料来源：全国中国小企业股份转让系统官网，中关村上市公司协会整理。

　　与征求意见稿相比，此次发布的《信息披露规则》做了如下调整。一是优化精选层披露要求。提高精选层公司业绩快报披露要求，并将业绩快报、预告的更正及致歉比例调整为20%，优化精选层公司业绩快报、预告的监管安排。二是降低基础层披露负担。删除鼓励披露季度报告的相关表述，后续将进一步简化年报、半年报披露内容。三是调整部分披露要求。根据《披露管理办法》调整临时报告事项类型；明确仅年度会计差错更正情形下需披露会计师事务所出具的专项说明。

《信息披露规则》对比征求意见稿所做出的调整体现出差异化信披制度的精髓，进一步提高精选层的信披质量和要求，降低基础层信披负担，而这是由于不同层级挂牌公司在发展阶段、规范运作水平、公众化程度等方面存在的差异决定的。这有利于提高挂牌公司信息披露质量，平衡各层级挂牌公司信息披露要求，保障投资者的合法权益。

（五）挂牌公司治理规则

全国股转公司于 2020 年 1 月 3 日发布了《全国中小企业股份转让系统挂牌公司治理规则》（以下简称《公司治理规则》），完善了新三板市场挂牌公司的治理体系，提出了系统化的公司治理要求，主要内容包括以下六个方面：一是规定股东大会、董事会、监事会和经营管理层的基本运作要求，如召开程序、职权行使和议事规则等；在具体制度设计上，引入单独计票、网络投票等相关制度，充分考虑了中小股东的合法权益；二是明确董事、监事和高级管理人员等的选任程序和一般行为规范；同时，对董事长、财务负责人、董事会秘书等"关键少数"的行为规范提出了具体要求，督促相关主体归位尽责；三是禁止控股股东、实际控制人滥用控制权，不得违规干预挂牌公司的正常决策程序、违规获取未公开的重大信息，对控股股东、实际控制人、董事、监事和高级管理人员设置敏感期交易限制；四是对不同层次挂牌公司的重大交易和关联交易事项实施差异化的审议标准，分别按照相应的标准履行审议程序；五是对挂牌公司及相关主体的公开承诺事项提出了具体要求，督促其严格履行公开承诺；六是规范挂牌公司的投资者关系管理工作，挂牌公司在投资者关系管理工作中应当严格遵守公平、公开、公正的原则；精选层公司应当不晚于年度股东大会之日召开年度报告说明会，回应投资者关切。具体内容见表5。

（六）股票公开发行规则

为规范全国中小企业股份转让系统股票向不特定合格投资者公开发行并在精选层挂牌行为，保护投资者合法权益，全国股转公司制定了《全国中小

表5 《公司治理规则》主要内容情况

一般规定		特殊要求		
			精选层	创新层、基础层
三会一层	规定股东大会、董事会、监事会和经营管理层的基本运作要求,如召开程序、议事规则和职权行使等	网络投票	召开股东大会应当提供网络投票方式	创新层和股东人数超过200人的基础层公司审议需要进行单独计票事项的,应提供网络投票方式
控股股东	控股股东、实际控制人不得滥用控制权,不得违规获取未公开的重大信息,设置敏感期交易限制	累积投票	单一股东及其一致行动人拥有权益的股份比例在30%以上的,股东大会在董事、监事选举中应当推行累积投票制	鼓励在选举董事、监事时实行累计投票制
交易事项	重大交易、关联交易达到规定标准的,应当履行审议程序和信息披露义务	单独计票	股东大会审议重大事项时应当单独计票	股东人数超过200人的创新层、基础层挂牌公司股东大会审议重大事项时应单独计票
董监高	明确董事、监事和高级管理人员等的选任程序和一般行为规范,同时对董事长、财务负责人及董秘等"关键少数"人员的具体行为规范提出了要求	独立董事	应当建立独立董事制度,聘请2名以上独立董事,其中一名为会计专业人士	鼓励建立独立董事制度
		设置主体	设置表决权差异安排的公司可以进入精选层	挂牌公司可以设置表决权差异安排
		设置要求	程序要求:股东大会2/3以上通过,且特别表决权股东及其关联方回避表决。身份要求:特别表决权股东应当是董事,且持股比例不低10%。放大倍数:每份特别表决权股份的表决权,不得超过每份普通股份表决权的10倍	

资料来源:全国中国小企业股份转让系统官网,中关村上市公司协会整理。

企业股份转让系统股票向不特定合格投资者公开发行并在精选层挂牌规则(试行)》(以下简称《公开发行规则》)。2020年1月19日,《公开发行规则》经中国证监会批准后发布,并自发布之日起施行。《公开发行规则》借鉴了注册制理念,针对公开发行并在精选层挂牌业务中的发行主体、发行条件、审议程序、申报受理、发行审查、发行承销、进入精选层以及相关的信息披露、募集资金管理和各方责任做出了系统性规定。《公开发行规则》标志着新三板市场股票向不特定合格投资者公开发行并在精选层挂牌业务正式启动，市场各方可据此着手开展相关业务（见表6）。

表6 《公开发行规则》主要内容情况

内容	细则
发行主体	全国股转系统挂牌满一年的创新层公司
发行对象	发行对象应当为已开通全国股转系统精选层股票交易权限的合格投资者,可向战略投资者配售
发行条件	(1)挂牌满一年的创新层公司;(2)符合四套标准之一（市值、财务）*;(3)不存在五类负面情形**;(4)如存在差异化表决权,需满足平稳运行一个会计年度等
核准程序	股转公司审查→股转挂牌委员会合议→股转公司意见→股转向证监会报送→证监会审核
保荐机构	发行人应当聘请其主办券商担任保荐机构（主办券商不具有保荐机构资格的,发行人应当聘请其具有保荐机构资格的子公司担任保荐机构）
承销机构	保荐机构或保荐机构与其他承销机构共同担任
发行承销	(1)定价可选直接定价、竞价、询价三种方式;(2)投资者全额缴付申购资金;(3)比例配售原则;(4)对战略配售、超额配售选择权进行原则性规定
发行失败	代销未达到拟公开发行股票数量70%、发行人不符合精选层条件等
限售规定	发行人控股股东、实际控制人及其亲属以及本次发行前直接持有10%以上股份的股东、参与战略配售取得的股票,自在精选层挂牌之日起十二个月内不得转让
募集资金管理	从内控制度、专户存储、禁止性投向、用途变更与置换、定期核查等方面,对公开发行募集资金用途、使用原则及存管等做出规定

注：*标准一：2亿市值+近两年净利润≥1500万元/年+ROE≥10%（两年平均值）或近一年净利润≥2500万元+ROE≥10%；标准二：4亿元市值+近两年营业收入平均1亿元+营业收入增速≥30%+近一年经营现金流量额为正；标准三：8亿元市值+营业收入（最近一年）≥2亿元+研发占营业收入比例（两年合计）≥8%；标准四：15亿元市值+近两年研发投入合计5000万元。

**五类负面情形包括：（1）《公开发行规则》中第十九条第二项至第四项、第六项规定情形；（2）连续60个交易日,公众股东持股比例均低于公司股本总额的25%；公司股本总额超过4亿元的,连续60个交易日,公众股东持股比例均低于公司股本总额的10%；（3）连续60个交易日,股东人数均少于200人；（4）因更正年度报告导致出现本办法第二十条第一项至第三项规定情形；（5）仅根据本办法第十五条第一款第四项规定进入精选层的挂牌公司,连续60个交易日,股票交易市值均低于5亿元的。

资料来源：全国中国小企业股份转让系统官网,中关村上市公司协会整理。

与征求意见稿比较，本次发布实施的《公开发行规则》进行了三方面调整完善：一是调整战略配售范围，删除了保荐机构相关子公司可参与战略配售的规定。二是调整战略配售限售要求，对战投所持股份设置差异化限售安排。对发行人的高管、核心员工参与战略配售所取得的股票，限售12个月；对其他投资者参与战略配售所取得的股票，限售6个月。三是在规则条文中为保证金申购和以其他方式申购预留制度空间。

三　改革对中关村新三板企业的影响

中关村是我国生物医药研发实力最强的地区之一。面向生物技术产品、天然药物、化学合成药研发机构和团队的生物医药专业孵化器——中关村生物医药园，它是目前国内规模最大、最具专业化的生物医药行业"孵化器"。由于国内生物医药产业投融资环境与企业的需求差距较大，造成许多中小型生物医药企业发展中途"夭折"。本次新三板全面深化改革中"完善市场分层，建立精选层"机制为新三板优质生物医药企业带来新的生机。精选层进入的市值条件和财务条件将标准落脚于盈利能力强的企业；高成长性的企业；市场认可度的创新企业；市场高度认可、创新能力强的企业四个方面，这使得前期研发投入占比较大优质生物医药企业得到有利发展。同时也进一步加强了中关村生物工程与医药产业发展。

另一个广为关注的亮点来自转板通道设计，明确"试点期间，在新三板精选层挂牌满一年，且符合《证券法》上市条件和交易所相关规定的企业，可以申请转板至上交所科创板或深交所创业板上市"，这有助于打通中小企业成长壮大的市场通道，充分发挥新三板市场承上启下的作用，实现多层次资本市场的互联互通。这等于加强了新三板在整个资本市场的地位。截止到2020年6月30日，作为首批申报精选层数量最多的中关村，其中科创类企业占比最大。这一举措，能够充分发挥中关村科创资源优势，借助新三板深化改革优势，更好支撑中关村全国科技创新中心建设（见表7）。

表7　新三板精选层与其他板块的对比

项目	精选层	科创板	创业板	主板
所属市场	股转系统	上交所	深交所	沪深交易所
募集资金方式	公开发行	公开发行	公开发行	公开发行
审核机构	股转公司挂牌委员会自律审查、证监会核准	上交所上市委员会审核、证监会注册	证监会发审委	证监会发审委
公开发行条件（财务指标）	市值+净利润+净资产收益率、市值+营业收入及其增长率+现金流、市值+营业收入+研发强度、市值+研发投入等四套指标，对应市值2亿、4亿、8亿、15亿元	市值+盈利、市值+收入+研发投入占比、市值+收入+经营活动现金流量、市值+收入、市值+技术优势五套指标，对应市值10亿、15亿、20亿、30亿、40亿元	两年连续盈利，最近两年净利润累计≥1000万元或者最近一年盈利，营业收入≥5000万元；净资产≥2000万元	近3年净利润均为正且累计≥3000万元；近3年经营活动产生的现金流量净额≥5000万元，或者近3年营业收入累计≥30000万元
发行定价方式	直接定价（市场化定价）、网上竞价、网下询价	市场化询价	直接定价（限制市盈率）	直接定价（限制市盈率）
合格投资者	100万金融资产	50万金融资产	两年证券投资经验	无
交易制度	连续竞价	连续竞价	连续竞价	连续竞价
交易制度及涨跌幅	30%涨跌幅限制，首个交易日不设涨跌幅	20%涨跌幅限制，前五交易日不设涨跌幅	10%涨跌幅限制	10%涨跌幅限制
限售制度	发行人控股股东、实际控制人及其亲属以及本次发行前直接持有10%以上股份的股东、参与战略配售取得的股票，自在精选层挂牌之日起十二个月内不得转让	（1）对控股股东、实际控制人所持股份，要求其承诺自发行人股票上市之日起满三年后方可转让；（2）对于其他股东所持股份，不同板块限售期有一定差异，但至少需自发行人股票上市之日起限售12个月；（3）科创板中对核心技术人员所持股票被纳入监管范围		

四 小结

综观此次新三板深化改革政策和措施，改革内容直击新三板问题所在，改革内容涵盖更加全面，是七年来最为全面、彻底的一次综合性改革。对于新三板而言是划时代的变革，对重塑市场生态起关键作用。此次新三板改革，有以下改革新举措。

一是优化发行融资制度。引入向不特定合格投资者公开发行制度；优化定向发行制度，取消单次融资新增投资者 35 人限制；允许挂牌同时发行、自办发行，优化授权发行；借鉴科创板注册制，对公开发行、200 人以上定向发行等相关行政许可事项，证监会在全国股转公司自律监管意见的基础上履行核准程序，证监会不设发审委。

二是完善市场内部层次结构。增设精选层，打造"基础层—创新层—精选层"三个层次的市场结构，并配套形成交易、投资者适当性、信息披露、监督管理等差异化制度体系。

三是建立挂牌公司转板上市机制。改革后将允许在精选层挂牌满一年，符合《证券法》上市条件和交易所相关规定的企业，可以不再走传统的首次公开发行并上市（IPO）的路径，直接向交易所申请转板上市。

四是加强监督管理，实施分类监管，研究提高违法成本，提升挂牌公司质量。

五是健全市场退出机制，完善摘牌制度。

改革后，新三板市场形成"基础层—创新层—精选层"的三层市场结构，各层级的融资、交易等功能逐层增强，投资者数量和类型逐层增加，差异化管理也会满足不同发展阶段不同企业的差异化需求。本次新三板改革是贯彻落实金融供给侧结构性改革的重要实践，是全面深化资本市场改革的重要一环，有利于完善新三板市场基础制度、提升市场治理能力，更好地发挥新三板市场服务中小企业和民营经济的作用。

附 录

Appendices

附录一 2019年中关村新三板市场摘牌情况统计

序号	代码	名称	挂牌日期	摘牌日期	所属行业	终止上市原因
1	872697. OC	韵盛发	2018 年 6 月 9 日	2019 年 11 月 18 日	信息传输、软件和信息技术服务业	生产经营调整
2	872701. OC	第一人居	2018 年 3 月 6 日	2019 年 12 月 27 日	科学研究和技术服务业	其他不符合挂牌的情形
3	872601. OC	中邮展鸿	2018 年 2 月 13 日	2019 年 7 月 9 日	批发和零售业	暂停上市后未披露定期报告
4	872587. OC	天远三维	2018 年 1 月 31 日	2019 年 12 月 27 日	信息传输、软件和信息技术服务业	其他不符合挂牌的情形
5	872576. OC	益诚嘉华	2018 年 1 月 27 日	2019 年 7 月 9 日	信息传输、软件和信息技术服务业	暂停上市后未披露定期报告
6	872484. OC	元码基因	2017 月 12 月 30 日	2019 月 1 月 16 日	科学研究和技术服务业	生产经营调整

续表

序号	代码	名称	挂牌日期	摘牌日期	所属行业	终止上市原因
7	872410. OC	华夏文广	2017 年 12 月 26 日	2019 年 8 月 26 日	租赁和商务服务业	其他不符合挂牌的情形
8	872385. OC	六人游	2017 年 11 月 15 日	2019 年 4 月 2 日	租赁和商务服务业	生产经营调整
9	872335. OC	万洁天元	2017 年 11 月 10 日	2019 年 6 月 12 日	制造业	其他不符合挂牌的情形
10	872036. OC	利泰科技	2017 年 9 月 7 日	2019 年 11 月 21 日	信息传输、软件和信息技术服务业	生产经营调整
11	872115. OC	天泰志远	2017 年 8 月 11 日	2019 年 11 月 28 日	租赁和商务服务业	其他不符合挂牌的情形
12	871689. OC	爱剧科技	2017 年 7 月 26 日	2019 年 7 月 09 日	信息传输、软件和信息技术服务业	暂停上市后未披露定期报告
13	871678. OC	掌中飞天	2017 年 7 月 14 日	2019 年 8 月 27 日	信息传输、软件和信息技术服务业	生产经营调整
14	871610. OC	教师网	2017 年 6 月 27 日	2019 年 1 月 03 日	教育	生产经营调整
15	871416. OC	金百万	2017 年 5 月 17 日	2019 年 7 月 30 日	住宿和餐饮业	暂停上市后未披露定期报告
16	871503. OC	金泽环能	2017 年 5 月 16 日	2019 年 7 月 18 日	水利、环境和公共设施管理业	暂停上市后未披露定期报告
17	871423. OC	华夏视科	2017 年 5 月 11 日	2019 年 8 月 28 日	制造业	生产经营调整
18	871284. OC	资利信	2017 年 5 月 6 日	2019 年 8 月 1 日	金融业	生产经营调整
19	871337. OC	环球优学	2017 年 4 月 25 日	2019 年 10 月 29 日	教育	生产经营调整
20	871375. OC	优鼎优	2017 年 4 月 18 日	2019 年 1 月 29 日	住宿和餐饮业	生产经营调整
21	870013. OC	天科合达	2017 年 4 月 8 日	2019 年 8 月 12 日	制造业	其他不符合挂牌的情形
22	871213. OC	弘泰嘉业	2017 年 3 月 31 日	2019 年 3 月 21 日	批发和零售业	其他不符合挂牌的情形
23	871062. OC	中科浩鼎	2017 年 3 月 30 日	2019 年 8 月 12 日	制造业	其他不符合挂牌的情形
24	871210. OC	科荣达	2017 年 3 月 25 日	2019 年 8 月 23 日	制造业	其他不符合挂牌的情形
25	871100. OC	普业股份	2017 年 3 月 10 日	2019 年 12 月 10 日	建筑业	生产经营调整
26	871146. OC	游够股份	2017 年 3 月 10 日	2019 年 4 月 18 日	租赁和商务服务业	其他不符合挂牌的情形
27	871043. OC	普达股份	2017 年 3 月 3 日	2019 年 7 月 29 日	租赁和商务服务业	暂停上市后未披露定期报告

续表

序号	代码	名称	挂牌日期	摘牌日期	所属行业	终止上市原因
28	839781. OC	思诺博	2017 年 3 月 2 日	2019 年 2 月 25 日	信息传输、软件和信息技术服务业	生产经营调整
29	870921. OC	时代桃源	2017 年 2 月 16 日	2019 年 1 月 24 日	科学研究和技术服务业	生产经营调整
30	870759. OC	中农劲腾	2017 年 2 月 11 日	2019 年 4 月 23 日	制造业	其他不符合挂牌的情形
31	870595. OC	宝联科技	2017 年 1 月 27 日	2019 年 2 月 14 日	信息传输、软件和信息技术服务业	其他不符合挂牌的情形
32	870408. OC	世纪保险	2017 年 1 月 27 日	2019 年 2 月 1 日	金融业	其他不符合挂牌的情形
33	870578. OC	泡泡玛特	2017 年 1 月 25 日	2019 年 4 月 2 日	批发和零售业	生产经营调整
34	870587. OC	ST 艾美迪	2017 年 1 月 24 日	2019 年 8 月 30 日	租赁和商务服务业	生产经营调整
35	870430. OC	海存志合	2017 年 1 月 21 日	2019 年 11 月 28 日	信息传输、软件和信息技术服务业	生产经营调整
36	870413. OC	硕瑞伟业	2017 年 1 月 21 日	2019 年 4 月 30 日	制造业	生产经营调整
37	870403. OC	澳丰源	2017 年 1 月 18 日	2019 年 8 月 30 日	科学研究和技术服务业	生产经营调整
38	870568. OC	赛欧必弗	2017 年 1 月 17 日	2019 年 1 月 17 日	制造业	暂停上市后未披露定期报告
39	870068. OC	赛欧必弗	2017 年 1 月 14 日	2019 年 8 月 5 日	信息传输、软件和信息技术服务业	其他不符合挂牌的情形
40	870628. OC	ST 融海	2017 年 1 月 11 日	2019 年 11 月 20 日	信息传输、软件和信息技术服务业	其他不符合挂牌的情形
41	870385. OC	华普教育	2016 年 12 月 31 日	2019 年 3 月 4 日	教育	生产经营调整
42	870377. OC	中藤时尚	2016 年 12 月 30 日	2019 年 5 月 17 日	教育	其他不符合挂牌的情形
43	870332. OC	博雅智学	2016 年 12 月 28 日	2019 年 10 月 23 日	信息传输、软件和信息技术服务业	其他不符合挂牌的情形
44	839816. OC	永成医美	2016 年 12 月 23 日	2019 年 9 月 30 日	卫生和社会工作	其他不符合挂牌的情形
45	870190. OC	恒荣汇彬	2016 年 12 月 15 日	2019 年 10 月 28 日	金融业	其他不符合挂牌的情形
46	870094. OC	星际互娱	2016 年 12 月 10 日	2019 年 4 月 26 日	信息传输、软件和信息技术服务业	其他不符合挂牌的情形
47	870038. OC	岱润霖	2016 年 12 月 9 日	2019 年 6 月 26 日	批发和零售业	其他不符合挂牌的情形
48	839869. OC	中广通业	2016 年 11 月 26 日	2019 年 1 月 23 日	信息传输、软件和信息技术服务业	生产经营调整

续表

序号	代码	名称	挂牌日期	摘牌日期	所属行业	终止上市原因
49	839910.OC	蓝玛世邦	2016年11月23日	2019年8月2日	制造业	生产经营调整
50	839875.OC	大悦影业	2016年11月22日	2019年2月15日	文化、体育和娱乐业	其他不符合挂牌的情形
51	839550.OC	中和医疗	2016年11月11日	2019年7月18日	批发和零售业	暂停上市后未披露定期报告
52	839570.OC	安博通	2016年11月8日	2019年3月5日	信息传输、软件和信息技术服务业	转板上市
53	839358.OC	智者品牌	2016年10月27日	2019年11月5日	租赁和商务服务业	其他不符合挂牌的情形
54	839334.OC	泛高网络	2016年10月21日	2019年8月23日	租赁和商务服务业	其他不符合挂牌的情形
55	839236.OC	联合友为	2016年10月20日	2019年3月14日	信息传输、软件和信息技术服务业	其他不符合挂牌的情形
56	839217.OC	天端传媒	2016年10月14日	2019年1月25日	文化、体育和娱乐业	生产经营调整
57	839144.OC	建通科技	2016年9月23日	2019年8月30日	制造业	其他不符合挂牌的情形
58	839176.OC	麦迪卫康	2016年9月22日	2019年2月13日	租赁和商务服务业	其他不符合挂牌的情形
59	838143.OC	东方嘉禾	2016年9月20日	2019年7月15日	信息传输、软件和信息技术服务业	暂停上市后未披露定期报告
60	839129.OC	ST易斯	2016年9月15日	2019年4月26日	制造业	其他不符合挂牌的情形
61	839265.OC	铁骑国际	2016年9月14日	2019年7月15日	交通运输、仓储和邮政业	暂停上市后未披露定期报告
62	838805.OC	金色世纪	2016年8月30日	2019年4月15日	信息传输、软件和信息技术服务业	其他不符合挂牌的情形
63	838738.OC	中智商展	2016年8月30日	2019年2月20日	租赁和商务服务业	其他不符合挂牌的情形
64	838230.OC	科码先锋	2016年8月24日	2019年11月29日	信息传输、软件和信息技术服务业	其他不符合挂牌的情形
65	839082.OC	华创方舟	2016年8月20日	2019年11月21日	信息传输、软件和信息技术服务业	生产经营调整
66	839050.OC	翔升国际	2016年8月18日	2019年2月25日	租赁和商务服务业	生产经营调整
67	838267.OC	新世纪	2016年8月16日	2019年8月1日	科学研究和技术服务业	其他不符合挂牌的情形
68	838788.OC	科旭威尔	2016年8月16日	2019年3月6日	信息传输、软件和信息技术服务业	其他不符合挂牌的情形
69	838125.OC	易普拉格	2016年8月13日	2019年12月23日	信息传输、软件和信息技术服务业	其他不符合挂牌的情形

续表

序号	代码	名称	挂牌日期	摘牌日期	所属行业	终止上市原因
70	838913.OC	国泉金业	2016年8月13日	2019年1月9日	批发和零售业	生产经营调整
71	839000.OC	莱诺斯	2016年8月12日	2019年12月9日	信息传输、软件和信息技术服务业	生产经营调整
72	838657.OC	尚诚同力	2016年8月11日	2019年1月10日	租赁和商务服务业	生产经营调整
73	838609.OC	ST海颐威	2016年8月10日	2019年4月23日	科学研究和技术服务业	生产经营调整
74	839051.OC	凤之岩	2016年8月9日	2019年12月19日	信息传输、软件和信息技术服务业	其他不符合挂牌的情形
75	838461.OC	金誉东博	2016年8月9日	2019年8月19日	居民服务、修理和其他服务业	其他不符合挂牌的情形
76	838777.OC	华天海峰	2016年8月9日	2019年7月30日	信息传输、软件和信息技术服务业	生产经营调整
77	837959.OC	昊普康	2016年8月9日	2019年4月18日	制造业	其他不符合挂牌的情形
78	838776.OC	胡杨网络	2016年8月9日	2019年4月17日	信息传输、软件和信息技术服务业	生产经营调整
79	838557.OC	方圆平安	2016年8月6日	2019年10月22日	农、林、牧、渔业	其他不符合挂牌的情形
80	838769.OC	中天健康	2016年8月6日	2019年8月5日	信息传输、软件和信息技术服务业	暂停上市后未披露定期报告
81	838887.OC	ST国人	2016年8月6日	2019年4月30日	信息传输、软件和信息技术服务业	其他不符合挂牌的情形
82	838605.OC	汇成教育	2016年8月6日	2019年4月2日	信息传输、软件和信息技术服务业	生产经营调整
83	837746.OC	和润科技	2016年8月5日	2019年8月2日	信息传输、软件和信息技术服务业	其他不符合挂牌的情形
84	838253.OC	华晖能源	2016年8月5日	2019年4月3日	采矿业	生产经营调整
85	838315.OC	特里尼斯	2016年8月5日	2019年2月15日	信息传输、软件和信息技术服务业	其他不符合挂牌的情形
86	838431.OC	ST深思	2016年8月5日	2019年1月24日	信息传输、软件和信息技术服务业	生产经营调整
87	838286.OC	集慧智佳	2016年8月4日	2019年5月16日	租赁和商务服务业	生产经营调整
88	837999.OC	韦加股份	2016年8月4日	2019年2月14日	制造业	其他不符合挂牌的情形
89	838224.OC	集酷股份	2016年8月2日	2019年12月16日	租赁和商务服务业	暂停上市后未披露定期报告
90	838307.OC	源大医疗	2016年8月2日	2019年4月3日	批发和零售业	生产经营调整

续表

序号	代码	名称	挂牌日期	摘牌日期	所属行业	终止上市原因
91	837958. OC	德邦大为	2016 年 7 月 29 日	2019 年 1 月 25 日	农、林、牧、渔业	生产经营调整
92	837994. OC	金色文创	2016 年 7 月 26 日	2019 年 7 月 15 日	批发和零售业	暂停上市后未披露定期报告
93	837916. OC	福玛特	2016 年 7 月 20 日	2019 年 7 月 15 日	制造业	暂停上市后未披露定期报告
94	837883. OC	聚通达	2016 年 7 月 8 日	2019 年 2 月 18 日	信息传输、软件和信息技术服务业	其他不符合挂牌的情形
95	837828. OC	泽桥传媒	2016 年 7 月 5 日	2019 年 10 月 18 日	租赁和商务服务业	其他不符合挂牌的情形
96	837706. OC	龙铁纵横	2016 年 6 月 29 日	2019 年 8 月 19 日	制造业	生产经营调整
97	837219. OC	金云彩	2016 年 6 月 25 日	2019 年 7 月 15 日	租赁和商务服务业	暂停上市后未披露定期报告
98	837629. OC	万国体育	2016 年 6 月 24 日	2019 年 8 月 2 日	文化、体育和娱乐业	生产经营调整
99	837731. OC	分享时代	2016 年 6 月 23 日	2019 年 2 月 15 日	信息传输、软件和信息技术服务业	其他不符合挂牌的情形
100	837776. OC	东方童	2016 年 6 月 22 日	2019 年 4 月 23 日	教育	生产经营调整
101	837802. OC	中普达	2016 年 6 月 21 日	2019 年 3 月 29 日	信息传输、软件和信息技术服务业	生产经营调整
102	837765. OC	荣创岩土	2016 年 6 月 16 日	2019 年 1 月 24 日	建筑业	生产经营调整
103	837756. OC	天河智造	2016 年 6 月 15 日	2019 年 4 月 25 日	信息传输、软件和信息技术服务业	生产经营调整
104	837730. OC	正保育才	2016 年 6 月 14 日	2019 年 4 月 22 日	教育	生产经营调整
105	837467. OC	数聚智连	2016 年 6 月 7 日	2019 年 4 月 19 日	租赁和商务服务业	生产经营调整
106	837469. OC	城市理想	2016 年 6 月 3 日	2019 年 6 月 5 日	文化、体育和娱乐业	其他不符合挂牌的情形
107	837111. OC	益跑科技	2016 年 6 月 2 日	2019 年 12 月 16 日	信息传输、软件和信息技术服务业	暂停上市后未披露定期报告
108	837315. OC	魔秀科技	2016 年 5 月 28 日	2019 年 2 月 15 日	信息传输、软件和信息技术服务业	其他不符合挂牌的情形
109	837364. OC	梦之城	2016 年 5 月 20 日	2019 年 6 月 13 日	文化、体育和娱乐业	其他不符合挂牌的情形
110	837498. OC	第一物业	2016 年 5 月 18 日	2019 年 12 月 24 日	房地产业	其他不符合挂牌的情形
111	837486. OC	中博龙辉	2016 年 5 月 14 日	2019 年 4 月 17 日	批发和零售业	其他不符合挂牌的情形

续表

序号	代码	名称	挂牌日期	摘牌日期	所属行业	终止上市原因
112	837216.OC	软告科技	2016年5月14日	2019年1月17日	信息传输、软件和信息技术服务业	生产经营调整
113	836852.OC	宇田科技	2016年5月7日	2019年10月9日	信息传输、软件和信息技术服务业	生产经营调整
114	837277.OC	冠德信息	2016年5月7日	2019年7月18日	信息传输、软件和信息技术服务业	其他不符合挂牌的情形
115	837197.OC	厚德股份	2016年5月4日	2019年7月9日	租赁和商务服务业	暂停上市后未披露定期报告
116	836701.OC	盛夏星空	2016年4月26日	2019年8月16日	文化、体育和娱乐业	生产经营调整
117	836868.OC	微夏传媒	2016年4月26日	2019年4月4日	租赁和商务服务业	生产经营调整
118	837007.OC	岐黄医药	2016年4月26日	2019年1月25日	制造业	生产经营调整
119	836644.OC	科诺伟业	2016年4月26日	2019年1月10日	电力、热力、燃气及水生产和供应业	生产经营调整
120	837124.OC	西典展览	2016年4月23日	2019年7月22日	文化、体育和娱乐业	暂停上市后未披露定期报告
121	836878.OC	裕源大通	2016年4月23日	2019年4月12日	信息传输、软件和信息技术服务业	暂停上市后未披露定期报告
122	836882.OC	金至科技	2016年4月22日	2019年11月21日	信息传输、软件和信息技术服务业	其他不符合挂牌的情形
123	836925.OC	百程旅游	2016年4月22日	2019年7月18日	租赁和商务服务业	暂停上市后未披露定期报告
124	836921.OC	举贤网	2016年4月22日	2019年4月19日	租赁和商务服务业	其他不符合挂牌的情形
125	837117.OC	华新环保	2016年4月21日	2019年2月25日	制造业	生产经营调整
126	837103.OC	京润环保	2016年4月20日	2019年4月23日	电力、热力、燃气及水生产和供应业	生产经营调整
127	836360.OC	中智云游	2016年4月19日	2019年8月30日	信息传输、软件和信息技术服务业	其他不符合挂牌的情形
128	836416.OC	时空视点	2016年4月14日	2019年12月24日	租赁和商务服务业	其他不符合挂牌的情形
129	835879.OC	派尔特	2016年4月14日	2019年11月5日	制造业	其他不符合挂牌的情形
130	836535.OC	网弦信息	2016年4月13日	2019年1月14日	批发和零售业	其他不符合挂牌的情形
131	836564.OC	华海节能	2016年4月12日	2019年4月30日	制造业	生产经营调整
132	836525.OC	网信通	2016年4月12日	2019年3月11日	信息传输、软件和信息技术服务业	其他不符合挂牌的情形

续表

序号	代码	名称	挂牌日期	摘牌日期	所属行业	终止上市原因
133	836801. OC	睦合达	2016 年 4 月 9 日	2019 年 7 月 25 日	信息传输、软件和信息技术服务业	生产经营调整
134	836623. OC	同志科技	2016 年 4 月 8 日	2019 年 7 月 22 日	制造业	暂停上市后未披露定期报告
135	836201. OC	和力辰光	2016 年 4 月 8 日	2019 年 4 月 23 日	文化、体育和娱乐业	转板上市
136	836598. OC	瑞星网安	2016 年 4 月 2 日	2019 年 9 月 10 日	信息传输、软件和信息技术服务业	生产经营调整
137	836563. OC	芯联达	2016 年 4 月 1 日	2019 年 7 月 15 日	信息传输、软件和信息技术服务业	暂停上市后未披露定期报告
138	836218. OC	森森木	2016 年 3 月 23 日	2019 年 9 月 24 日	教育	其他不符合挂牌的情形
139	836307. OC	凌天互娱	2016 年 3 月 23 日	2019 年 4 月 23 日	制造业	其他不符合挂牌的情形
140	836385. OC	九九互娱	2016 年 3 月 19 日	2019 年 7 月 31 日	租赁和商务服务业	其他不符合挂牌的情形
141	836061. OC	蜂巢锐哲	2016 年 3 月 18 日	2019 年 12 月 26 日	租赁和商务服务业	其他不符合挂牌的情形
142	836016. OC	清水生态	2016 年 3 月 17 日	2019 年 12 月 16 日	水利、环境和公共设施管理业	暂停上市后未披露定期报告
143	835945. OC	高德体育	2016 年 3 月 16 日	2019 年 8 月 23 日	文化、体育和娱乐业	其他不符合挂牌的情形
144	836088. OC	瑞安科技	2016 年 3 月 15 日	2019 年 7 月 15 日	信息传输、软件和信息技术服务业	暂停上市后未披露定期报告
145	836092. OC	乐普基因	2016 年 2 月 27 日	2019 年 1 月 29 日	卫生和社会工作	其他不符合挂牌的情形
146	836010. OC	路通彩虹	2016 年 2 月 26 日	2019 年 7 月 1 日	租赁和商务服务业	其他不符合挂牌的情形
147	836053. OC	友宝在线	2016 年 2 月 24 日	2019 年 3 月 12 日	批发和零售业	其他不符合挂牌的情形
148	835863. OC	ST 万众	2016 年 2 月 20 日	2019 年 7 月 15 日	批发和零售业	暂停上市后未披露定期报告
149	835869. OC	阳光杰科	2016 年 2 月 18 日	2019 年 4 月 16 日	采矿业	其他不符合挂牌的情形
150	835733. OC	博睿体育	2016 年 2 月 17 日	2019 年 4 月 3 日	文化、体育和娱乐业	生产经营调整
151	835799. OC	互动百科	2016 年 2 月 3 日	2019 年 1 月 16 日	信息传输、软件和信息技术服务业	生产经营调整
152	835674. OC	鑫创佳业	2016 年 1 月 26 日	2019 年 4 月 29 日	信息传输、软件和信息技术服务业	其他不符合挂牌的情形
153	835411. OC	润丰物业	2016 年 1 月 21 日	2019 年 12 月 16 日	房地产业	暂停上市后未披露定期报告

续表

序号	代码	名称	挂牌日期	摘牌日期	所属行业	终止上市原因
154	835614. OC	艾的教育	2016 年 1 月 20 日	2019 年 12 月 16 日	租赁和商务服务业	暂停上市后未披露定期报告
155	834838. OC	通蓝海	2016 年 1 月 19 日	2019 年 8 月 2 日	制造业	生产经营调整
156	835529. OC	中科汇联	2016 年 1 月 16 日	2019 年 4 月 29 日	信息传输、软件和信息技术服务业	其他不符合挂牌的情形
157	835190. OC	美中双和	2016 年 1 月 15 日	2019 年 8 月 30 日	制造业	其他不符合挂牌的情形
158	835571. OC	前景云	2016 年 1 月 14 日	2019 年 7 月 1 日	信息传输、软件和信息技术服务业	其他不符合挂牌的情形
159	835396. OC	博锐能源	2016 年 1 月 13 日	2019 年 2 月 21 日	制造业	生产经营调整
160	835466. OC	纪新泰富	2016 年 1 月 12 日	2019 年 4 月 19 日	批发和零售业	生产经营调整
161	835477. OC	ST金三	2016 年 1 月 12 日	2019 年 4 月 18 日	租赁和商务服务业	其他不符合挂牌的情形
162	835369. OC	卓诚惠生	2016 年 1 月 07 日	2019 年 10 月 18 日	科学研究和技术服务业	其他不符合挂牌的情形
163	834680. OC	海天众意	2016 年 1 月 5 日	2019 年 4 月 17 日	租赁和商务服务业	其他不符合挂牌的情形
164	835348. OC	明朝万达	2015 年 12 月 31 日	2019 年 3 月 29 日	信息传输、软件和信息技术服务业	生产经营调整
165	835275. OC	奇良海德	2015 年 12 月 30 日	2019 年 6 月 12 日	制造业	其他不符合挂牌的情形
166	835099. OC	开心麻花	2015 年 12 月 29 日	2019 年 5 月 22 日	文化、体育和娱乐业	转板上市
167	835089. OC	爱酷游	2015 年 12 月 29 日	2019 年 3 月 19 日	信息传输、软件和信息技术服务业	其他不符合挂牌的情形
168	835097. OC	讯腾智科	2015 年 12 月 26 日	2019 年 9 月 6 日	信息传输、软件和信息技术服务业	其他不符合挂牌的情形
169	835151. OC	中科星冠	2015 年 12 月 25 日	2019 年 4 月 19 日	制造业	生产经营调整
170	835176. OC	核新伟鸿	2015 年 12 月 22 日	2019 年 7 月 9 日	建筑业	暂停上市后未披露定期报告
171	834746. OC	鲲鹏万恒	2015 年 12 月 22 日	2019 年 1 月 17 日	信息传输、软件和信息技术服务业	生产经营调整
172	834984. OC	网库股份	2015 年 12 月 19 日	2019 年 4 月 2 日	信息传输、软件和信息技术服务业	生产经营调整
173	834622. OC	通铭教育	2015 年 12 月 17 日	2019 年 6 月 18 日	信息传输、软件和信息技术服务业	其他不符合挂牌的情形
174	834993. OC	海秦方圆	2015 年 12 月 17 日	2019 年 1 月 30 日	信息传输、软件和信息技术服务业	其他不符合挂牌的情形

续表

序号	代码	名称	挂牌日期	摘牌日期	所属行业	终止上市原因
175	834464.OC	大象健康	2015 年 12 月 15 日	2019 年 8 月 26 日	文化、体育和娱乐业	暂停上市后未披露定期报告
176	834722.OC	赛科科技	2015 年 12 月 15 日	2019 年 7 月 18 日	信息传输、软件和信息技术服务业	暂停上市后未披露定期报告
177	834723.OC	春腾网络	2015 年 12 月 11 日	2019 年 8 月 5 日	信息传输、软件和信息技术服务业	其他不符合挂牌的情形
178	834733.OC	华卓精科	2015 年 12 月 11 日	2019 年 2 月 13 日	制造业	其他不符合挂牌的情形
179	834698.OC	国舜股份	2015 年 12 月 10 日	2019 年 3 月 29 日	信息传输、软件和信息技术服务业	生产经营调整
180	834638.OC	ST 明威	2015 年 12 月 5 日	2019 年 8 月 26 日	信息传输、软件和信息技术服务业	暂停上市后未披露定期报告
181	834883.OC	关键科技	2015 年 12 月 5 日	2019 年 8 月 22 日	信息传输、软件和信息技术服务业	生产经营调整
182	834507.OC	元年科技	2015 年 12 月 5 日	2019 年 3 月 15 日	信息传输、软件和信息技术服务业	其他不符合挂牌的情形
183	834431.OC	广育德	2015 年 12 月 4 日	2019 年 12 月 9 日	租赁和商务服务业	生产经营调整
184	834177.OC	华贸广通	2015 年 12 月 1 日	2019 年 12 月 23 日	租赁和商务服务业	其他不符合挂牌的情形
185	834544.OC	糖友股份	2015 年 12 月 1 日	2019 年 8 月 23 日	租赁和商务服务业	生产经营调整
186	834524.OC	海金格	2015 年 12 月 1 日	2019 年 6 月 20 日	科学研究和技术服务业	其他不符合挂牌的情形
187	834527.OC	虎嗅科技	2015 年 12 月 1 日	2019 年 3 月 4 日	信息传输、软件和信息技术服务业	生产经营调整
188	834211.OC	大卫之选	2015 年 11 月 27 日	2019 年 12 月 23 日	批发和零售业	暂停上市后未披露定期报告
189	834291.OC	中信出版	2015 年 11 月 26 日	2019 年 6 月 19 日	文化、体育和娱乐业	转板上市
190	834214.OC	百合网	2015 年 11 月 20 日	2019 年 12 月 24 日	信息传输、软件和信息技术服务业	其他不符合挂牌的情形
191	834360.OC	天智航	2015 年 11 月 19 日	2019 年 4 月 1 日	制造业	转板上市
192	834382.OC	爱尚传媒	2015 年 11 月 18 日	2019 年 7 月 29 日	文化、体育和娱乐业	暂停上市后未披露定期报告
193	834231.OC	合众环保	2015 年 11 月 13 日	2019 年 11 月 11 日	制造业	生产经营调整
194	834149.OC	动信通	2015 年 11 月 13 日	2019 年 7 月 19 日	信息传输、软件和信息技术服务业	其他不符合挂牌的情形
195	834181.OC	龙贝世纪	2015 年 11 月 12 日	2019 年 2 月 19 日	信息传输、软件和信息技术服务业	其他不符合挂牌的情形

续表

序号	代码	名称	挂牌日期	摘牌日期	所属行业	终止上市原因
196	834025.OC	赛思信安	2015年11月10日	2019年2月13日	信息传输、软件和信息技术服务业	其他不符合挂牌的情形
197	834173.OC	龙汇东方	2015年11月7日	2019年5月17日	租赁和商务服务业	暂停上市后未披露定期报告
198	833856.OC	宝润兴业	2015年11月4日	2019年6月18日	信息传输、软件和信息技术服务业	其他不符合挂牌的情形
199	833913.OC	坤鼎集团	2015年10月30日	2019年1月14日	租赁和商务服务业	生产经营调整
200	833852.OC	清软创新	2015年10月21日	2019年12月9日	信息传输、软件和信息技术服务业	生产经营调整
201	833825.OC	神州锐达	2015年10月16日	2019年8月19日	信息传输、软件和信息技术服务业	生产经营调整
202	833762.OC	ST励思	2015年10月13日	2019年7月18日	批发和零售业	暂停上市后未披露定期报告
203	833581.OC	长城华冠	2015年9月22日	2019年4月19日	科学研究和技术服务业	生产经营调整
204	833568.OC	华谊创星	2015年9月12日	2019年8月16日	信息传输、软件和信息技术服务业	生产经营调整
205	833313.OC	方胜有成	2015年8月18日	2019年7月15日	信息传输、软件和信息技术服务业	暂停上市后未披露定期报告
206	833157.OC	京冶轴承	2015年8月14日	2019年12月4日	制造业	生产经营调整
207	833268.OC	北亚时代	2015年8月14日	2019年8月26日	信息传输、软件和信息技术服务业	暂停上市后未披露定期报告
208	833276.OC	炬辉文化	2015年8月13日	2019年7月15日	信息传输、软件和信息技术服务业	暂停上市后未披露定期报告
209	833198.OC	备斗传媒	2015年8月11日	2019年7月15日	文化、体育和娱乐业	暂停上市后未披露定期报告
210	833220.OC	思比科	2015年8月8日	2019年1月30日	制造业	其他不符合挂牌的情形
211	833178.OC	中美福源	2015年7月30日	2019年5月16日	制造业	生产经营调整
212	833089.OC	索福特	2015年7月27日	2019年8月12日	制造业	其他不符合挂牌的情形
213	832976.OC	富雷科技	2015年7月22日	2019年5月16日	制造业	生产经营调整
214	832618.OC	中能兴科	2015年6月30日	2019年1月2日	科学研究和技术服务业	生产经营调整
215	832536.OC	京成科技	2015年5月26日	2019年3月28日	信息传输、软件和信息技术服务业	生产经营调整
216	832442.OC	思必拓	2015年5月8日	2019年1月30日	制造业	其他不符合挂牌的情形

续表

序号	代码	名称	挂牌日期	摘牌日期	所属行业	终止上市原因
217	832340. OC	国联股份	2015 年 4 月 23 日	2019 年 7 月 8 日	信息传输、软件和信息技术服务业	转板上市
218	832361. OC	众智同辉	2015 年 4 月 22 日	2019 年 4 月 17 日	制造业	其他不符合挂牌的情形
219	832284. OC	贝达化工	2015 年 4 月 14 日	2019 年 5 月 29 日	批发和零售业	生产经营调整
220	831926. OC	丰荣航空	2015 年 1 月 27 日	2019 年 7 月 22 日	租赁和商务服务业	暂停上市后未披露定期报告
221	831735. OC	国瑞升	2015 年 1 月 23 日	2019 年 4 月 2 日	制造业	生产经营调整
222	831652. OC	康华远景	2015 年 1 月 22 日	2019 年 4 月 17 日	制造业	其他不符合挂牌的情形
223	831797. OC	爱乐祺	2015 年 1 月 12 日	2019 年 7 月 18 日	教育	暂停上市后未披露定期报告
224	831764. OC	拓美传媒	2015 年 1 月 9 日	2019 年 7 月 29 日	租赁和商务服务业	暂停上市后未披露定期报告
225	831407. OC	万泰中联	2014 年 12 月 3 日	2019 年 4 月 26 日	信息传输、软件和信息技术服务业	其他不符合挂牌的情形
226	831362. OC	品今股份	2014 年 11 月 14 日	2019 年 11 月 21 日	金融业	生产经营调整
227	831307. OC	佛罗伦萨	2014 年 11 月 6 日	2019 年 12 月 9 日	制造业	生产经营调整
228	831302. OC	飞扬天下	2014 年 11 月 5 日	2019 年 9 月 17 日	信息传输、软件和信息技术服务业	暂停上市后未披露定期报告
229	831126. OC	元鼎科技	2014 年 8 月 20 日	2019 年 12 月 23 日	信息传输、软件和信息技术服务业	暂停上市后未披露定期报告
230	831051. OC	ST春秋	2014 年 8 月 20 日	2019 年 12 月 23 日	租赁和商务服务业	暂停上市后未披露定期报告
231	831016. OC	帝测科技	2014 年 8 月 20 日	2019 年 7 月 10 日	科学研究和技术服务业	生产经营调整
232	831011. OC	三友创美	2014 年 8 月 18 日	2019 年 7 月 22 日	制造业	暂停上市后未披露定期报告
233	830991. OC	ST康盛	2014 年 8 月 12 日	2019 年 7 月 29 日	建筑业	暂停上市后未披露定期报告
234	830989. OC	北方空间	2014 年 8 月 11 日	2019 年 4 月 30 日	建筑业	生产经营调整
235	830808. OC	中华华体	2014 年 6 月 24 日	2019 年 4 月 23 日	文化、体育和娱乐业	其他不符合挂牌的情形
236	430750. OC	帛仁旅游	2014 年 5 月 28 日	2019 年 2 月 26 日	信息传输、软件和信息技术服务业	生产经营调整
237	430700. OC	ST飞尼	2014 年 4 月 21 日	2019 年 7 月 15 日	制造业	暂停上市后未披露定期报告

续表

序号	代码	名称	挂牌日期	摘牌日期	所属行业	终止上市原因
238	430696.OC	博信中医	2014年4月9日	2014年7月18日	制造业	暂停上市后未披露定期报告
239	430581.OC	八亿时空	2014年1月22日	2019年11月29日	制造业	转板上市
240	430617.OC	ST欧迅	2014年1月22日	2019年7月22日	文化、体育和娱乐业	暂停上市后未披露定期报告
241	430624.OC	中天金谷	2014年1月22日	2019年3月5日	制造业	其他不符合挂牌的情形
242	430348.OC	瑞斯福	2013年11月14日	2019年5月10日	制造业	生产经营调整
243	430342.OC	天润康隆	2013年10月31日	2019年7月15日	制造业	暂停上市后未披露定期报告
244	430245.OC	奥特美克	2013年7月19日	2019年5月8日	信息传输、软件和信息技术服务业	生产经营调整
245	430248.OC	奥尔斯	2013年7月17日	2019年10月21日	信息传输、软件和信息技术服务业	其他不符合挂牌的情形
246	430233.OC	星原丰泰	2013年7月2日	2019年7月22日	制造业	暂停上市后未符合挂牌的情形
247	430212.OC	六合伟业	2013年1月28日	2019年6月4日	制造业	其他不符合挂牌的情形
248	430196.OC	ST宣爱	2012年12月22日	2019年8月5日	信息传输、软件和信息技术服务业	暂停上市后未披露定期报告
249	430147.OC	中矿龙科	2012年9月19日	2019年6月26日	信息传输、软件和信息技术服务业	其他不符合挂牌的情形
250	430133.OC	赛孚制药	2012年7月27日	2019年7月22日	制造业	暂停上市后未披露定期报告
251	430125.OC	ST都市	2012年6月5日	2019年7月18日	金融业	暂停上市后未披露定期报告
252	430117.OC	航天理想	2012年4月13日	2019年7月29日	信息传输、软件和信息技术服务业	暂停上市后未披露定期报告
253	430118.OC	中钰医疗	2012年4月5日	2019年7月29日	科学研究和技术服务业	暂停上市后未披露定期报告
254	430095.OC	航星股份	2011年8月15日	2019年4月30日	信息传输、软件和信息技术服务业	生产经营调整
255	430069.OC	天助畅运	2010年6月21日	2019年9月23日	制造业	其他不符合挂牌的情形
256	430060.OC	永邦科技	2009年8月21日	2019年12月25日	制造业	其他不符合挂牌的情形
257	430011.OC	指南针	2007年1月19日	2019年9月30日	信息传输、软件和信息技术服务业	转板上市
258	430002.OC	中科软	2006年1月18日	2019年8月1日	信息传输、软件和信息技术服务业	转板上市

资料来源：Wind，中关村上市公司协会整理。

附录二　2018~2019年两年营业收入连续增长且复合增长率不低于50%的中关村新三板企业

序号	证券代码	证券名称	所属分层	所属行业	2019年营业收入（万元）	2019年同比增幅（%）	2018年同比增幅（%）	复合增长率（%）
1	833575.OC	康乐卫士	基础层	制造业	2468.95	18582.48	329.20	2731.71
2	430189.OC	摩点文娱	基础层	信息传输、软件和信息技术服务业	1795.60	779.46	940.44	856.57
3	870517.OC	浩德钢圈	基础层	信息传输、软件和信息技术服务业	787271.01	109.53	1276.39	437.03
4	430756.OC	柒号传媒	基础层	文化、体育和娱乐业	5868.22	1.29	1389.07	288.37
5	871594.OC	华体股份	基础层	科学研究和技术服务业	37245.53	14.90	1004.85	256.29
6	430105.OC	合力思腾	基础层	信息传输、软件和信息技术服务业	45065.07	7.85	926.43	232.71
7	839114.OC	爱酷体育	基础层	租赁和商务服务业	2337.94	111.34	408.42	227.79
8	872287.OC	建工新科	基础层	制造业	43135.26	483.84	59.79	205.44
9	838372.OC	醉纯科技	基础层	批发和零售业	32243.37	136.05	269.69	195.40
10	430277.OC	圣万教育	基础层	租赁和商务服务业	75283.27	44.72	495.29	193.51
11	873250.OC	芳华美德	基础层	信息传输、软件和信息技术服务业	5388.10	66.55	318.03	163.86
12	870626.OC	上古彩	基础层	信息传输、软件和信息技术服务业	24089.54	74.11	284.12	158.61
13	833058.OC	触动时代	基础层	文化、体育和娱乐业	974.86	78.34	273.83	158.20
14	873063.OC	鑫凯瑞	基础层	信息传输、软件和信息技术服务业	5168.96	72.07	282.77	156.64
15	838613.OC	金软瑞彩	基础层	信息传输、软件和信息技术服务业	3446.17	22.95	429.43	155.13

续表

序号	证券代码	证券名称	所属分层	所属行业	2019年营业收入（万元）	2019年同比增幅（%）	2018年同比增幅（%）	复合增长率（%）
16	832494.OC	首航直升	基础层	租赁和商务服务业	157952.33	7.09	348.81	119.23
17	872610.OC	妙音动漫	基础层	文化、体育和娱乐业	9066.24	82.39	156.22	116.18
18	831850.OC	分豆教育	基础层	信息传输、软件和信息技术服务业	3399.71	102.79	116.97	109.76
19	871609.OC	金甲壳虫	基础层	制造业	1919.71	148.97	67.35	104.12
20	835743.OC	展鸿软通	基础层	信息传输、软件和信息技术服务业	1967.08	2.22	302.34	102.79
21	835505.OC	光宫网络	创新层	信息传输、软件和信息技术服务业	32957.95	57.18	161.02	102.55
22	430144.OC	煦联得	基础层	制造业	7802.63	81.12	125.22	101.97
23	833747.OC	广厦环能	基础层	制造业	31352.94	24.38	225.86	101.32
24	873062.OC	汉王鹏泰	基础层	制造业	48833.27	130.05	75.14	100.72
25	871044.OC	中科希望	基础层	信息传输、软件和信息技术服务业	22570.54	51.31	159.57	98.18
26	430644.OC	紫贝龙	基础层	制造业	6370.86	119.71	76.39	96.86
27	835471.OC	呈天网络	基础层	信息传输、软件和信息技术服务业	12753.05	120.54	74.79	96.33
28	873323.OC	盛旺绿化	基础层	建筑业	3040.81	270.73	3.11	95.52
29	834331.OC	开运联合	基础层	信息传输、软件和信息技术服务业	2058.28	49.01	150.90	93.36
30	837782.OC	派特森	基础层	信息传输、软件和信息技术服务业	1034.51	2.62	257.73	91.60
31	839911.OC	中煤远大	基础层	信息传输、软件和信息技术服务业	5545.61	111.72	71.53	90.57
32	872569.OC	信游星空	基础层	信息传输、软件和信息技术服务业	15422.77	67.55	115.07	89.83
33	839432.OC	天德泰	基础层	科学研究和技术服务业	7985.31	6.05	236.43	88.89
34	831664.OC	雅达养老	基础层	居民服务、修理和其他服务业	3031.75	164.49	34.41	88.55
35	873236.OC	领航广告	基础层	租赁和商务服务业	3000.55	85.26	74.37	79.74
36	871764.OC	环宇兄弟	基础层	文化、体育和娱乐业	6507.42	51.24	103.55	75.45
37	835990.OC	随锐科技	创新层	信息传输、软件和信息技术服务业	98527.19	103.75	50.62	75.18

续表

序号	证券代码	证券名称	所属分层	所属行业	2019年营业收入（万元）	2019年同比增幅（%）	2018年同比增幅（%）	复合增长率（%）
38	872272.OC	华达建业	基础层	科学研究和技术服务业	6784.97	198.02	1.33	73.77
39	430145.OC	智立医学	基础层	制造业	4687.37	26.01	138.80	73.47
40	430169.OC	融智通	创新层	信息传输、软件和信息技术服务业	14959.98	180.70	6.69	73.05
41	836263.OC	中航泰达	创新层	水利、环境和公共设施管理业	46370.79	6.67	180.24	72.90
42	838418.OC	新兴泰达	基础层	科学研究和技术服务业	22693.57	95.07	48.27	70.07
43	833925.OC	兴业源	基础层	房地产业	19274.25	56.29	82.86	69.06
44	838917.OC	联泰信科	基础层	制造业	4463.06	36.47	107.49	68.27
45	835058.OC	黑油展览	基础层	文化、体育和娱乐业	866.61	14.82	146.34	68.18
46	871035.OC	安盟信息	基础层	信息传输、软件和信息技术服务业	5245.28	58.03	77.92	67.68
47	834613.OC	亿华通	基础层	制造业	55362.00	50.25	83.12	65.87
48	430062.OC	中科国信	创新层	信息传输、软件和信息技术服务业	9693.29	107.75	31.48	65.27
49	836984.OC	翔博科技	基础层	科学研究和技术服务业	1372.49	124.73	21.14	65.00
50	835061.OC	君为科技	基础层	租赁和商务服务业	695.49	23.48	119.05	64.46
51	870679.OC	森源达	基础层	建筑业	9469.05	8.84	148.47	64.45
52	871965.OC	安磐股份	基础层	制造业	1677.40	61.19	66.25	63.70
53	872128.OC	第一文体	基础层	教育	10531.49	24.97	112.13	62.82
54	837952.OC	鑫紫竹	基础层	批发和零售业	8287.45	54.31	69.90	61.92
55	834547.OC	鼎合远传	基础层	制造业	22029.49	137.30	9.81	61.42
56	835775.OC	用尚科技	基础层	信息传输、软件和信息技术服务业	4046.75	69.97	51.64	60.54
57	872808.OC	曙光节能	基础层	制造业	29170.87	83.23	40.35	60.36
58	838596.OC	博能股份	基础层	信息传输、软件和信息技术服务业	8886.22	88.68	36.22	60.32
59	871997.OC	清网华	基础层	制造业	4199.51	55.04	64.91	59.90

续表

序号	证券代码	证券名称	所属分层	所属行业	2019年营业收入（万元）	2019年同比增幅（%）	2018年同比增幅（%）	复合增长率（%）
60	837287.OC	微诺时代	基础层	信息传输、软件和信息技术服务业	25413.65	24.00	104.50	59.24
61	836486.OC	宝利软件	基础层	信息传输、软件和信息技术服务业	25315.80	18.52	109.07	57.42
62	831198.OC	博华科技	基础层	信息传输、软件和信息技术服务业	12767.39	39.71	75.16	56.43
63	870475.OC	博汇特	基础层	科学研究和技术服务业	12389.08	42.11	71.81	56.26
64	831661.OC	金马科技	基础层	制造业	11741.74	42.89	69.57	55.66
65	833024.OC	欣智恒	基础层	信息传输、软件和信息技术服务业	51992.42	71.64	40.77	55.44
66	870343.OC	ST一起网	基础层	信息传输、软件和信息技术服务业	41435.33	22.53	96.80	55.29
67	838944.OC	中元成	基础层	制造业	225857.41	27.05	88.31	54.68
68	837034.OC	爱索能源	基础层	科学研究和技术服务业	7648.33	40.39	70.06	54.52
69	837678.OC	冈禾方圆	基础层	制造业	179.20	68.05	41.50	54.20
70	839493.OC	并行科技	基础层	信息传输、软件和信息技术服务业	12012.20	33.55	77.40	53.92
71	872946.OC	瑞萦股份	基础层	租赁和商务服务业	2602.06	25.10	88.70	53.64
72	832267.OC	诺君安	基础层	信息传输、软件和信息技术服务业	10263.07	28.02	82.18	52.72
73	831382.OC	智创联合	基础层	制造业	5138.91	3.12	126.16	52.71
74	837940.OC	品牌联盟	基础层	租赁和商务服务业	16401.96	43.75	61.52	52.38
75	835447.OC	微卓科技	基础层	信息传输、软件和信息技术服务业	4432.28	74.29	32.77	52.12
76	872526.OC	博志成	基础层	租赁和商务服务业	9547.75	48.65	55.62	52.10
77	872289.OC	鸿途信达	基础层	信息传输、软件和信息技术服务业	18251.89	9.12	110.35	51.50
78	831111.OC	智明恒	基础层	信息传输、软件和信息技术服务业	7282.58	10.13	107.36	51.12
79	838075.OC	安锐信息	基础层	信息传输、软件和信息技术服务业	7104.29	33.48	70.96	51.06
80	834325.OC	天行股份	基础层	批发和零售业	5430.70	40.09	62.63	50.94
81	838937.OC	瑞德克	基础层	制造业	6351.31	13.08	101.02	50.77

资料来源：Wind，中关村上市公司协会整理。

附录三 2018~2019年连续两年盈利目平均净利润不低于2000万元的中关村新三板企业

单位：万元

序号	证券代码	证券名称	所属分层（20191231）	所属行业	2019 年净利润	2018 年净利润	平均净利润
1	834777.OC	中投保	基础层	租赁和商务服务业	83081.11	186064.09	134572.60
2	430719.OC	九鼎集团	基础层	金融业	194783.62	73954.78	134369.20
3	872801.OC	智明星通	基础层	信息传输、软件和信息技术服务业	62073.54	75597.14	68835.34
4	832924.OC	明石创新	创新层	制造业	56721.62	66385.64	61553.63
5	833858.OC	信中利	基础层	金融业	15792.49	69080.73	42436.61
6	833499.OC	中国康富	基础层	租赁和商务服务业	38039.89	40407.34	39223.62
7	833819.OC	颖泰生物	创新层	制造业	26712.49	46087.51	36400.00
8	430005.OC	原子高科	创新层	制造业	27925.70	25364.93	26645.32
9	834082.OC	中建信息	创新层	信息传输、软件和信息技术服务业	29805.38	21584.02	25694.70
10	835281.OC	翰林汇	基础层	批发和零售业	21560.43	19593.90	20577.17
11	834344.OC	中邮基金	基础层	金融业	15211.45	16456.82	15834.14
12	430277.OC	圣商教育	基础层	租赁和商务服务业	17339.49	9725.14	13532.32
13	838966.OC	柠檬微趣	基础层	信息传输、软件和信息技术服务业	13841.14	9820.19	11830.67
14	831344.OC	中际联合	创新层	制造业	14177.92	9332.70	11755.31
15	837747.OC	长江文化	创新层	文化、体育和娱乐业	11106.78	12103.67	11605.23

续表

序号	证券代码	证券名称	所属分层（20191231）	所属行业	2019年净利润	2018年净利润	平均净利润
16	871196.OC	交大思诺	基础层	信息传输、软件和信息技术服务业	11870.73	10648.34	11259.54
17	836019.OC	阿尔特	基础层	科学研究和技术服务业	11962.04	10493.10	11227.57
18	833966.OC	国电康能	基础层	科学研究和技术服务业	10565.81	10146.57	10356.19
19	430193.OC	微传播	基础层	信息传输、软件和信息技术服务业	9609.24	10761.98	10185.61
20	834003.OC	挖金客	基础层	信息传输、软件和信息技术服务业	12020.06	6153.96	9087.01
21	836208.OC	青矩技术	基础层	科学研究和技术服务业	9257.09	8825.53	9041.31
22	837784.OC	中青博联	基础层	租赁和商务服务业	8532.60	8405.30	8468.95
23	832494.OC	首航直升	基础层	租赁和商务服务业	3143.71	11711.24	7427.48
24	833429.OC	康比特	基础层	制造业	4790.83	9417.61	7104.22
25	430034.OC	大地股份	基础层	制造业	8088.26	5838.80	6963.53
26	430074.OC	德鑫物联	基础层	制造业	7369.14	6035.29	6702.22
27	836333.OC	像素软件	基础层	信息传输、软件和信息技术服务业	1540.80	11601.16	6570.98
28	834256.OC	天地华泰	基础层	科学研究和技术服务业	6862.23	6123.95	6493.09
29	837069.OC	华如科技	基础层	信息传输、软件和信息技术服务业	7083.96	5646.33	6365.15
30	430017.OC	星昊医药	基础层	制造业	7651.47	5027.97	6339.72
31	430071.OC	首都在线	基础层	信息传输、软件和信息技术服务业	6875.85	5772.99	6324.42
32	837503.OC	新特电气	基础层	制造业	6897.43	5687.83	6292.63
33	833747.OC	广厦环能	基础层	制造业	7249.17	4854.85	6052.01
34	837344.OC	三元基因	基础层	制造业	6009.19	5809.64	5909.42
35	832028.OC	汇元科技	创新层	信息传输、软件和信息技术服务业	3635.79	8132.67	5884.23
36	870790.OC	蓝色星际	基础层	制造业	6155.92	5440.00	5797.96
37	832646.OC	讯众股份	创新层	信息传输、软件和信息技术服务业	5710.13	5579.07	5644.60
38	839530.OC	昆仑联通	基础层	信息传输、软件和信息技术服务业	6234.20	5011.95	5623.08

续表

序号	证券代码	证券名称	所属分层（20191231）	所属行业	2019年净利润	2018年净利润	平均净利润
39	430208.OC	优炫软件	创新层	信息传输、软件和信息技术服务业	5852.08	5330.85	5591.47
40	837899.OC	同华科技	基础层	电力、热力、燃气及水生产和供应业	5973.19	5099.75	5536.47
41	833585.OC	千叶珠宝	基础层	批发和零售业	5523.68	5506.70	5515.19
42	839483.OC	用友金融	创新层	信息传输、软件和信息技术服务业	6157.71	4846.52	5502.12
43	832694.OC	维冠机电	基础层	制造业	2538.71	8404.38	5471.55
44	832853.OC	电旗股份	基础层	信息传输、软件和信息技术服务业	6304.88	4269.54	5287.21
45	834021.OC	流金岁月	创新层	租赁和商务服务业	5014.22	5427.47	5220.85
46	870381.OC	七九七	基础层	制造业	6275.05	4073.92	5174.49
47	837736.OC	永乐文化	基础层	文化、体育和娱乐业	2223.59	8081.16	5152.38
48	430642.OC	映翰通	基础层	制造业	5183.68	4602.65	4893.17
49	871126.OC	北京大源	基础层	制造业	3284.59	6346.84	4815.72
50	871553.OC	凯腾精工	创新层	制造业	6220.25	3269.27	4744.76
51	830815.OC	蓝山科技	创新层	制造业	4911.20	4502.51	4706.86
52	835961.OC	名品世家	创新层	批发和零售业	5248.33	4036.43	4642.38
53	430046.OC	圣博润	创新层	信息传输、软件和信息技术服务业	5742.59	3397.14	4569.87
54	870209.OC	小鸟股份	基础层	制造业	5307.70	3468.66	4388.18
55	835184.OC	国源科技	创新层	信息传输、软件和信息技术服务业	4570.88	4103.75	4337.32
56	834442.OC	锦龙装备	基础层	租赁和商务服务业	877.01	7679.72	4278.37
57	834195.OC	华清飞扬	基础层	信息传输、软件和信息技术服务业	1560.72	6312.23	3936.48
58	833024.OC	欣智恒	基础层	信息传输、软件和信息技术服务业	5666.90	2201.78	3934.34
59	834785.OC	云畅游戏	基础层	信息传输、软件和信息技术服务业	5566.80	2245.75	3906.28
60	835990.OC	随锐科技	创新层	信息传输、软件和信息技术服务业	4527.67	3226.53	3877.10
61	831142.OC	易讯通	创新层	信息传输、软件和信息技术服务业	3773.36	3948.29	3860.83

续表

序号	证券代码	证券名称	所属分层(20191231)	所属行业	2019年净利润	2018年净利润	平均净利润
62	833784. OC	美福润	基础层	批发和零售业	4167.66	3464.02	3815.84
63	839194. OC	帮安迪	基础层	信息传输、软件和信息技术服务业	4222.88	3362.35	3792.62
64	836346. OC	亿玛在线	创新层	信息传输、软件和信息技术服务业	3660.83	3730.92	3695.88
65	872987. OC	山香教育	基础层	教育	3986.81	3349.37	3668.09
66	870126. OC	卓识网安	基础层	信息传输、软件和信息技术服务业	3946.09	3212.46	3579.28
67	870890. OC	长峰医院	基础层	卫生和社会工作	1486.03	5501.81	3493.92
68	839463. OC	时代光影	基础层	文化、体育和娱乐业	3079.99	3878.37	3479.18
69	833755. OC	扬德环境	创新层	制造业	4391.30	2500.35	3445.83
70	836263. OC	中航泰达	创新层	水利、环境和公共设施管理业	2911.56	3894.21	3402.89
71	873121. OC	九洲风神	基础层	制造业	2798.04	3979.85	3388.95
72	870840. OC	鼎欣科技	基础层	信息传输、软件和信息技术服务业	3450.60	3316.63	3383.62
73	834037. OC	龙盛世纪	基础层	信息传输、软件和信息技术服务业	3726.01	3003.47	3364.74
74	834857. OC	清水爱派	创新层	科学研究和技术服务业	3286.52	3294.04	3290.28
75	870453. OC	亿兆华盛	基础层	批发和零售业	3346.42	3028.29	3187.36
76	834613. OC	亿华通	基础层	制造业	4590.52	1743.59	3167.06
77	835333. OC	帕克国际	基础层	科学研究和技术服务业	3171.05	3117.21	3144.13
78	836442. OC	群智合	基础层	信息传输、软件和信息技术服务业	3130.97	3117.60	3124.29
79	833629. OC	合力亿捷	创新层	信息传输、软件和信息技术服务业	3257.66	2974.00	3115.83
80	832317. OC	观典防务	创新层	科学研究和技术服务业	4170.42	2057.06	3113.74
81	870261. OC	建safety实业	基础层	房地产业	2771.34	3411.24	3091.29
82	872775. OC	中国珠宝	基础层	批发和零售业	3292.55	2860.80	3076.68
83	430037. OC	联飞翔	创新层	制造业	3724.12	2272.47	2998.30
84	873122. OC	中纺标	基础层	科学研究和技术服务业	3041.31	2937.79	2989.55

续表

序号	证券代码	证券名称	所属分层（20191231）	所属行业	2019年净利润	2018年净利润	平均净利润
85	834327. OC	车讯互联	基础层	信息传输、软件和信息技术服务业	2617.56	3343.12	2980.34
86	831222. OC	金龙腾	基础层	建筑业	4286.81	1615.53	2951.17
87	837592. OC	华信永道	基础层	信息传输、软件和信息技术服务业	2665.69	3225.04	2945.37
88	832789. OC	诚栋营地	基础层	制造业	1993.81	3880.83	2937.32
89	430267. OC	盛世光明	基础层	信息传输、软件和信息技术服务业	1723.99	4132.82	2928.41
90	872086. OC	维拓设计	基础层	科学研究和技术服务业	2119.62	3736.81	2928.22
91	839037. OC	科创融鑫	基础层	信息传输、软件和信息技术服务业	3182.44	2609.59	2896.02
92	838334. OC	金证互通	基础层	租赁和商务服务业	3518.46	2266.44	2892.45
93	834547. OC	鼎合远传	基础层	制造业	4574.60	1148.05	2861.33
94	831727. OC	中钢网	基础层	信息传输、软件和信息技术服务业	3503.10	2165.50	2834.30
95	839622. OC	君信品牌	基础层	租赁和商务服务业	2750.62	2911.52	2831.07
96	871346. OC	宏伟超达	基础层	制造业	2021.15	3556.37	2788.76
97	835003. OC	龙腾影视	创新层	文化、体育和娱乐业	2061.26	3450.55	2755.91
98	871153. OC	联合荣大	基础层	制造业	2923.91	2553.20	2738.56
99	832145. OC	恒业股份	基础层	水利、环境和公共设施管理业	3203.67	2256.95	2730.31
100	430014. OC	恒业世纪	创新层	制造业	3263.10	2194.23	2728.67
101	835179. OC	凯德石英	基础层	制造业	3246.04	2140.97	2693.51
102	870992. OC	中百信	基础层	信息传输、软件和信息技术服务业	2274.90	3111.03	2692.97
103	838907. OC	利仁科技	基础层	制造业	4094.96	1135.88	2615.42
104	833741. OC	腾轩旅游	基础层	租赁和商务服务业	3670.62	1456.93	2563.78
105	838740. OC	邦源环保	基础层	水利、环境和公共设施管理业	2762.59	2338.75	2550.67
106	430090. OC	同辉信息	创新层	信息传输、软件和信息技术服务业	4079.02	953.03	2516.03
107	838168. OC	快鱼电子	基础层	制造业	3039.40	1920.55	2479.98

续表

序号	证券代码	证券名称	所属分层（20191231）	所属行业	2019年净利润	2018年净利润	平均净利润
108	835948.OC	杰外动漫	基础层	租赁和商务服务业	1369.05	3543.15	2456.10
109	834802.OC	宝贝格子	创新层	信息传输、软件和信息技术服务业	2288.04	2594.13	2441.09
110	835291.OC	力尊信通	基础层	信息传输、软件和信息技术服务业	2682.53	2109.58	2396.06
111	430287.OC	环宇畜牧	基础层	制造业	2535.07	2249.19	2392.13
112	831999.OC	仟亿达	创新层	科学研究和技术服务业	2551.31	2199.96	2375.64
113	837070.OC	凯凯金服	基础层	批发和零售业	1533.25	3186.24	2359.75
114	836870.OC	山维科技	创新层	信息传输、软件和信息技术服务业	2609.15	2009.96	2309.56
115	836885.OC	恒达时讯	基础层	信息传输、软件和信息技术服务业	2439.43	2136.49	2287.96
116	837249.OC	乐生活	基础层	房地产业	2308.68	2248.87	2278.78
117	835579.OC	机科股份	基础层	制造业	2556.06	1997.32	2276.69
118	836964.OC	航天华世	基础层	制造业	3239.49	1291.87	2265.68
119	834063.OC	卡车之家	基础层	信息传输、软件和信息技术服务业	2988.68	1487.07	2237.88
120	831588.OC	山川秀美	基础层	水利、环境和公共设施管理业	1583.48	2790.30	2186.89
121	871144.OC	中工美	基础层	交通运输、仓储和邮政业	2124.48	2225.67	2175.08
122	870207.OC	氢动益维	基础层	信息传输、软件和信息技术服务业	1814.23	2464.21	2139.22
123	833175.OC	浩瀚深度	基础层	信息传输、软件和信息技术服务业	3199.49	1045.48	2122.49
124	430109.OC	中航讯	创新层	制造业	2150.20	2077.49	2113.85
125	838091.OC	科力通	基础层	制造业	3116.50	1088.14	2102.32
126	834443.OC	华路时代	基础层	信息传输、软件和信息技术服务业	2647.35	1477.35	2062.35
127	835508.OC	殷图网联	创新层	信息传输、软件和信息技术服务业	2015.36	2019.55	2017.46
128	836153.OC	明邦物流	基础层	交通运输、仓储和邮政业	1968.54	2033.08	2000.81

资料来源：Wind，中关村上市公司协会整理。

附录四　2019年中关村新三板企业行业分布概况

单位：家

门类行业	企业数量	大类行业	企业数量	中类行业	企业数量
信息传输、软件和信息技术服务业	437	软件和信息技术服务业	344	软件开发	162
				信息系统集成服务	114
				数据处理和存储服务	26
				其他信息技术服务业	22
				信息技术咨询服务	16
				软件和信息技术服务业	2
				集成电路设计	2
		互联网和相关服务	87	互联网信息服务	57
				其他互联网服务	24
				互联网接入及相关服务	6
		电信、广播电视和卫星传输服务	6	电信	6
制造业	231	计算机、通信和其他电子设备制造业	51	计算机制造	19
				通信设备制造	11
				其他电子设备制造	7
				电子器件制造	4
				电子元件制造	3
				广播电视设备制造	3

续表

门类行业	企业数量	大类行业	企业数量	中类行业	企业数量
制造业				计算机、通信和其他电子设备制造业	2
				雷达及配套设备制造	1
				视听设备制造	1
		专用设备制造业	47	环保、社会公共服务及其他专用设备制造	21
				医疗仪器设备及器械制造	10
				采矿、冶金、建筑专用设备制造	8
				农、林、牧、渔专用机械制造	3
				印刷、制药、日化及日用品生产专用设备制造	3
				电子和电工机械专用设备制造	1
				化工、木材、非金属加工专用设备制造	1
		电气机械和器材制造业	25	输配电及控制设备制造	17
				家用电力器具制造	3
				其他电气机械及器材制造	3
				电线、电缆、光缆及电工器材制造	1
				照明器具制造	1
		仪器仪表制造业	22	通用仪器仪表制造	12
				专用仪器仪表制造	9
				其他仪器仪表制造业	1
		化学原料和化学制品制造业	19	肥料制造	4
				合成材料制造	4
				专用化学产品制造	4
				农药制造	3
				涂料、油墨、颜料及类似产品制造	3
				日用化学产品制造	1

续表

门类行业	企业数量	大类行业	企业数量	中类行业	企业数量
制造业		通用设备制造业	19	烘炉、风机、衡器、包装等设备制造	6
				泵、阀门、压缩机及类似机械制造	5
				轴承、齿轮和传动部件制造	3
				金属加工机械制造	2
				物料搬运设备制造	2
				通用零部件制造	1
		非金属矿物制品业	12	石膏、水泥制品及类似制品制造	4
				耐火材料制品制造	3
				砖瓦、石材等建筑材料制造	3
				玻璃制品制造	1
				石墨及其他非金属矿物制品制造	1
		医药制造业	12	生物药品制造	7
				化学药品制剂制造	3
				兽用药品制造	1
				中药饮片加工	1
		铁路、船舶、航空航天和其他运输设备制造业	5	航空、航天器及设备制造	4
				铁路运输设备制造	1
		金属制品业	4	建筑、安全用金属制品制造	1
				结构性金属制品制造	1
				金属表面处理及热加工处理	1
				其他金属制品制造	1
		农副食品加工业	4	饲料加工	3
				其他农副食品加工	1

续表

门类行业	企业数量	大类行业	企业数量	中类行业	企业数量
制造业	67	废弃资源综合利用业	2	非金属废料和碎屑加工处理	2
		食品制造业	2	焙烤食品制造	1
				其他食品制造	1
		纺织服装、服饰业	1	机织服装制造	1
		纺织业	1	非家用纺织制成品制造	1
		皮革、毛皮、羽毛及其制品和制鞋业	1	皮革制品制造	1
		汽车制造业	1	汽车零部件及配件制造	1
		石油加工、炼焦和核燃料加工业	1	精炼石油产品制造	1
		橡胶和塑料制品业	1	塑料制品业	1
		其他制造业	1	其他未列明制造业	1
租赁和商务服务业	103	商务服务业	101	其他商务服务业	33
				广告业	29
				咨询与调查	26
				旅行社及相关服务	9
				人力资源服务	2
				知识产权服务	2
		租赁业	2	机械设备租赁	2
科学研究和技术服务业	38	专业技术服务业	38	工程技术	16
				其他专业技术服务业	12
				质检技术服务	5
				测绘服务	2
				地质勘查	2
				专业技术服务业	1

续表

门类行业	企业数量	大类行业	企业数量	中类行业	企业数量
科学研究和技术服务业	65	科技推广和应用服务业	26	技术推广服务	21
				其他科技推广和应用服务业	4
				科技中介服务	1
		研究和试验发展	3	医学研究和试验发展	2
				工程和技术研究和试验发展	1
文化、体育和娱乐业		广播、电视、电影和影视录音制作业	42	电影和影视节目制作	33
				电影和影视节目发行	6
				电视	2
				录音制作	1
		文化艺术业	12	其他文化艺术业	9
				文艺创作与表演	2
				艺术表演场馆	1
		体育	4	其他体育	2
				体育组织	2
		新闻和出版业	4	出版业	4
		娱乐业	3	其他娱乐业	2
				文化、娱乐、体育经纪代理	1
批发和零售业	58	批发业	33	医药及医疗器材批发	10
				机械设备、五金产品及电子产品批发	8
				食品、饮料及烟草制品批发	5
				矿产品、建材及化工产品批发	3
				其他批发业	3
				纺织、服装及家庭用品批发	2
				农、林、牧产品批发	1
				文化、体育用品及器材批发	1

续表

门类行业	企业数量	大类行业	企业数量	中类行业	企业数量
批发和零售业		零售业	25	货摊、无店铺及其他零售业*	12
				文化、体育用品及器材专门零售	6
				家用电器及电子产品专门零售	2
				食品、饮料及烟草制品专门零售	2
				纺织、服装及日用品专门零售	1
				汽车、摩托车、零配件及其他门零售	1
				医药及医疗器材专门零售	1
教育	26	教育	26	技能培训、教育辅助及其他教育	24
				学前教育	2
水利、环境和公共设施管理业	21	生态保护和环境治理业	20	环境治理业	20
		水利管理业	1	水资源管理	1
建筑业	19	建筑装饰和其他建筑业	11	建筑装饰业	8
				其他未列明建筑业	2
				提供施工设备服务	1
		建筑安装业	5	电气安装	2
				其他建筑安装业	2
				管道和设备安装	1
		土木工程建筑业	3	其他土木工程建筑	3
金融业	12	资本市场服务	8	证券市场服务	6
				其他资本市场服务	1
				资本投资服务	1
		保险业	2	保险经纪与代理服务	2
		其他金融业	2	控股公司服务	1
				其他未列明金融业	1

续表

门类行业	企业数量	大类行业	企业数量	中类行业	企业数量
交通运输、仓储和邮政业	9	装卸搬运和运输代理	5	运输代理业	5
		道路运输业	2	道路货物运输	2
		航空运输业	1	通用航空运输	1
		水上运输业	1	水上货物运输	1
采矿业	7	开采辅助活动	7	石油和天然气开采辅助活动	7
居民服务、修理和其他服务业	7	其他服务业	4	其他未列明服务业	2
				清洁服务	2
		居民服务业	2	其他居民服务业	2
		机动车、电子产品和日用产品修理业	1	汽车、摩托车修理与维护	1
电力、热力、燃气及水生产和供应业	6	水的生产和供应业	4	污水处理及其再生利用	3
				自来水生产和供应	1
		电力、热力生产和供应业	2	热力生产和供应	2
卫生和社会工作	6	卫生	5	医院	3
				门诊部（所）	1
				其他卫生活动	1
		社会工作	1	提供住宿社会工作	1
房地产业	5	房地产业	5	物业管理	5
农、林、牧、渔业	1	畜牧业	1	牲畜饲养	1
住宿和餐饮业	1	餐饮业	1	快餐服务	1

* "货摊、无店铺及其他零售业"中类行业的12家企业当中，有9家为"互联网零售"这一小类行业企业。

附录五　中关村新三板企业案例库

中关村作为我国改革开放的"试验田"和创新发展的"排头兵"，新事物、新现象、新模式、新机制不断出现。在创新氛围浓厚、高端资源要素聚集的中关村科技园区，一大批科技创新能力强、成长性高、企业特色明显的中关村中小企业群体的代表性企业——中关村新三板挂牌企业，在发挥中关村科技创新特色、赋能行业发展中发挥着重要作用。本篇章选取部分新三板企业，聚焦企业特色技术、特色模式，以期从不同角度挖掘新三板潜力企业，多角度呈现中关村新三板企业面貌。

案例一：北京流金岁月文化传播股份有限公司

（一）企业简介

北京流金岁月文化传播股份有限公司（简称"流金岁月"）成立于2011 年 7 月，2015 年 10 月 30 日正式挂牌新三板（股票代码：834021.OC），连续五年入选全国中小企业股份转让系统创新层企业，2020年 7 月成功晋升为首批精选层企业。

公司处于视听行业，属于电视＋互联网领域。公司作为一家高新技术企业，利用自身的专业加密卫星接收技术，配合渠道决策分析技术，主要提供卫星电视直播信号全国落地入网覆盖服务。目前已为 30 余家省级卫视频道、11 家购物频道和 5 家卡通频道提供电视频道全国融合覆盖传播服务。高斯系统——是公司自主研发的融合媒体覆盖运营决策系统，哈勃实时监测系统——是公司研发的电视节目图像实时回传监测系统。两个系统配合使用，提升了业务决策和运营能力，为广电客户提供更为优化的覆盖方案。围绕主营业务拓展了电视专业卫星接收机、版权内容运营及视频购物等业务，成为电视内容综合运营服务领域的龙头企业商。

公司荣誉：

2015 年新三板最具投资价值挂牌企业；

2016 年新三板创新科技之星；

2017 年中国国际广播电视信息网络展览会 CCBN2017 产品创新杰出奖；

2018 年第二十一届北京国际科技博览会最佳展示奖；

2018 年创客中国优秀奖；

2019 年新三板最佳公司治理奖；

2020 年度北京市"专精特新"中小企业；

北京市信用企业 AAA 级企业；

中关村金种子企业；

中关村上市公司协会新三板分会会员。

（二）创新能力

1. 技术创新

公司是以研发与服务创新双轮驱动业务发展的电视内容综合运营服务企业，设立有融媒体技术研发中心，各类中、高级技术人才占比 30% 以上，已累计取得 70 多项目专利和软件著作权。公司一贯注重研发，在专业卫星数字接收机以及互联网相关的创新业务方面投入较多，公司技术研发团队的研究成果也提高了公司的整体竞争力。

公司核心技术围绕主营业务布局进行研发，在电视频道融合覆盖领域、卫视直播版权监测领域和高清视频传输领域具有较强的技术优势。公司通过多年业务积累，收集了有线电视网络公司的地域分布、用户数量、入网成本等数据，购物频道的商品类别、订单数量、交易金额等数据，结合地区人口、GDP、覆盖率等行业大数据，在此基础上自主研发了高斯系统。公司汇集一线业务团队和技术团队丰富的行业经验，在高斯系统上建立了对频道覆盖成本基于 AI 机器学习的评估算法模型，为公司成本控制提供了数字化的决策依据，以及自动生成省级卫视频道覆盖全国有线电视网络的推荐方案功能。

公司长期为中央电视台定制开发专业卫星接收解码器，技术团队有 10 余年专业卫星数字接收机的开发经验，在专业卫星数字接收机研发方面具有较强的技术优势。公司作为 AVS 产业联盟成员，长期跟踪 AVS + 标准研讨，是《GDJ 057 - 2014 AVS + 专业卫星综合接收解码器技术要求和测量方法》标准起草成员单位。公司专业卫星数字接收机相关产品荣获中国国际广播电视信息网络展览会 CCBN2017 产品创新杰出奖。

加大技术创新研发力度，占领行业技术制高点，是公司一项长远的发展战略。未来研发方向是：第一，4K、8K 超高清视频传输编解码技术的研发投入。同时在 5G 大发展的背景下，充分结合公司优势进行 5G 射频模块的开发。第二，做大金麦客音乐平台，开发出高精尖智能文化装备，带动产业链上下游打造以声音为接口的 KR 生态。第三，对视频版权保护领域的技术研发，利用公司已有的哈勃视频监看监播系统，将其升级为基于区块链、数字指纹、AI 识别等技术的版权保护平台。

2. 业务模式创新

面对新媒体的冲击，公司深刻认识到，必须在业务模式上进行创新探索，才能闯出一条发展之路。单一模式运营必然会陷入生存危机。为此公司主营业务由单一覆盖模式迅速向内容覆盖 + N 的融合覆盖模式进行转换。为电视台、电视剧版权方、电视节目制作方、电视广告投放方等提供频道覆盖、内容运营、营销传播及技术支持于一体的综合服务。在三网融合大背景下，广电媒体与新兴媒体融合发展日益深入，公司所处行业的商业模式和经营模式正处于不断发展、创新、完善的过程中。在电视频道覆盖服务方面，公司除了积极打通电视频道在有线电视网、IPTV 电信专网、互联网中的传输渠道外，与电视台合作也更为深入、紧密，未来公司将利用自身优势在内容运营方面，加强和拥有优质内容生产能力的卫视频道进行合作，协助电视台打造 MCN 短视频运营中心，多种形式扩大电视台的内容传播面和影响力；

同时，与电视台一起探索大屏数字营销和品效广告，发挥电视与手机大小屏结合的新价值。

（三）财务表现

（1）基本财务数据（见表1）

表1　流金岁月2017～2019年基本财务数据

单位：万元

项目	2019 年	2018 年	2017 年
总资产	64584.65	60392.82	45819.57
归属母公司股东权益	41346.26	39851.71	34356.94
营业收入	69767.15	61853.09	42337.19
净利润	5014.22	5427.47	5271.05
经营活动现金流量净额	4307.48	−7448.17	3007.79

公司近3年保持了较高的成长速度，业务种类、规模不断扩张，资产规模、营业收入逐年增加。公司资产总额由2017年末的45819.57万元增长至2019年末的64584.65万元；营业收入由2017年度的42337.19万元增长至2019年度的69767.15万元。

（2）主要财务指标（见表2）

表2　流金岁月2017～2019年主要财务数据

项目	2019 年	2018 年	2017 年
销售毛利率(%)	18.07	18.02	22.62
销售净利率(%)	7.19	8.77	12.45
资产负债率(%)	35.91	34.00	24.85
流动比率	2.72	2.62	3.50
速动比率	2.24	2.00	3.08
应收账款周转率	2.35	3.15	3.55

随着公司营业收入及资产总额的大幅增长，2017～2019 年公司销售毛利率及销售净利率有所下降，资产负债率由 24.85% 增长至 35.91%，流动比率、速动比率、应收账款周转率仍保持较高比例，公司资产流动性及偿债能力保持较高水平。

（3）收入结构

最近 3 年，公司主营业务收入按项目分类情况见表 3。

表 3　流金岁月 2017～2019 年收入结构

单位：万元，%

项目	2019 年		2018 年		2017 年	
	金额	比例	金额	比例	金额	比例
电视频道综合运营服务	67950.78	97.40	55398.72	89.57	30359.87	71.71
其中:电视频道覆盖服务	59207.85	84.86	46271.52	74.81	18735.58	44.25
专业卫星数字接收机研发及销售	1055.17	1.51	520.43	0.84	1506.40	3.56
电视剧发行服务	5851.62	8.39	4747.83	7.68	4776.92	11.28
电视节目营销服务	1425.55	2.04	663.73	1.07	2602.88	6.15
电视广告代理服务	410.59	0.59	3195.21	5.17	2738.09	6.47
视频购物及商品销售	1451.51	2.08	6446.14	10.42	10816.17	25.55
其他	364.86	0.52	8.22	0.01	1161.15	2.74
合计	69767.15	100.00	61853.08	100.00	42337.19	100.00

2017～2019 年，公司电视频道覆盖服务的收入金额从 2017 年的 18735.58 万元增长至 2019 年的 59207.85 万元和占比内大幅增长，收入占比从 2017 年的 44.25% 增长至 2019 年的 84.87%，其他业务收入各年有所波动，公司主营业务收入占比不断提高，主营业务更加突出。

（四）发展愿景

公司将秉持"成人达己、智圆行方"的核心价值观，以"创造大屏新价值"为使命、愿景，以主营业务为重心，大力发展涵盖广电、运营商、互联网三大领域的多元业务，从新产品形态开发、新业务拓展等多方面优化并完善现有业务布局，并以现有技术为基础，以市场需求为导向，通过升级现有的云平台、开发全媒体监看监播系统及研发视频版权保护运营相关技术等，满足更多广电网、电信网、互联网等行业客户及市场终端用户需求，为其提供更优质的内容运营、商品渠道及技术服务。公司将进一步优化业务和收入结构，把握行业发展机遇，增加治理规范性，巩固核心竞争优势，借助资本市场的力量把企业不断做大、做强，以更加优秀的业绩回馈股东、社会及公司员工。

案例二：北京世纪国源科技股份有限公司

（一）企业简介

北京世纪国源科技股份有限公司（简称"国源科技"）成立于2005年。2015年于全国中小企业股份转让系统挂牌并公开转让（股票代码：935184.OC）。截至2020年6月30日，国源科技市值18.81亿元（2020年4月27日停牌，该时点处于停牌期间）。

公司目前拥有2家全资子公司，25家分公司，公司正式员工700多人。公司专注于地理信息和农业大数据领域，以地理信息开发应用为核心，将3S技术与云计算、大数据、人工智能等现代信息技术相结合，向客户提供地理信息数据工程、行业应用软件开发和空间信息应用服务等业务。

国源科技先后参与了第二次、第三次土地资源调查、农村土地承包经营权确权登记等国家级重大数据工程，承担或联合承担了"农村土地承包经营权确权登记国家级数据库管理系统建设""第二次全国土地调查国家级数据库管理系统建设""第三次全国国土调查成果数据库管理系统和共享服务平台"等多个国家级资源调查数据库系统建设项目，具有较强的时空数据处理建库、软件开发与应用服务能力，并积累了丰富的行业经验，在自然资源、农业农村空间信息化领域具有较强的竞争优势。

近年来，国源科技充分利用自身在行业内多年业务技术沉淀和领先地位，抓住农业数字经济发展机遇，积极进行业务开拓和服务升级，在农业农村领域挖掘地理大数据价值。未来，公司依托自主搭建的农业地理大数据平台，以地理空间数据来连接农业生产经营数据、过程监测数据、政府监管数据和农业金融服务数据等，通过大数据手段将信息进行连接、聚合、加工与分析，提供"数据＋平台＋应用"三位一体的空间信息服务，致力于构建承载农业数字经济的地理信息基础设施，逐步将自身打造成为具有核心竞争力的农业地理大数据服务提供商。

（二）创新能力

1. 技术创新

公司 2005 年成立以来，专注与创新同步发展，在新的时代和技术背景下努力构建农业电子地图，致力于服务农业数字经济建设。

技术是企业专注和创新的根本，目前公司构建了北京、沈阳、郑州三地协同的研发体系，拥有了自主研发的 5 大核心技术，1 项专利产品和 154 项软件著作权。公司采用"技术＋市场"双轮驱动的研发模式，公司"技术驱动"研发主要是根据行业发展技术前沿及趋势，进行新技术和关键技术的研发，并将技术研发成果沉淀到基础平台上。"市场驱动"研发主要是围绕市场承揽和拓展项目，深度分析用户需求，进行应用产品相关的技术研发。

公司通过自主研发项目来推进各项核心关键技术的开发和持续创新，研发技术水平较高，依托核心技术和智慧农业保险系统开发的"基于 3S 技术的大宗作物保险解决方案"，被国家国防科技工业局重大专项工程中心、中国农业科学院联合评选为第二届"中国高分杯"创新应用类一等奖；公司"全国农村土地承包经营权调查技术体系研建及应用"被中国地理信息产业协会评选为地理信息科技进步奖二等奖，"全国农村土地承包经营权确权登记数据库及管理系统建设项目"被中国地理信息产业协会评选为中国地理信息产业优秀工程金奖。

2. 业务模式创新

公司自成立以来，长期从事地理信息领域的数据采集、加工、建库、软件开发及相关技术服务，向客户提供地理信息数据工程、行业应用软件开发和空间信息应用服务等业务。

目前，地理信息产业的产业链环节主要集中在地理信息数据采集、数据处理和数据产品应用服务。公司充分利用自身在数据处理、技术、人才等方面的积淀，抓住国家农业数字化发展的契机，不断加大研发投入，在现有基础上深挖行业内新的空间信息服务需求，全面推进农业地理大数据平台建设，积极探索"互联网＋"空间信息应用服务模式，不断增加农业空间信息应用服务业务收入。

公司围绕农业地理大数据平台，通过资源整合、平台运营和应用孵化，面向政府、企业和个人提供全面的空间信息应用服务。2018年，公司智慧农业保险系统推出并在河南省落地应用推广，逐步向河北、甘肃以及其他省份进行试点推广。同时，农情监管、产品溯源、农机补贴等业务也在不断试点推广。未来，空间信息应用服务将成为公司新的利润增长点。

（三）财务表现

（1）基本财务数据（见表4）

表4 国源科技 2017~2019 年基本财务数据

单位：万元

项目	2019 年	2018 年	2017 年
总资产	44402.31	45341.02	42816.39
归属母公司股东权益	40107.04	39549.75	36449.40
营业收入	32210.88	31789.00	32285.43
净利润	4570.88	4103.75	4231.40
经营活动现金流量净额	8246.52	1986.26	−4500.90

资料来源：Wind，中关村上市公司协会整理。

（2）主要财务指标（见表5）

表5 国源科技2017～2019年主要财务数据

项目	2019年	2018年	2017年
销售毛利率(%)	40.64	41.24	42.30
销售净利率(%)	14.19	12.91	13.11
资产负债率(%)	9.67	12.77	14.87
流动比率	9.85	7.42	6.30
速动比率	9.76	7.36	6.30
应收账款周转率	1.06	1.05	1.30

资料来源：Wind，中关村上市公司协会整理。

（3）收入结构

最近3年，公司主营业务收入按项目分类情况见表6。

表6 国源科技2017～2019年收入结构

单位：万元，%

项目	2019年		2018年		2017年	
	金额	比例	金额	比例	金额	比例
地理信息系统	25841.52	80.23	30251.69	95.16	31137.24	96.44
空间信息应用服务	3749.36	11.64	—	—	—	—
软件产品	2620.00	8.13	857.21	2.70	809.54	2.51
技术服务费	—	—	680.10	2.14	338.65	1.05
合计	32210.88	100.00	31789.00	100.00	32285.43	100.00

资料来源：Wind，中关村上市公司协会整理。

（四）发展愿景

精选层挂牌后国源科技将展开新的历史篇章，公司将继续加大研发创新投入，强化竞争优势，聚焦农业的精细化生产、精准化管理、网络化经营和社会化服务领域的数字化应用场景落地。秉承"用数据说话、以科技赋能"，快速推进公司农业地理大数据平台数据资源建设，形成全国范围内

"农业数字经济的基础设施一张图",为我国农业数字化提供空间信息服务,加快智慧农业保险、农业社会化服务、地理标志产品溯源等多个农业大数据平台应用产品开发和技术升级,培育公司未来新的业绩增长点,从而推动主营业务结构优化和利润的持续增长,提高公司的综合竞争力。

案例三:北京海鑫科金高科技股份有限公司

(一)企业简介

北京海鑫科金高科技股份有限公司(简称"海鑫科金")成立于1998年,2007年于全国中小企业股份转让系统挂牌并公开转让(股票代码:430021.OC)。截至2020年6月30日,海鑫科金市值6.9亿元。

公司以人工智能、视频分析及大数据为核心技术,以公共安全应用领域为基础,以智慧刑侦为核心业务,以满足客户实战应用为目标,为智慧警务、平安城市等领域提供人证核验设备、身份认证系统等综合解决方案。公司产品集多生物特征识别技术(包括指掌纹、人像、DNA、足迹识别、笔迹识别)、视频图像处理与分析、公安刑侦信息化综合应用和大数据风险防控四大领域,产品在刑侦、安防、司检法、出入境等公共安全领域及金融、酒店、社保、教育、交通、大型活动管理、场所监控和互联网应用等社会领域都被广泛应用。

公司长期专注于包括生物特征识别技术、计算机视觉、大数据分析在内的人工智能技术研究,建立了国内领先的人工智能研发团队和先进的研发管理体系,致力于为公安、金融、交通、教育等领域客户提供高科技、低成本、便利性的一站式解决方案。公司参与了公民二代身份证、电子护照、港澳通行证等项目的核心技术研发及应用,全国DNA数据库、全国公安现场勘验系统独家供应商。公司指纹识别算法通过美国标准研究院NIST的MINEX Ⅲ指纹算法评测,Generator结果和Matcher结果,全部指标均通过测试,且均排名在全球前5名;在参测中国厂商中公司的算法排名首位。

公司是国家科技部评定的国家火炬计划高新技术企业、国家级高新技术企业、软件企业、中关村高新技术企业。公司于 2012 年被评为博士后科研工作站、北京市企业技术中心、中关村商标试点单位。早在 2002 年公司就通过了 ISO9001 认证，成为国内同行业中唯一一家通过质量体系认证的企业；2013 年获得计算机信息系统集成一级资质，是国内同行业内唯一一家系统集成一级资质企业。同时，公司获评 2013 年度企业信用 AAA 级评级、为中关村瞪羚企业一星级企业、中关村瞪羚计划重点培育企业。2020 年公司成功通过了 CMMI 3 软件开发成熟度认证，进一步规范化、标准化公司的研发管理。

海鑫科金公司拥有行业领先的技术水平和持续的研发实力，拥有独立完整的知识产权体系。公司发明专利"重叠指纹图像的分离方法"荣获中国专利奖优秀奖。公司与清华大学合作研发的"大人群指掌纹高精度识别技术及应用"项目，获得国家技术发明奖二等奖。

公司与公安客户联合参加了公安机关刑事技术部门首届"双十计划"攻关创新大赛，获得金奖三项，银奖两项，铜奖两项，优秀奖五项。公司通过本次创新大赛与各地客户进行警企合作，持续加强"高、精、尖、特"技术的研究应用。

（二）创新能力

1. 技术创新

本公司 2019 年研发费用 1.24 亿元，研发强度 20.65%。公司目前拥有 400 余项软件著作权、90 余项专利。荣获国家技术发明二等奖、电子信息科学技术一等奖、公安部科技进步奖一等奖等诸多荣誉，并先后获得了国家火炬计划、北京市火炬计划、国家重点新产品、北京市高新技术成果转化项目、科技型中小企业创新基金等项目的支持。

指掌纹识别技术方面：公司汇集国内顶尖指纹研发团队。公司基于指纹专家标定的海量特征数据的深度学习等人工智能技术，融合于指纹图像处理、特征提取、比对识别全过程，推出了新一代高精度、高速度、高智能的大库容云智能多生物识别系统—HABIS X。海鑫科金指纹算法服务于身份证指纹登记、电子护照指纹系统等，同时在北京市公安局指掌纹招标测试、澳门警局指掌纹系统招标测试中均排名首位；公司的指纹算法在 FVC 指纹测试中全部 3 项指标排名第一；在国际 NIST PFTII测试中 8 项关键指标均排名首位。

人脸识别技术方面：采用先进的核心技术架构，综合运用人脸形状特征、人脸灰度特征和人脸皮肤纹理特征等多种特征进行融合，同时，采用改进的子空间分析方法进行特征降维，采用优化设计的分类器，极大地提高了人脸识别算法的精确度和可靠性、有效地提高了人脸检测的速度和准确度，不仅能够检测正面人脸、还能够检测多姿态人脸和旋转人脸，还可实现对监控视频流中的多人脸同时进行实时检测，对于二代居民身份证图像的检测精确度达到99.9%以上。相关算法多次参加国内外评测名列前茅。

视频分析技术方面：在面向刑侦的低质量图像复原技术方面，提出了一系列的低质量图像和视频复原算法，包括基于多帧的盲参数估计及超分辨率重建算法，基于稀疏先验的图像盲去模糊算法等。相关算法成果不仅发表在图像和视频处理相关国际主流期刊和会议，并获得了公安部科学技术二等奖，中国计算机学会（CCF）科技进步优秀奖和中国感光学会青年科技奖等多项奖项。在三维建模及高精度三维人脸重建算法方面，相关成果分别发表在 CVPR、ECCV、TVC 等计算机视觉顶级会议和期刊上，并在 FRGC v2.0 等测试中，优于当前主流的开源算法，具有业内领先的技术优势。

2. 业务模式创新

海鑫科金以人工智能、大数据、计算机视觉为核心技术，以公共安全产品为基础，在不断提升核心技术的同时，不断开拓业务领域。

公司完成了人脸识别远程身份认证系列产品开发，并成功运用于银行、证券等新金融领域；公司的多款人证核验设备、智能识别闸机，成功应用于北京等多地车站、卡口，为重大安保提供了保障；这些设备还被广泛应用于教育考试、旅游景点等多个领域。公司的技术和产品有效地提升了工作人员的工作效率，减轻了工作负担，避免了人证不一致带来的隐患，为维护社会稳定、保障社会安全做出了贡献。

公司推进人工智能在嵌入式终端上相关产品的研发，结合学校、社区、政企园区、金融、港口等领域，实现多场景落地应用；本年度公司推出了第二代人脸闸机核验终端产品，成本大幅降低，增强了市场竞争力；升级了嵌入式人脸识别算法和活体检测算法，准确率有明显提升；完成了船载北斗终端的产品研发，通过了船级社认证，并多次进行实船测试，得到船方的认可。

随着互联网金融的发展和社会征信体系的完善，社会管理、安全防范事务日趋依赖实名制认证和身份认证，公司的生物识别技术必将大显身手。

（三）财务表现

（1）基本财务数据（见表7）

表7　海鑫科金 2017～2019 年基本财务数据

单位：万元

项目	2019 年	2018 年	2017 年
总资产	78994.75	91825.38	113631.88
归属母公司股东权益	40496.72	48020.18	72185.13
营业收入	60033.05	46661.77	50304.07
净利润	−5872.67	−25548.98	−16635.83
经营活动现金流量净额	−799.64	622.51	−2383.28

资料来源：Wind，中关村上市公司协会整理。

（2）主要财务指标（见表8）

表8　海鑫科金 2017～2019 年主要财务数据

项目	2019 年	2018 年	2017 年
销售毛利率(%)	51.02	66.74	60.37
销售净利率(%)	−9.78	−54.75	−33.07
资产负债率(%)	45.09	44.02	32.44
流动比率	1.94	1.92	2.19
速动比率	1.59	1.44	1.92
应收账款周转率	3.67	2.49	2.09

资料来源：Wind，中关村上市公司协会整理。

（3）收入结构

最近3年，公司主营业务收入按项目分类情况见表9。

表9　海鑫科金 2017～2019 年收入结构

单位：万元，%

项目	2019 年		2018 年		2017 年	
	金额	比例	金额	比例	金额	比例
产品销售收入	48849.97	81.37	38150.95	81.76	43669.69	86.81
技术服务	10605.24	17.67	8442.97	18.09	6562.88	13.05
其他业务	119.38	0.20	67.84	0.15	71.50	0.14
其他销售	458.46	0.76	0.00	0.00	0.00	0.00
合计	60033.05	100.00	46661.76	100.00	50304.07	100.00

资料来源：Wind，中关村上市公司协会整理。

（四）发展愿景

在服务于公共安全领域基础上，公司坚持建立以人工智能为核心的产品和平台，积极开拓国际国内两个市场；加强同国内外技术领先的研发机构和科研院所进行合作，积极构建生物特征识别技术数据平台，成为国内领先的生物特征识别企业；进一步加大人工智能和大数据技术在公共安全领域的开发和应用，对相关领域进行全面研究和密切跟踪，逐步开发新产品和新业务。

在公共安全领域，继续发展完善立体化防控综合解决方案，重点发展指纹识别系统、人像识别系统、视频分析核心产品，结合综合应用、分析研判信息化产品，提供综合解决方案，为公共安全、社会治理提供有效的工具和手段。同时，我们还根据公共安全需要，以人工智能技术核心，开发一系列用于网监、治安、禁毒、交通、监所等领域的应用产品。

在商用领域，继续发展完善人工智能、视频侦查、大数据安防的技术产品，通过渠道合作，将我们优势产品广泛推广应用到金融、机场、车站、重点场所诸多领域的安防监控，实现三高一低的目标，即：提高监控产品的智能化水平，提高监控设备的使用效益，提高监控场所异常情况实时报警的响应能力，降低监控人员的劳动强度。

公司坚持以人工智能、大数据和智能视频分析技术为核心，以公共安全行业为基础，通过不断提高核心技术性能和市场应用领域，使得公司成为综合解决方案领导企业。

案例四：北京汉唐自远技术股份有限公司

（一）企业简介

北京汉唐自远技术股份有限公司（简称"汉唐自远"）成立于2001年，2012年在全国中小企业股份转让系统挂牌并公开转让（股票代码：430124.OC）。截至2020年6月30日，汉唐自远市值10亿元。

汉唐自远立足于智慧教育、智能医疗、政企移动指挥领域。以可视化数据技术为核心，基于5G/4G/北斗/GPS多网融合产品的研制开发，独立研发可视化数据的全息采集、高效传输、分布存储、大数据分析和行业应用技术，并将自主研发的核心产品结合教育、医疗行业需求和未来发展趋势，为客户从设计、研发、建设、维护提供完整的、先进的、易用的可视化数据行业"云平台＋互联网"行业解决方案服务。

汉唐自远依靠专业的技术支持团队、精诚敬业的员工职业品质，获得客户的一致好评。自2005年起，公司开始服务于多个国家部委系统，拥有近300个政府用户，近300个大型企业用户。在智慧教育领域，企业自主研发的产品得到北京市丰台区教委、北京市昌平区教委、北京市石景山区教委、新疆和田地区、包头市教育局等部门的认可并被其应用到各地区学校。2018年，企业在新疆和田地区建立了全国最大的自主教育区域网。截至目前，企业先后为全国30多个地区、1000余所学校、千万师生提供了云平台服务。在智能医疗领域，企业自主研发产品得到中国人民解放军总医院、协和医学院继续教育学院、第四军医大学西京医院、南方医科大学、河北医科大学第四医院等全国重点医院的认可和应用，与同行同类产品相比，企业产品拥有强大的市场竞争力和毋庸置疑的创新性。

汉唐自远作为国家高新技术企业，拥有音视频集成工程企业贰级资质、ISO9000、ISO20000、ISO27000、ISO14000、ISO45001、CMMI3、中国节能产品认证、3C、CE、FCC、专利证书、软件著作权证书、北京市新技术新产品（服务）、中央电教馆证书等一系列经营资质、产品认证、管理体系认证和知识产权证书。多年来，汉唐自远坚持诚信优质的经营理念，先后荣获工商局颁发的"守信企业""重点瞪羚企业""海淀园创建学习型企业先进单位""海淀区文明单位""海淀园先进党组织""海淀园先进组织""中关村信用双百企业""信用 A＋级""海淀园海帆企业""中国电子政务最佳实践技术应用类提名奖""入围智慧北京优秀示范应用奖"等多个称号。

（二）创新能力

1. 技术创新

汉唐自远 2019 年研发费用达 832 万元，研发投入水平与往年持平。企业持续开展新技术、新产品研发工作，先后获得"第四届智慧北京优秀示范应用奖"、"中央电教馆数字校园整体解决方案优秀奖"、"中国电子政务最佳实践技术应用类提名奖"、"创业创新大赛社会效益奖"以及"国际发明展览会金奖"等众多奖项。

企业主要由管理层、研发团队、市场人员构成，90%以上人员为本科学历，其中科技人员占比超过 75%，且研发人员均在智慧教育、智能医疗、移动视讯应用领域经验丰富。核心技术是企业赖以生存和发展的基础，汉唐自远全部核心技术均由研发团队自主研发，管理者通过完善现有创新体系，为研发团队及项目的可持续发展，奠定了坚实的基础；在人才团队建设方面，公司拥有健全的长期激励机制，能够有效吸引和保留人才，充分调动团队积极性，有效将团队、核心人员利益同企业结合在一起。此外，汉唐自远还积极开展同高校、科研院所的产学研合作，不断提升企业技术、人才竞争力，以确保企业研发水平及项目能力在行业中的领先地位。

凭借技术创新和管理创新的发展理念，汉唐自远始终坚持走自主创新的发展道路，持续进行研发投入，完善优化自研产品体系及功能应用。围绕智慧教育、智能医疗、移动视讯指挥等核心业务，成功研发了多项核心系统，并累计获得24项专利、139项软件著作权、91项北京市新技术新产品（服务）认定证书、注册商标等，申请受理专利75项（其中发明专利72项）。

2. 业务模式创新

汉唐自远持续聚焦智慧教育、智能医疗、政府移动视讯等行业领域。

在智慧教育的建设方面，企业主要面向K12和职业教育培训，持续研发以区域资源管理云平台、实训互动平台、智慧教室、职业教育数字化校园管理平台等为核心的应用产品，通过资源采集、存储、应用及共享，致力于实现区域优质教育资源均衡，圆每一个孩子优质的教育资源梦。

在智能医疗的建设方面，企业依托智能医疗云平台，实现医疗资源共享、智能医疗系统及设备的管理，通过以数字一体化手术室、分级诊疗系统、可视化手术档案、可视化手术数据中心等为核心的自主研发产品，改变我国医疗水平不均衡、信息不对称的现状，规范国内数字化手术室标准，为每一位患者建立可视化手术档案。

在政府移动视讯领域，企业广泛应用移动视讯指挥系统，基于5G/4G/北斗/3G/GPS/RFID多网融合技术，凭借以移动视讯指挥系统、移动指挥调度平台、押运定位管理系统为核心的自主研发产品，实现信息互通的高效、扁平、及时、稳定，极大地提升了管理指挥效率。

经过多年发展，汉唐自远坚持"自主研发、专业咨询、运维服务、后期运营"的商业模式,作为行业领航者,企业产品和服务拥有强大的市场竞争力和创新力,也将拥有广阔的市场前景。

(三)财务表现

(1) 基本财务数据(见表10)

表10 汉唐自远2017~2019年基本财务数据

单位:万元

项目	2019年	2018年	2017年
总资产	7581.51	17830.74	14880.83
归属母公司股东权益	3031.69	10794.12	9657.72
营业收入	3313.00	7975.09	6386.30
净利润	-7762.43	980.01	580.39
经营活动现金流量净额	-3997.27	6415.10	-1265.80

资料来源:Wind,中关村上市公司协会整理。

(2) 主要财务指标(见表11)

表11 汉唐自远2017~2019年主要财务数据

项目	2019年	2018年	2017年
销售毛利率(%)	21.40	49.86	56.95
销售净利率(%)	-234.30	12.29	9.09
资产负债率(%)	60.01	39.46	35.10
流动比率	1.39	2.21	2.41
速动比率	1.36	2.16	2.24
应收账款周转率	0.86	1.05	1.05

资料来源:Wind,中关村上市公司协会整理。

（3）收入结构

最近3年，公司主营业务收入按项目分类情况见表12。

表12　汉唐自远2017~2019年收入结构

单位：万元，%

项目	2019年		2018年		2017年	
	金额	比例	金额	比例	金额	比例
自研产品收入	2456.62	74.15	7406.96	92.88	5846.63	94.01
技术服务收入	648.39	19.57	385.61	4.84	372.70	6.00
其他业务	207.99	6.28	182.51	2.29	0.00	0.00
合计	3313.00	100.00	7975.08	100.01	6219.33	100.01

资料来源：Wind，中关村上市公司协会整理。

（四）发展愿景

未来，公司将在新的技术和市场环境下快速提升核心优势和竞争力，根据用户需求及时进行技术创新以提供复杂性的技术服务，紧密跟踪行业发展趋势和前沿创新技术，通过对用户需求的深度分析，提供整体融合方案、差异化的产品、个性化的服务，并积极关注行业竞争所带来的整合机遇，充分利用政府、技术、行业、市场资源，加强产业链的布局和整合。

在智慧教育行业，企业持续专注于K12业务，加强整合优化区域资源管理平台、智慧教室、互动教研等系统的整体解决方案，从产品、技术方案、项目实施及运维等多方面提供一体化服务，加大市场覆盖与推广工作。同时，还持续拓展职业教育板块，开展数字化、职业化校园建设项目，为公司在职业教育板块的发展奠定基础。

在智能医疗行业，积极加大对于区域市场开拓与布局的力度，依托智能医疗云平台，实现医疗资源的共享和智能医疗系统及设备的管理，建设以数字一体化手术室、分级诊疗系统、可视化手术档案、可视化手术数据中心等为核心的自主研发产品体系，改变我国医疗行业医疗水平不均衡、信息不对称的现状，规范国内数字一体化手术室标准，为每一位患者建立可视化手术档案。

案例五：玖零互生文化发展（北京）股份有限公司

（一）企业简介

玖零互生文化发展（北京）股份有限公司（简称"玖零股份"）成立于2011年，2016年于全国中小企业股份转让系统挂牌并公开转让（股票代码：870101.OC）。

公司致力于为成长型企业提供管理培训、咨询服务，帮助企业建立高效的运营管理系统、企业文化系统、人才培养及业绩目标达成系统、股权激励及股权顶层设计。培育和孵化各细分行业的龙头企业和标杆企业，打造企业家资源共享，联盟发展的生态圈，赋能中国创新型企业和成长型企业。

公司的主要业务以企业管理培训、咨询服务为主。产品或服务主要包括《90销售系统》总裁运营版、全员引爆版、目标达成版、《向华为学增长》系统研修班、布道官线上商学院、股权激励方案班、企业咨询及训战等业务。

为了让学员企业学习吸收世界领先的企业管理经验，公司坚持"以客户为中心"，不断升级和完善课程体系，推出《向华为学增长》系统研修班课程。公司与20多位华为公司原高级管理人员合作，为企业提供《向华为学增长》"6+1"模块化实战培训服务，分别从文化、战略、组织、营销、人才、管理、国际化等方面全方位解读华为30多年持续保持高速增长的基因和密码，为学员企业持续健康发展提供咨询辅导服务。

作为资深的管理培训咨询专业机构，玖零股份在行业内享有较高的知名度和品牌影响力，目前业务范围已经覆盖全国大部分省会城市和地级城市，在行业中形成了独特的竞争优势和良好的品牌形象。玖零股份历经 9 年发展，已成长为企业管理培训落地服务行业的领导品牌。

（二）创新能力

1. 技术创新

公司坚持以"客户为中心"，围绕市场需求开发新产品，探索新模式。公司投资北京前沿教育公司开发在线教育学习平台布道官，为企业构建自己的专属线上商学院。布道官汇集了 10000 + 海量学习资源，1800 + 商业精英、专家教授和世界 500 强企业管理大师的智慧，以其独有的企业大学平台为企业提供点对点、岗对岗的线上学习平台，为客户搭建全方位的企业智库，实现内部培训学习、文档、案例、课程及岗位知识和管理经验沉淀，客户通过线上商学院批量孵化人才，节省 80% 的培训学习成本。

2. 业务模式创新

玖零股份是国内第一家在公司内部设立"培训落地中心"和"落地导师"岗位的专业培训咨询机构。公司以独创的"一套系统，三大工程 + 90 天系统落地"服务模式，帮助企业生发系统、拓展经营，为客户建立一套"思想统一、上下同欲、业绩倍增、自动运转"的企业管理运营系统。公司的培训咨询服务是一套集体验式、咨询式、训战结合于一体的实战训练系统，是在服务企业的长期实践过程中总结和沉淀出的一套道术器用全方位相结合的企业运营管理系统。公司通过与客户长期合作，提供"孵化、培育、陪伴、成长"，全产业周期服务，将世界五百强企业的经营管理理念和中国优秀传统文化有效结合，助力企业升级管理系统、增强造血功能，实现转型升级，走向高质量发展之路。

（三）财务表现

（1）基本财务数据（见表 13）

表 13 玖零股份 2017～2019 年基本财务数据

单位：万元

项目	2019 年	2018 年	2017 年
总资产	6457.06	7577.88	7435.97
归属母公司股东权益	5248.14	5518.04	2712.78
营业收入	3176.28	2596.78	3323.47
净利润	−173.34	368.15	687.09
经营活动现金流量净额	−672.02	226.06	−107.43

资料来源：Wind，中关村上市公司协会整理。

（2）主要财务指标（见表 14）

表 14 玖零股份 2017～2019 年主要财务数据

项目	2019 年	2018 年	2017 年
销售毛利率（％）	67.07	63.02	61.84
销售净利率（％）	−5.46	14.18	20.67
资产负债率（％）	18.28	23.67	63.52
流动比率	2.28	2.96	1.53
速动比率	2.23	2.92	1.52
应收账款周转率	1537.93	0.00	0.00

资料来源：Wind，中关村上市公司协会整理。

（3）收入结构

最近 3 年，公司主营业务收入按项目分类情况见表 15。

表 15 玖零股份 2017～2019 年收入结构

单位：万元，％

项目	2019 年		2018 年		2017 年	
	金额	比例	金额	比例	金额	比例
企业管理培训收入	2698.45	84.96	2409.24	92.78	3183.79	95.80
其他服务收入	396.32	12.48	177.57	6.84	136.29	4.10
培训物资收入	81.52	2.57	9.98	0.38	3.40	0.10
合计	3176.29	100.01	2596.79	100.00	3323.48	100.00

资料来源：Wind，中关村上市公司协会整理。

（四）发展愿景

为了适应未来发展需要，持续为客户创造价值，公司持续推进"产业＋资本"双轮驱动战略，并提出未来三年发展规划：通过"二次创业，五新改革"，构建"培训＋咨询＋实体＋资本＋万亿生态圈"布局，加快资源整合和产业并购，扩大经营规模，赋能中国成长型企业。

全面升级培训咨询体系、人才团队、管理体系和服务模式。通过培训落地、咨询顾问、行业标杆孵化和企业大学建设等方式共建培训教育产业生态圈，为企业提供全方位中长期战略服务；资本端，通过投资参股扶持优质企业项目，并赋予战略咨询和商业模式创新服务，帮助企业裂变扩张，推动万亿生态圈建设。

案例六：北京兴竹同智信息技术股份有限公司

（一）企业简介

"北京兴竹同智信息技术股份有限公司"（简称"兴竹信息"）成立于2006年，2013年于全国中小企业股份转让系统挂牌并公开转让（股票代码：430253.OC）。截至2020年6月30日，兴竹信息市值0.55亿元。

兴竹信息立足于信息技术咨询服务行业，长期致力于电力、煤炭等行业的集团公司提供经营管理、生产管理相关的信息系统的研发、咨询、实施及运行维护服务，同时根据企业需求开发了财务共享中心、网上报销、集中式报表、融资管理等多款具有自主知识产权的软件产品。

兴竹信息属于信息技术咨询服务行业，是能源电力行业企业信息化服务行业的知名企业，主要客户涵盖国家电网、四大发电集团等。

公司荣誉：荣获2015年度中国金软件·能源行业最具影响力企业奖、荣获"2014年度中国软件和信息服务企业管理软件领域最佳产品奖"、电力信息化国产化推进先锋、中关村高成长TOP100企业、中关村软件行业创新示范百强企业、电力信息化标杆企业。

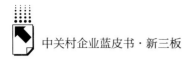

（二）创新能力

1. 技术创新

公司 2019 年研发费用 716 万元，新增软件著作权 6 项。公司的核心技术均为自主研发，研发主要基于公司自主开发的平台，公司自主技术占核心技术的比重为 100%。研发实力是公司咨询实施服务质量的重要保障。公司重视研发规划制定、研发项目管理、研发资金投入、研发团队建设及研发成果转化等体系建设方面工作，已逐步形成了一套成熟高效的研发和创新体系，不断加强公司的核心竞争优势。公司与顶级 ERP 软件厂商合作，深入了解其技术动态，同时通过调研企业客户的特殊需求，在经过严谨的可行性分析论述后，确定研发方向，不断丰富公司技术储备。公司核心技术人员均有专业领域丰富的技术研发经验与工程设计经验。

通过多年的研发工作，公司业已形成了比较成熟完备的核心技术研发体系，基于互联网平台，使用开源的互联网开发技术，充分考虑国内客户的现实需求和实践体验，研发出了多项具有自主知识产权的软件产品。公司将继续充分发挥公司的人才和技术优势，服务能源电力行业，为客户提供高质量、高水平的 IT 服务。

2. 业务模式创新

多年来，公司积累了丰富的行业软件开发和咨询实施经验，总结提炼出成熟的实施方法论以及差异化开发技术与解决方案，并且逐渐形成人才择优、培养、定位、激励的人力资源管理模式，形成了具有市场竞争力的咨询实施和软件差异化开发团队。

公司凭借多年积累的差异化开发技术优势、体系化的咨询实施服务模式，以及在能源电力行业内良好的品牌优势和稳定的客户资源，在维护原有客户基础上，以北京为中心，天津、石家庄、成都、杭州等为网点向全国范围辐射，进行市场开拓。

（三）财务表现

（1）基本财务数据（见表 16）

表 16　兴竹信息 2017～2019 年基本财务数据

单位：万元

项目	2019 年	2018 年	2017 年
总资产	20731.39	31315.01	42286.41
归属母公司股东权益	14379.2	20666.9	32131.69
营业收入	15209.99	17466.80	21617.37
净利润	－6287.66	－10778.03	645.83
经营活动现金流量净额	2730.37	－382.16	－864.02

资料来源：Wind，中关村上市公司协会整理。

（2）主要财务指标

表 17　兴竹信息 2017～2019 年主要财务数据

项目	2019 年	2018 年	2017 年
销售毛利率(%)	－1.52	－15.66	19.45
销售净利率(%)	－41.34	－61.71	2.99
资产负债率(%)	30.64	33.50	24.01
流动比率	2.39	2.35	3.34
速动比率	2.30	2.25	3.24
应收账款周转率	1.22	1.04	1.13

资料来源：Wind，中关村上市公司协会整理。

（3）收入结构

最近 3 年，公司主营业务收入按项目分类情况见表 18。

表 18　兴竹信息 2017～2019 年收入结构

单位：万元，%

项目	2019 年		2018 年		2017 年	
	金额	比例	金额	比例	金额	比例
自主软件销售	153.75	1.01	985.94	5.64	918.05	4.25
商品销售	866.02	5.69	1570.96	8.99	2058.29	9.52
信息管理系统实施项目	10099.44	66.40	11026.35	63.13	13652.84	63.16
信息管理系统运行维护	4090.79	26.90	3883.55	22.23	4988.20	23.07
合计	15210.00	100.00	17466.80	99.99	21617.38	100.00

资料来源：Wind，中关村上市公司协会整理。

（四）发展愿景

公司坚持"技术+服务"的战略，与国际知名企业以及国内合作伙伴广泛联盟。以原有的能源行业集团客户为基础，与合作伙伴共同推进互联网技术产品在能源行业的应用；以能源行业客户为核心，抓住新基建及物联网建设的历史机遇，提升公司整体技术实力。

案例七：北京煦联得节能科技股份有限公司

（一）企业简介

"北京煦联得节能科技股份有限公司"（简称"煦联得"）成立于2008年，2012年于全国中小企业股份转让系统挂牌并公开转让（股票代码：430144. OC）。截至2020年6月30日，煦联得市值4亿元。

公司以自主节能技术为核心，结合节能技术集成，为建筑、区域直至城镇提供节能技术和产品解决方案，以及"合同能源管理"模式的节能服务。当前主要服务：（1）EMC（Energy Management Contract，即合同能源管理）综合节能改造解决方案；（2）EMC热水系统节能改造解决方案；（3）EMC中央空调节能改造解决方案；（4）EMC辐照供暖解决方案；（5）能源中心建设及托管解决方案；（6）能源系统节能管理外包服务。

公司立足于节能环保行业，依托自有节能技术，以建筑节能市场为切入点，通过不断研发创新技术和发展创新服务拓展市场空间，逐步发展成为以新能源、人工智能、物联网、大数据等现代科技为基础的新一代智慧能源服务商。公司为建筑、区域直至城镇提供清洁能源生产、供应、管理、维护等综合性能源服务。在公共建筑节能领域拥有多项自主技术和较强技术集成能力，已在酒店行业形成品牌和技术优势，同时在高空间建筑供暖产品市场已取得突破。公司自2009年首个项目运行至今服务客户170余家，服务网络覆盖全国50多个城市，形成了富有经验的运维服务团队，使公司具备在全国范围开展业务的能力。

公司是洲际、万豪、希尔顿等国际高端品牌酒店服务提供方，以及首旅如家集团节能战略合作伙伴，获得国家发改委备案节能服务公司、国家高新技术企业、建筑节能服务 AAAA 认定、质量管理体系认证、企业信用等级 A 级、2019 综合能源服务优秀企业等资质。

（二）创新能力

公司 2019 年研发费用 561.9 万元，同比增幅 34.37%，截至目前，公司共获得有效期内知识产权 51 个，新技术研发在陆续申请中。

公司已形成自有技术为主、技术集成为辅的整体节能解决方案提供能力，对项目投资规模、技术风险和节能效果有充分的把控力。同时公司正在进一步提高技术研发投入，不断增加技术优势。当前主要技术和产品：（1）光－水－气多能互补节能热水系统；（2）公共建筑中央空调智控系统；（3）公共建筑智慧能源管控系统；（4）辐照供暖设备。

公共建筑智慧能源管理系统承担着煦联得所有项目的运行管理、报表和数据管理、数据分析利用、协助维护检修计划管理等工作，实现了节能行业从节能数据收集到数据应用设备管理人员管理的全流程信息化自动化。Warmland 智慧能源管理系统是公司集约化管理的重要支撑，也是公司生产信息化建设的重要环节和基础，是项目管理实现"无人值守、区域运维"的运维模式的转变的根本保障。公司对系统进行全面优化与升级，提升产品性能，稳定产品质量。

公司是以合同能源管理为主的创新服务模式，即业主（能源用户）与专业节能服务公司合作开发节能项目，由节能服务公司设计并投资建设节能项目、双方以合同约定共同分享节能效益的合作模式，通常为长期合同。

公司针对细分市场特点，在合同能源管理领域不断开发创新服务模式。公司 2008 年创立时即首创"零投资热水外包服务"，主要面向酒店行业，利用太阳能、空气能等节能设备供应生活热水，按热水用量收取服务费；2015 年针对大型高端酒店节能市场，结合"效益分享""能效保证""能源托管"三大要素推出"EMC2.0 综合节能改造服务"，使客户收益更有保障同时保证项目回款稳定，取得双赢效果。为了满足市场需要，对大型公共建筑的单项节能改造项目（热水或空调）也推出了效益分享模式。目前，针对业主现有能源系统资产进行节能管理和托管运行的轻资产模式，以及针对在建项目代建能源中心的重资产模式作为新兴业务正在积极发展中。上述服务模式能够为客户同时创造多方面价值：降低投资风险；节约能源成本、人工成本、维护成本和管理成本；延长固定资产寿命；提高能源供应的可靠性和安全性。灵活多样的服务模式帮助公司更好地满足市场需求，扩大市场占有率。

（三）财务表现

（1）基本财务数据（见表19）

表19　煦联得2017～2019年基本财务数据

单位：万元

项目	2019 年	2018 年	2017 年
总资产	8388. 29	7421. 37	6491. 94
归属母公司股东权益	6005. 47	5475. 36	5639. 27
营业收入	7802. 63	4307. 95	1912. 78
净利润	530. 12	− 163. 91	− 237. 33
经营活动现金流量净额	963. 68	318. 42	95. 51

资料来源：Wind，中关村上市公司协会整理。

（2）主要财务指标（见表20）

表20　煦联得2017～2019年主要财务数据

项目	2019 年	2018 年	2017 年
销售毛利率(％)	21. 05	23. 97	29. 19
销售净利率(％)	6. 79	− 3. 80	− 12. 41
资产负债率(％)	28. 41	26. 22	13. 13
流动比率	0. 98	1. 34	1. 84
速动比率	0. 98	1. 34	1. 84
应收账款周转率	12. 60	10. 83	6. 95

资料来源：Wind，中关村上市公司协会整理。

（3）收入结构

最近3年，公司主营业务收入按项目分类情况见表21。

表 21 煦联得 2017～2019 年收入结构

单位：万元，%

项目	2019 年		2018 年		2017 年	
	金额	比例	金额	比例	金额	比例
综合能源服务费	6218.06	79.69	3022.21	70.15	381.12	19.92
节能服务费	1255.43	16.09	1269.01	29.46	1302.86	68.11
设备销售	204.15	2.62	2.54	0.06	228.80	11.96
其他业务	124.99	1.60	14.19	0.33	0.00	0.00
合计	7802.63	100.00	4307.95	100.00	1912.78	99.99

资料来源：Wind，中关村上市公司协会整理。

（四）发展愿景

公司依托自有节能技术，以建筑节能市场为切入点，通过不断研发创新技术和发展创新服务拓展市场空间，逐步发展成为以新能源、人工智能、物联网、大数据等现代科技为基础的新一代智慧能源服务商，为建筑、区域直至城镇提供清洁能源生产、供应、管理、维护等综合性能源服务。

第一阶段，公司以"模式创新＋技术创新＋资本运营"三位一体，以现有三大产品为主线，大力拓展建筑节能服务市场，到2020年已成为具有较高品牌知名度的建筑节能服务企业，形成覆盖全国所有城市、统一规范的服务网络。

第二阶段，在继续发展建筑节能业务基础上，拓展工业节能市场，用3～5年时间，使公司成为产值达到几十亿元综合节能服务企业。

第三阶段，向上游能源生产领域拓展，发展新能源、能源互联网业务，成为能源生产、供应、节能、运维一体的智慧能源服务商。

案例八：北京联合永道软件股份有限公司

（一）企业简介

北京联合永道软件股份有限公司（简称"联合永道"）成立于2007年，2014年于全国中小企业股份转让系统挂牌并公开转让（股票代码：430664.OC）。截至2020年6月30日，联合永道市值0.56亿元。

在我国服务外包企业综合实力排名中，公司居于第15位。经过多年的发展，公司在软件和信息服务外包行业内树立了良好的口碑，其技术实力、服务质量已得到各行业客户的认可，公司与客户形成了长期稳定的合作关系。迄今为止，公司客户已遍及政府、金融、互联网等行业，覆盖了华北、华东、华南等区域。未来，随着公司技术水平的不断提升，借助资本市场，公司将积极对现有产品及服务结构进行优化，产业链进行整合，不断提升自己的竞争实力与市场份额。

在教育信息化领域，专注于为中高职院校提供系统集成、应用软件开发及整体数字化校园解决方案的企业较少，因此公司在职业教育软件开发及信息服务领域具有先发优势。另外，公司还参与了教育部职业教育信息化等有关标准的制定，产品及服务可以取得较高溢价。

公司先后荣获高新技术企业证书、ISO 9001：2008认证、ISO 14001认证、ISO27001认证、CMMI3级认证证书、计算机系统集成三级认证、中关村高新技术企业证书等认证，并荣获"2018中关村高成长企业TOP100"奖项。

（二）创新能力

1. 技术创新

公司2019年研发费用2195万元，研发力度较大，同比增幅58.80%。2019年申请软件著作权共19份，公司自成立起共获得软件著作权87项。

公司自成立之初便深耕 IT 服务业务，经过不断探索与创新，形成了自身独特的离岸开发中心（ODC）商业模式和增强交付中心（EDC）技术模式，为众多行业客户提供了软件人才派遣、顾问咨询、软件开发服务、软件测试、信息化运维等量身定制的 IT 服务支持与系统解决方案，打造完美客户体验，成就客户价值，实现合作共赢。

公司充分响应国家及产业政策的号召，迎合教育信息化发展契机，进入职业教育领域，为职业院校开发了拥有自主知识产权的智慧校园管理全系列软件产品，结合云计算、大数据、移动互联、物联网等先进技术，倾力打造了以云计算、互联网应用为核心的"职业教育智慧校园解决方案"、"职教集团信息化解决方案"、"教育区域平台解决方案"及"移动校园解决方案"，帮助职业院校构建"互联网＋智慧校园"新生态，推动职教信息化建设进程，助力职业教育腾飞。

2.业务模式创新

经过多年的发展，公司将逐渐脱离软件与信息服务外包业务的红海，凭借多年的技术及行业经验积累，公司采取差异化的市场定位，将公司业务发展定位于职业教育信息化领域，实现从软件及信息服务外包提供商向数字化校园行业解决方案提供商的角色转变。

公司采取差异化的市场定位，独辟蹊径，将业务集中在职业教育信息化领域。成立至今，公司以自主研发为基础，通过与国内著名中高职教育院校展开深入合作，深入调研和摸索中高职教育客户在管理信息化方面的需求，结合客户管理理念的改革，不断对现有技术进行优化与提升。经过多年的发展，公司积累了丰富的行业经验和职业教育院校管理理念，产品种类不断增加，产品结构进一步优化，形成了以教学类管理软件为核心，覆盖学生工作、科研管理、协同办公等多种综合管理类软件和数字化校园集成平台的系列产品线，并取得了 87 项计算机软件著作权证。未来，公司将以数字化校园系列核心软件产品为核心，以综合管理类、集成平台类软件为支撑，借助职业教育信息化的蓬勃发展，充分发挥公司在技术、产品、客户、经验等方面的优势，实现公司的跨越式增长。

（三）财务表现

（1）基本财务数据（见表22）

表22　联合永道2017～2019年基本财务数据

单位：万元

项目	2019 年	2018 年	2017 年
总资产	9718.16	9714.42	7693.86
归属母公司股东权益	6859.76	6296.47	5902.38
营业收入	14848.69	12549.93	11314.50
净利润	563.29	234.38	485.29
经营活动现金流量净额	−1165.71	1770.15	−441.63

资料来源：Wind，中关村上市公司协会整理。

（2）主要财务指标（见表23）

表23　联合永道2017～2019年主要财务数据

项目	2019 年	2018 年	2017 年
销售毛利率(%)	35.62	34.63	36.92
销售净利率(%)	3.79	1.87	4.29
资产负债率(%)	29.41	35.18	23.28
流动比率	2.66	2.20	3.25
速动比率	2.66	2.20	3.24
应收账款周转率	5.44	5.92	7.53

资料来源：Wind，中关村上市公司协会整理。

（3）收入结构

最近3年，公司主营业务收入按项目分类情况见表24。

表 24　联合永道 2017～2019 年收入结构

单位：万元，%

项目	2019 年		2018 年		2017 年	
	金额	比例	金额	比例	金额	比例
技术服务收入	14176.79	95.48	10439.82	83.19	10640.26	94.31
技术开发收入	394.39	2.66	103.14	0.82	568.17	5.04
销售收入	277.51	1.87	2006.97	15.99	73.63	0.65
合计	14848.69	100.01	12549.93	100.00	11282.06	100.00

资料来源：Wind，中关村上市公司协会整理。

（四）发展愿景

1. 加强营销队伍建设及市场开发力度

公司进一步强化营销队伍建设工作，通过优化组织结构和绩效激励措施，鼓励业务部门在维护好现有客户的同时，努力挖掘潜在的客户资源，积极开拓下游领域的客户，与更多的客户保持稳定的合作关系；同时公司将技术与销售相结合，确保为客户提供更完善更专业的产品及整体的解决方案，满足客户日益增长的多样化需求。

2. 加大职业教育业务拓展及研发投入

公司自 2015 年开始正式进入职业教育信息化管理软件领域，目前已经成为业内知名的软件产品提供商。2020 年公司将借助现有客户基础持续在职业教育市场发力，并整合全国销售渠道，全力开拓职业教育业务。公司将通过加强核心产品的交付能力，形成竞争壁垒。同时，公司将进一步加大对职业教育等系列产品的研发投入，持续保持产品技术的领先性。

3. 进一步引进和培养人才

人才是公司的核心竞争力。公司成立以来一直坚持以人为本，注重人才的引进和培养。公司的人才引进将集中体现在技术人才、营销人才和管理人才三大领域。同时，公司将探索先进的人才培养制度，为优秀人才提供良好的职业发展平台。

附录六　中关村上市公司协会新三板分会支持新三板改革工作开展情况

自 2019 年 10 月 25 日我国新三板改革拉开序幕，中关村上市公司协会新三板分会（以下简称"分会"）积极展开工作以支持新三板改革。改革初期，分会通过组织新三板改革研讨会、重点企业沟通、企业走访了解企业对于新三板改革的态度、意见和建议并上报中关村管委会、全国股转公司等单位；改革中期，分会依据四套财务指标梳理中关村精选层潜力企业名单，组织开展研讨会，提振企业申报精选层信心，通过线上沟通、线下走访持续掌握重点企业精选层工作进展；改革后期，同中关村管委会、各区金融办、全国股转公司一起，重点走访中关村精选层辅导备案、验收企业，了解企业在申报精选层过程中遇到的问题，并帮助其协调解决。

（一）组织新三板改革研讨会，了解企业诉求及建议

2019 年 11 月 13 日，分会组织"新三板改革企业研讨会"，会议邀请全国股转公司领导、中信建投投行部专家以及 12 家新三板代表性企业（详见表 1）参会。研讨会旨在帮助企业加深对于新三板改革的认识，了解新三板企业对于新三板改革的诉求和建议。会上，中信建投投行部专家向与会企业领导详细剖析了新三板改革征求意见稿所传达的讯息，各企业领导就各自企业情况针对新三板改革征求意见稿发表了对于新三板改革的建议和诉求。

2019 年 12 月 12 日，在中关村管委会的指导下，分会组织召开了"新三板改革券商研讨会"。会议邀请了中信建投、银河证券、兴业证券、西南证券、华融证券等 5 家券商投行部领导参会，重点沟通了券商对于新三板改革的意见和建议。

表 1　新三板改革研讨会参会企业

企业简称	股票代码	企业简称	股票代码	企业简称	股票代码
煦联得	430144. OC	海鑫科金	430021. OC	国源科技	835184. OC
玖零股份	870101. OC	丰电科技	430211. OC	必可测	430215. OC
同华科技	837899. OC	捷世智通	430330. OC	柠檬微趣	838966. OC
合力亿捷	833629. OC	国基科技	430076. OC	现在股份	832086. OC

（二）筛选精选层潜力企业，掌握企业精选层申报意愿

新三板改革征求意见稿发布后，分会以意见稿中企业申报精选层所需要符合的四套财务指标为标准，筛选出北京市符合四套财务指标的 43 家创新层新三板企业和 70 家基础层新三板企业，并以上述 43 家符合财务指标企业为重点，通过线上线下沟通，了解北京市创新层企业对于申报精选层的意愿情况。对于计划申报精选层的企业积极开展沟通、跟进工作。

（三）组织精选层潜力企业沟通会，建立企业信心

2019 年 12 月 24 日，在北京证监局、中关村管委会、全国股转公司指导下，分会组织开展了"北京市新三板精选层潜力企业沟通会"。北京证监局、中关村管委会、股转公司领导以及 28 家新三板精选层潜力企业（见表 2）的领导出席会议。会议重点了解企业领导对于精选层的意愿以及申报精选层所存在问题，市证监局、管委会、股转公司领导认真回答了企业提出的问题。会议建立微信群，以方便政府部门后续开展协调、沟通工作，加强企业和政府多部门的交流。本次会议的举办，加深了企业对于新三板改革以及精选层的了解，增加了企业领导对于新三板改革的信心，提高了企业申报精选层的积极性。

表2 "北京市新三板精选层潜力企业沟通会"参会企业名单

序号	企业简称	股票代码	序号	企业简称	股票代码
1	自在传媒	834476.OC	15	联飞翔	430037.OC
2	中建信息	834082.OC	16	蓝山科技	830815.OC
3	中航泰达	836263.OC	17	聚能鼎力	834084.OC
4	原子高科	430005.OC	18	捷世智通	430330.OC
5	英富森	430374.OC	19	合力亿捷	833629.OC
6	殷图网联	835508.OC	20	国源科技	835184.OC
7	易讯通	831142.OC	21	第一物业	837498.OC
8	扬德环境	833755.OC	22	宝贝格子	834802.OC
9	随锐科技	835990.OC	23	海鑫科金	430021.OC
10	思银股份	430152.OC	24	恒业世纪	430014.OC
11	瑞特爱	831709.OC	25	长江文化	837747.OC
12	清水爱派	834857.OC	26	九恒星	430051.OC
13	明石创新	832924.OC	27	凯腾精工	871553.OC
14	流金岁月	834021.OC	28	讯众股份	832646.OC

（四）组织精选层挂牌培训，加深企业对精选层及资本市场了解

2020年3月3日，中关村上市公司协会联合海淀区金融办、全国股转公司、中信建投共同承办由海淀区人民政府举办的新三板精选层挂牌线上培训。培训旨在进一步服务好拟上市及挂牌企业，推动高新技术企业精选层挂牌相关工作，加强企业对入选精选层规则及资本市场的了解，助力优质高新技术企业精选层挂牌上市。培训当天，来自精选层意向企业、精选层后备企业、潜在符合条件的挂牌企业、部分上市公司及律师事务所、会计师事务所、金融机构等1000多人线上参会。培训会邀请了全国股转公司、中信建投的专家作授课辅导，对新三板精选层政策制度进行了详尽解读，对当前资本市场改革形势进行了详细介绍和深入分析。授课结束后与会企业和专家开展了活跃的线上交流，效果显著。

2020年4月29日下午，分会组织了"中关村新三板改革系列培训——新三板改革与分层及精选层辅导备案线上培训活动"，北京市超100家新三

板企业的负责人线上参会，培训重点讲解了北京证监局挂牌公司辅导验收要点，新三板改革与市场分层制度，新三板精选层尽调及申报要点等内容，加深了参会企业领导对于新三板改革及精选层申报细节问题的了解。

（五）精选层重点企业多方式沟通，重点解决企业面临问题

自 2019 年 12 月 25 日起，分会持续开展新三板精选层潜力企业沟通工作。针对重点企业，通过企业走访等形式，准确把握企业精选层意愿、申报工作进展以及企业存在的困难。截至 2020 年 6 月 30 日，累计走访精选层辅导备案企业 17 家（见表3），中关村管委会、各区金融办、股转公司等部门的领导一同参与了走访工作。

表3　新三板精选层潜力企业走访

序号	企业简称	行业领域	序号	企业简称	行业领域
1	自在传媒	文化创意	10	诺思兰德	生物健康
2	殷图网联	生态环境与新能源产业	11	清水爱派	新兴服务
3	蓝山科技	前沿信息	12	同辉信息	前沿信息
4	宝贝格子	电商	13	华信永道	前沿信息
5	长江文化	文化创意	14	凯腾精工	机械设备
6	国源科技	前沿信息－大数据	15	观典防务	前沿信息
7	流金岁月	文化创意	16	优炫软件	前沿信息
8	颖泰生物	生物健康	17	圣博润	前沿信息
9	中航泰达	生态环境与新能源产业			

基于以上工作，分会即时掌握企业精选层申报工作动态，通过该定期同企业和企业的主办券商进行沟通，掌握已备案和潜在备案企业名单，跟进北京市新三板企业精选层辅导验收情况，对于已开展精选层申报工作但尚未备案的企业，及时了解企业的工作进度和遇到的困难。针对企业面临的难题，协会一方面帮助企业协调解决，另一方面将问题反馈至北京金融局、北京证监局、中关村管委会、全国股转公司等部门，切实帮助企业解决问题。

附录七　中关村上市公司协会新三板分会介绍

中关村上市公司协会新三板分会（以下简称"分会"）是在中关村管委会的大力支持下，在中关村上市公司协会 2015 年年度理事会中，审议通过成立的中关村上市公司协会二级分会。

新三板分会作为中关村上市公司协会的二级分支机构，秉承"遵守宪法、法律、法规、国家政策和社会道德风尚；恪守上下对接，竞聘合作，平台管理，职责分明，政策用足，服务企业"的宗旨，促进中关村新三板企业同政府部门、上市公司、金融机构之间的对接合作与交流，助力中关村新三板企业的快速成长。

下一步，新三板分会将继续从智库研究、金融服务、业务合作、区域对接四个方面着手，为新三板企业搭建起便捷高效的综合服务平台，加强中关村新三板企业同政府部门、上市公司、金融机构之间的信息沟通、政策传达、业务合作。

一　新三板分会定位

（一）权威智库研究基地

分会作为新三板中最具代表性的智库之一，专注服务于以中关村新三板企业为主体的中小微创新型企业，协助企业下情上达，配合政府上情下达。为中关村新三板企业提供平台式精准服务对接，助力企业创新成长。

（二）金融服务平台

创新驱动发展是中关村新三板企业高速成长的灵魂所在，新三板分会以积极落实多层次资本市场建设政策，响应中关村新三板企业融资诉求为目的，推出中关村中小企业融资服务平台、中关村新三板企业投融资路演、中关村中小企业银企对接等高效、便捷、个性化的金融服务解决方案。旨在促进中关村优质科技企业项目与金融机构即时沟通交流，丰富中关村企业的融资途径，帮助金融机构与企业项目零距离接触，助力更多中关村新三板企业解决"融资难"问题，突破制约企业持续创新成长的瓶颈。

（三）培训交流与咨询平台

围绕新三板改革及新三板企业在企业资本运作、运营管理、市场开拓、资源对接等方面的需求进行专场或专题的培训、交流、研讨、参访等活动。具体活动内容包括新三板改革企业培训、企业上市培训、董事长沙龙、管理及财会专题培训会、融资资源交流对接会、行业研讨会等，有效地推动了中关村创新型企业的发展，支持企业科技创新。

（四）区域对接与合作平台

针对新三板分会会员企业需求，组织参访、调研、区域交流、行业研讨以实现资源精准对接，借助媒体资源扩大影响力，并对合作信息进行及时反馈。持续举办国际性会议和活动，组织企业进行海外路演和参访，促进会员企业乃至中关村新三板企业的国际化水平。

二　品牌活动展示

（一）中关村新三板企业走访

自 2017 年 11 月起，在中关村管委会、北京证监局、北京金融局和全国股转公司的支持下，分会启动了"走进百家企业，寻找隐形冠军"活动，活动开展以来，分会秉承中关村上市公司协会走访企业的传统，深入企业了解企业当前经营状况及需求，并有针对性地对接相应资源，助力企业发展。截至目前，分会已累计走访企业超300家，优质企业走访已成为分会的品牌活动之一（见图1）。

图1　分会企业走访活动照片集锦

（二）举办中关村新三板企业投融资路演

本路演是基于中关村上市公司协会同深交所旗下深圳证券信息有限公司的战略合作关系，结合双方科技金融服务与企业基础数据，新三板分会在政府部门、高新园区、资本市场、创投机构等团体之间实现了信息共享、流程互通、功能互补。路演旨在促进中关村优质企业项目与投资机构即时沟通交流，丰富企业融资途径（见图2）。

（三）中关村中小企业银企对接活动

协会依托工商银行、平安银行、交通银行、民生银行、兴业银行、渣打银行、北京银行、中关村银行、卢森堡银行等9家银行专业金融机构会员，定期举办"银企对接一对一闭门交流会"活动（见图3）。活动基于分会对

图2　中关村多场新三板企业投融资路演活动现场

于企业融资需求的了解，针对性邀请能够有效解决企业需求的银行为企业开展"一对一"服务。通过对接，参会企业在了解了多种便利化融资方式的同时，也就企业自身情况获得了有针对性的专业融资建议。

图3　"银企对接一对一闭门交流会"现场照片

（四）搭建中关村中小企业融资服务平台

"扶持创新企业，推动企业融资上市"是中关村上市公司协会的一贯使命。为了积极落实多层次资本市场建设政策，响应广大中小企业融资诉求，帮助企业走出融资困境并实现持续创新进一步成长壮大，新三板分会特推出平台解决方案——中关村中小企业融资服务平台（以下简称"平台"）（见图4）。平台汇集银行、保理、融资租赁、知识产权质押融资等金融机构，引进完整的金融服务产业链，服务涉及资金融通、资产管理、融资中介、上市辅导、政策性资金申报等方面，持续发布金融机构产品、提供对接讯息等，旨在为中关村中小企业提供丰富便捷、个性化的金融服务。平台链接：http：//rz. zlca. org/。

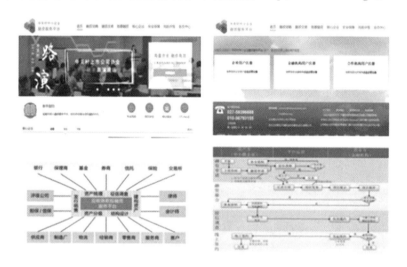

图4　中关村中小企业融资服务平台

（五）组织各类政策对接及专业培训活动

新三板分会根据企业需求展开调研活动，根据调研情况，分主题举办政策对接、企业家交流、专家培训等相关活动。在中关村管委会的指导下，已经成功举办"资本助力中关村新三板科技创新发展峰会"、"港股新规新时代变革，携手促进新经济发展"、"新经济企业赴港上市论坛"、"中关村改制挂牌上市并购政策专场宣讲会"、"董事长闭门会"、"中关村企业成长力提升培训"等活动，每期邀请国内外知名机构专家、相关部门政府领导、上市公司和新三板企业领导进行讲解、交流与分享，上述活动得到业内的一致好评，并将一直延续下去（见图5）。

图5　各类培训座谈会现场

新三板分会组织结构

上级单位

中关村上市公司协会

新三板分会会长

付开虎　玖零互生文化发展（北京）股份有限公司 董事总经理

新三板分会副会长（排名不分先后）

潘广魁　北京煦联得节能科技股份有限公司 董事长

张泽晖　北京光环国际教育科技股份有限公司 董事长

张　春　北京联合永道软件股份有限公司 董事长

赵翔玲　北京兴竹同智信息技术股份有限公司 董事长

曾向群　北京汉唐自远技术股份有限公司 董事长

刘晓春　北京海鑫科金高科技股份有限公司 董事长

徐海啸　北京信中利投资股份有限公司 联合执行总裁

时　庆　北京速原中天科技股份公司 董事长

徐文海　北京流金岁月文化传播股份有限公司 董事会秘书

董利成　北京世纪国源科技股份有限公司 董事长

霍小平　北京东方同华科技股份有限公司 总经理

郭顺清　北京山维科技股份有限公司 总裁/董事

郑三立　北京殷图网联科技股份有限公司 董事长

黄　普　北京中航泰达环保科技股份有限公司 总经理

陈俏桦　北京优炫软件股份有限公司 董事会秘书

新三板分会秘书长

刘　峻　中关村上市公司协会副秘书长

三　加入中关村上市公司协会新三板分会

（一）新三板分会普通会员

所有注册在中关村国家自主创新示范区范围内的新三板企业和拟挂牌企业均可登记申请成为新三板分会会员，企业申请经新三板分会理事会批准并履行相关手续后，成为中关村上市公司协会新三板分会会员，并由中关村上市公司协会颁发新三板分会会员证书。

（二）新三板分会理事

全体中关村上市公司协会新三板分会会员均可申请，申请后经新三板分会理事会批准后即可成为新三板分会理事。理事会批准流程需在会员大会期间，新三板分会秘书处提交执委申请提名文件，全体理事表决，表决同意后将表决结果上报中关村上市公司协会审核批准。由中关村上市公司协会颁发新三板分会理事证书。

（三）新三板分会（副）会长单位

新三板分会会长由理事会选举产生，报请上市公司协会秘书长和会长批准。副会长单位由会长提名，从理事会员中产生，报请上市公司协会秘书长和会长批准。由中关村上市公司协会颁发新三板分会（副）会长单位证书。

Abstract

The NEEQ is positioned to serve innovative, entrepreneurial, and growth-oriented small, medium and micro enterprises, and plays an important role in serving the private economy and the development of small and medium enterprises. Zhongguancun, as the birthplace of the NEEQ market, the sustained, healthy and stable development of the enterprises in the park will have a certain demonstrative effect on the NEEQ enterprises across the country. Therefore, research on Zhongguancun NEEQ enterprises will be conducive to exploring the capital market to serve technological innovation-oriented small, medium and micro enterprises, and is of great significance for further exerting the boosting role of the capital market in technological innovation.

As of December 31, 2019, the number of companies listed on the NEEQ in Zhongguancun was 1190, accounting for 13.29% of the total number of NEEQ companies in the country. Ranked second in the number of companies on the National New Third Board, second only to Guangdong Province. Among them, there are 90 innovative enterprises in Zhongguancun NEEQ ranking first in the country. From the perspective of market value, the total market value of Zhongguancun NEEQ enterprises in 2019 was 340.05 billion yuan, and the total market value ranked first in the country, ahead of other regions. From the perspective of operating conditions, due to the decrease in the number of listed companies, the total operating income and net profit of Zhongguancun NEEQ companies have shown a downward trend, but the continuous operation of Zhongguancun NEEQ companies have outstanding performance, with 1035 continuous operations from 2018 to 2019 The company's operating income and net profit in 2019 were 205.121 billion yuan and 8.753 billion yuan, an increase of 6.53% and 21.95% year-on-year respectively, indicating that the overall scale and quality of continuing operations are continuously improving. From the perspective of R&D, among the Zhongguancun NEEQ companies that disclosed R&D expenses in 2019, 368 companies were high-intensity R&D companies, accounting for 42.7%, an increase of 2.7% year-on-year, indicating that the decline in macro fundamentals did not affect the company's performance. Research and development process. The leading enterprises of Zhongguancun NEEQ have increased their R&D investment by contrarian trends and improved their core competitiveness. From the perspective of financing, Zhongguancun NEEQ listed companies actually raised 3.740 billion yuan through private placement and 5.510 billion yuan through bond issuance. Under the situation of inactive bond financing in the overall NEEQ market, the bond financing of Zhongguancun NEEQ companies Performance is also better than other regions. However, the scale of corporate financing is still not optimistic, and financing support needs to be increased. From the perspective of regional comparison, in 2019, under the background of the overall macroeconomic downturn, the overall performance of the NEEQ companies in each major region has shown a downward trend, but the overall performance decline is mainly due to the decrease in the number of companies rather than the performance of continuing operations. Decline. However, Z—Park still has a strong competitive advantage compared to other regions.

Overall, in 2019, affected by the macroeconomic situation, the overall operating performance of Zhongguancun and even the NEEQ companies across the country will be affected to a certain extent, but there are many high-growth companies with stable operating conditions, continuous growth in performance, and increased R&D investment. However, we still have to pay attention to the difficulties of financing, expensive financing and low innovation quality faced by Zhongguancun NEEQ enterprises in the development process.

In response to the financing difficulties and expensive financing problems faced by Zhongguancun NEEQ in the development process, we started with the expansion of direct financing and indirect financing channels. In terms of broadening the access to direct financing, (1) It is recommended that the national SME share transfer system fully seize the opportunity of the NEEQ reform, establish and improve the market mechanism for survival of the fittest, improve the overall quality of the NEEQ enterprises, and then enhance the NEEQ market liquidity and improve enterprises The proportion of direct financing and the efficiency of financing will effectively serve innovative, entrepreneurial, and growing small, medium and micro enterprises. (2) It is recommended that the Beijing Municipal Government set up a special policy fund to invest in enterprises with high technology content and great market potential, but with temporary difficulties in operation, and to support the development of Zhongguancun NEEQ enterprises through policies. From the aspect of expanding indirect financing channels, (1) It is recommended to subsidize the financial products of non-governmental organizations in an appropriate proportion. (2) It is recommended that the government encourage enterprises to innovate financing models. (3) It is recommended that relevant government departments actively promote the practical implementation of inclusive financial support measures for small, medium and micro enterprises to solve the problem of difficult financing for small, medium and micro enterprises.

In response to the problem of low innovation quality, (1) It is suggested that Zhongguancun NEEQ listed companies can rely on external resources such as universities, scientific research institutions and technical service institutions to further enhance their innovation capabilities and improve the quality of their innovation output; (2) Suggest the relevant Beijing government It can reduce unnecessary applications and approval procedures, speed up the progress of patent approval, so that enterprises can enjoy the benefits of R&D for enterprises as soon as possible, and stimulate their innovation vitality.

In view of the high actual tax burden of Zhongguancun NEEQ companies, it is recommended that relevant government departments give a certain degree to strategic emerging industries such as energy conservation and environmental protection, new generation information technology, biology, high-end equipment manufacturing, new energy, new materials, and new energy vehicles. The preferential tax and fee to guide the development and growth of such industries, and form an industry cluster effect in the Zhongguancun area.

Keywords: Zhongguancun; NEEQ; Growth Capacity

Contents

I General Report

Abstract: The NEEQ market is an important link in the construction of a multi-level capital market, and it plays an important role in establishing financing channels for SMEs and improving the macroeconomic system. This report takes Zhongguancun NEEQ enterprises as the main research body. It systematically analyzes the number of NEEQ enterprises, capital market performance, profitability, debt issuance, innovation capacity, and the actual tax burden borne by enterprises, and objectively presents Zhongguancun NEEQ enterprises's growth characteristics and existing problems. The data shows that due to the impact of the economic downturn and the increase in the number of delisted companies, the overall development status of Zhongguancun NEEQ enterprises in 2019 is not optimistic, but the performance of continuing operating enterprises is relatively stable, and the corporate tax burden is significantly reduced. Deepening reform of the NEEQ brings new opportunities for enterprises.

Keywords: Zhongguancun NEEQ; Market Liquidity; R&D Input

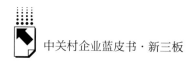

II   Growth Reports

B. 2   Research Report on Profitability of Zhongguancun
NEEQ Enterprises in 2019   *ZLCA Research Department* / 028

Abstract: This report analyzes the profitability of Zhongguancun NEEQ enterprises, and analyzes the overall operation status from six aspects of operating income, gross profit, net profit, return on total assets, return on equity, and period expenses to fully reflect corporate profitability. According to the report conclusion, the operating income, gross profit, net profit, and gross profit margin of Zhongguancun NEEQ enterprises all declined to a certain extent, and the net profit margin, return on total assets, and return on net assets rose to some extent. In view of the continuous operation of Zhongguancun NEEQ enterprises in 2018 – 2019, the business income, gross profit and net profit have all increased, indicating that the profitability of continuous operation enterprises has been significantly improved. In addition, the sales capacity and management efficiency of Zhongguancun NEEQ enterprises have increased year by year.

Keywords: Operating Income; Net Profit; Profitability

B. 3   Research Report on Innovation Capability of Zhongguancun
NEEQ Enterprises in 2019   *ZLCA Research Department* / 059

Abstract: This report studies and analyzes the innovation capabilities of Zhongguancun NEEQ enterprises with innovation input and R&D output as the main evaluation dimensions. The research results show that both total R&D expenses and average R&D expenses have declined in 2019, mainly due to the decrease in the number of Zhongguancun NEEQ enterprises. The intensity of R&D is slightly lower than last year, mainly due to the impact of the Sino-US trade war and the downturn in macro fundamentals, which makes the R&D strategy of enterprises relatively conservative. There is a relatively significant positive correlation between corporate profitability and R&D investment. The transformation ability of enterprises' innovation achievements has been effectively improved, and the number of patent applications and patent grants in enterprise innovation achievements has been steadily improving; the number of PCT patent applications has risen sharply to 25, an increase of 47% compared with 2018. The results of innovation output indicate that the international strategic layout of Zhongguancun NEEQ Enterprises has been carried out efficiently, and theirs innovation ability has been recognized by the international market.

Keywords: Zhongguancun NEEQ; R&D Input; R&D Output

B. 4　Research Report on Corporate Governance of Zhongguancun NEEQ Enterprises in 2019　*ZLCA Research Department* / 072

Abstract: The long-term development of enterprises is inseparable from a reasonable and efficient corporate governance structure. Exploring the growth of Zhongguancun NEEQ enterprises from the perspective of corporate governance capabilities will enrich the evaluation results based on short-term operating performance. Growth power makes a more comprehensive presentation. This article explores the corporate governance of Zhongguancun NEEQ enterprises from the perspective of shareholding structure and board structure, and finds the following conclusions: the overall shareholding concentration is high and the balance of equity is relatively reasonable; the shareholding concentration is positively related to the company's operating performance. The business performance of the company is negatively correlated; the board of directors is relatively small and the independent director system is absent.

Keywords: Zhongguancun NEEQ; Governance Ownership Structure; Board Structure

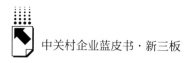
B. 5　Analysis Report on Debt Paying Capacity and Operating Capacity of Zhongguancun NEEQ Enterprises in 2019

ZLCA Research Department / 087

Abstract：This paper measures the overall solvency of Zhongguancun NEEQ enterprises through indicators such as asset-liability ratio, cash flow debt ratio, current ratio, etc; and presents the operating capacity of Zhongguancun NEEQ enterprises through indicators such as account receivable turnover days, inventory turnover days, and total asset turnover days. Through corresponding research, we found that the overall debt ratio of Zhongguancun NEEQ enterprises is relatively low and the solvency is good; the fixed assets turnover days, total assets turnover days and other indicators are excellent, and the operating capacity is strong.

Keywords：NEEQ Enterprises；Solvency；Operating Ability

Ⅲ　Industry Report

B. 6　Research Report on Industry Distribution of Zhongguancun NEEQ Enterprises in 2019　*ZLCA Research Department* / 108

Abstract：This paper measures the overall solvency of Zhongguancun NEEQ enterprises through indicators such as asset-liability ratio, cash flow debt ratio, current ratio, etc; and presents the operating capacity of Zhongguancun NEEQ enterprises through indicators such as account receivable turnover days, inventory turnover days, and total asset turnover days. Through corresponding research, we found that the overall debt ratio of Zhongguancun NEEQ enterprises is relatively low and the solvency is good; the fixed assets turnover days, total assets turnover days and other indicators are excellent, and the operating capacity is strong.

Keywords：Zhongguancun NEEQ；Industrial Distribution；Market Performance；Growth

Ⅳ   Regional Report

Abstract: Through content comparison, this report analyzes the five regions with most concentrated distribution of NEEQ, including Guangdong, Zhongguancun, Jiangsu, Zhejiang and Shanghai by core indicators such as the market value, assets, revenue, profit. This report also focus on analyzing the overall situation, profitability and innovation ability of each region to highlight the actual development situation and growth ability. According to statistics, affected by the overall economic situation, the development of NEEQ enterprises in five regions in 2019 is not very optimistic, and the number of delisted companies is relatively large, but the growth momentum of NEEQ enterprises that continue to operate in major regions from 2018 to 2019 is still strong. The overall quality and growth of Zhongguancun NEEQ enterprises are still better than other regions, and their innovation ability is relatively strong. Especially after the introduction of the NEEQ selective layer reform, Zhongguancun NEEQ enterprises are actively preparing for war, and many indicators are leading in the country.

Keywords: NEEQ; Regional Analysis; Innovation Ability

Ⅴ   Special Reports

Abstract: On October 25, 2019, the China Securities Regulatory Commission announced the comprehensive start of deepening the reform of the

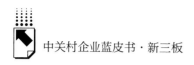
NEEQ, focusing on the five reform measures to optimize the issuance and financing system, improve market stratification, and establish a transfer board listing mechanism. As the most comprehensive and deepening reform, the direction of the reform measures is more clear, and the market function of the NEEQ has been restored and improved. This report introduces the relevant business rules for deepening the reform of the NEEQ in detail.

Keywords: NEEQ; Selected Layer; Deepening Reform

B. 9　Introduction to the Comprehensive Deepening Reform

　　　Policy of the NEEQ　　　　　　*ZLCA Research Department* / 288

Abstract: 2019 is an extraordinary year for the NEEQ market. Since the China Securities Regulatory Commission announced that the comprehensive deepening of the reform of the NEEQ has been launched on October 25, 2019, the relevant systems and rules have been rapidly implemented, and the comprehensive deepening has entered a new stage. NEEQ enterprises are ushering in new opportunities. According to financial indicators, this report focuses on analyzing the potential of NEEQ enterprises in Z-Park that meet the standards of the selected layer.

Keywords: Z-Park; NEEQ; Selected Layer

Ⅵ　Appendices

皮 书

智库报告的主要形式
同一主题智库报告的聚合

❖ 皮书定义 ❖

皮书是对中国与世界发展状况和热点问题进行年度监测，以专业的角度、专家的视野和实证研究方法，针对某一领域或区域现状与发展态势展开分析和预测，具备前沿性、原创性、实证性、连续性、时效性等特点的公开出版物，由一系列权威研究报告组成。

❖ 皮书作者 ❖

皮书系列报告作者以国内外一流研究机构、知名高校等重点智库的研究人员为主，多为相关领域一流专家学者，他们的观点代表了当下学界对中国与世界的现实和未来最高水平的解读与分析。截至2020年，皮书研创机构有近千家，报告作者累计超过7万人。

❖ 皮书荣誉 ❖

皮书系列已成为社会科学文献出版社的著名图书品牌和中国社会科学院的知名学术品牌。2016年皮书系列正式列入"十三五"国家重点出版规划项目；2013~2020年，重点皮书列入中国社会科学院承担的国家哲学社会科学创新工程项目。

中国皮书网

（网址：www.pishu.cn）

发布皮书研创资讯，传播皮书精彩内容
引领皮书出版潮流，打造皮书服务平台

栏目设置

◆ 关于皮书

何谓皮书、皮书分类、皮书大事记、
皮书荣誉、皮书出版第一人、皮书编辑部

◆ 最新资讯

通知公告、新闻动态、媒体聚焦、
网站专题、视频直播、下载专区

◆ 皮书研创

皮书规范、皮书选题、皮书出版、
皮书研究、研创团队

◆ 皮书评奖评价

指标体系、皮书评价、皮书评奖

◆ 互动专区

皮书说、社科数托邦、皮书微博、留言板

所获荣誉

◆ 2008 年、2011 年、2014 年，中国皮书
网均在全国新闻出版业网站荣誉评选中
获得"最具商业价值网站"称号；
◆ 2012 年，获得"出版业网站百强"称号。

网库合一

2014年，中国皮书网与皮书数据库端口
合一，实现资源共享。

权威报告·一手数据·特色资源

皮书数据库
ANNUAL REPORT(YEARBOOK)
DATABASE

分析解读当下中国发展变迁的高端智库平台

所获荣誉

- 2019年，入围国家新闻出版署数字出版精品遴选推荐计划项目
- 2016年，入选"'十三五'国家重点电子出版物出版规划骨干工程"
- 2015年，荣获"搜索中国正能量 点赞2015""创新中国科技创新奖"
- 2013年，荣获"中国出版政府奖·网络出版物奖"提名奖
- 连续多年荣获中国数字出版博览会"数字出版·优秀品牌"奖

成为会员

通过网址www.pishu.com.cn访问皮书数据库网站或下载皮书数据库APP，进行手机号码验证或邮箱验证即可成为皮书数据库会员。

会员福利

- 已注册用户购书后可免费获赠100元皮书数据库充值卡。刮开充值卡涂层获取充值密码，登录并进入"会员中心"—"在线充值"—"充值卡充值"，充值成功即可购买和查看数据库内容。
- 会员福利最终解释权归社会科学文献出版社所有。

社会科学文献出版社 皮书系列
SOCIAL SCIENCES ACADEMIC PRESS (CHINA)
卡号：953783181125
密码：

数据库服务热线：400-008-6695
数据库服务QQ：2475522410
数据库服务邮箱：database@ssap.cn
图书销售热线：010-59367070/7028
图书服务QQ：1265056568
图书服务邮箱：duzhe@ssap.cn

中国社会发展数据库（下设 12 个子库）

整合国内外中国社会发展研究成果，汇聚独家统计数据、深度分析报告，涉及社会、人口、政治、教育、法律等 12 个领域，为了解中国社会发展动态、跟踪社会核心热点、分析社会发展趋势提供一站式资源搜索和数据服务。

中国经济发展数据库（下设 12 个子库）

围绕国内外中国经济发展主题研究报告、学术资讯、基础数据等资料构建，内容涵盖宏观经济、农业经济、工业经济、产业经济等 12 个重点经济领域，为实时掌控经济运行态势、把握经济发展规律、洞察经济形势、进行经济决策提供参考和依据。

中国行业发展数据库（下设 17 个子库）

以中国国民经济行业分类为依据，覆盖金融业、旅游、医疗卫生、交通运输、能源矿产等 100 多个行业，跟踪分析国民经济相关行业市场运行状况和政策导向，汇集行业发展前沿资讯，为投资、从业及各种经济决策提供理论基础和实践指导。

中国区域发展数据库（下设 6 个子库）

对中国特定区域内的经济、社会、文化等领域现状与发展情况进行深度分析和预测，研究层级至县及县以下行政区，涉及地区、区域经济体、城市、农村等不同维度，为地方经济社会宏观态势研究、发展经验研究、案例分析提供数据服务。

中国文化传媒数据库（下设 18 个子库）

汇聚文化传媒领域专家观点、热点资讯，梳理国内外中国文化发展相关学术研究成果、一手统计数据，涵盖文化产业、新闻传播、电影娱乐、文学艺术、群众文化等 18 个重点研究领域。为文化传媒研究提供相关数据、研究报告和综合分析服务。

世界经济与国际关系数据库（下设 6 个子库）

立足"皮书系列"世界经济、国际关系相关学术资源，整合世界经济、国际政治、世界文化与科技、全球性问题、国际组织与国际法、区域研究 6 大领域研究成果，为世界经济与国际关系研究提供全方位数据分析，为决策和形势研判提供参考。

法律声明

"皮书系列"（含蓝皮书、绿皮书、黄皮书）之品牌由社会科学文献出版社最早使用并持续至今，现已被中国图书市场所熟知。"皮书系列"的相关商标已在中华人民共和国国家工商行政管理总局商标局注册，如LOGO（ ）、皮书、Pishu、经济蓝皮书、社会蓝皮书等。"皮书系列"图书的注册商标专用权及封面设计、版式设计的著作权均为社会科学文献出版社所有。未经社会科学文献出版社书面授权许可，任何使用与"皮书系列"图书注册商标、封面设计、版式设计相同或者近似的文字、图形或其组合的行为均系侵权行为。

经作者授权，本书的专有出版权及信息网络传播权等为社会科学文献出版社享有。未经社会科学文献出版社书面授权许可，任何就本书内容的复制、发行或以数字形式进行网络传播的行为均系侵权行为。

社会科学文献出版社将通过法律途径追究上述侵权行为的法律责任，维护自身合法权益。

欢迎社会各界人士对侵犯社会科学文献出版社上述权利的侵权行为进行举报。电话：010-59367121，电子邮箱：fawubu@ssap.cn。

社会科学文献出版社